协商共享在徐州

——徐州市工资集体协商创新创优纪实

束志明　主编

中国矿业大学出版社

U0831751

图书在版编目(CIP)数据

协商共享在徐州：徐州市工资集体协商创新创优纪实 / 束志明主编. —徐州：中国矿业大学出版社，2017.12

ISBN 978-7-5646-3884-9

Ⅰ. ①协… Ⅱ. ①束… Ⅲ. ①工资管理—工会工作—徐州 Ⅳ. ①D412.66

中国版本图书馆CIP数据核字(2018)第003540号

书　　名	协商共享在徐州——徐州市工资集体协商创新创优纪实
主　　编	束志明
责任编辑	孙　浩　齐　畅
责任校对	孙　景
出版发行	中国矿业大学出版社有限责任公司 (江苏省徐州市解放南路　邮编 221008)
营销热线	(0516)83885307　83884995
出版服务	(0516)83885767　83884920
网　　址	http://www.cumtp.com　**E-mail**:cumtpvip@cumtp.com
印　　刷	徐州绪权印刷有限公司
开　　本	787×960　1/16　**印张** 18　**彩插** 16　**字数** 274千字
版次印次	2017年12月第1版　2017年12月第1次印刷
定　　价	35.00元

(图书出现印装质量问题，本社负责调换)

全国总工会副主席、书记处书记焦开河到徐州调研供给侧结构性改革中协商民主和职工权益维护工作。省总工会副主席张海涛，市人大常委会副主任、市总工会主席束志明陪同调研

省人大常委会副主任、省总工会主席邢春宁调研指导徐州集体协商工作

全国总工会权益保障部部长粟斌出席省协调劳动关系三方在我市邳州举行的深化集体协商邳州成果发布会暨全省推进会并讲话

时任全国总工会集体合同部部长张建国、江苏省总工会民主管理部部长殷同喜在我市调研集体协商工作

徐州市委副书记杨时云视察集体协商工作

徐州市人大常委会副主任、市总工会主席束志明在徐工集团调研集体协商工作

徐州市总工会副主席刘洪印在中国能源化学工会全体会议上介绍徐州集体协商工作

徐州市总工会副主席王建民布置全市集体协商工作

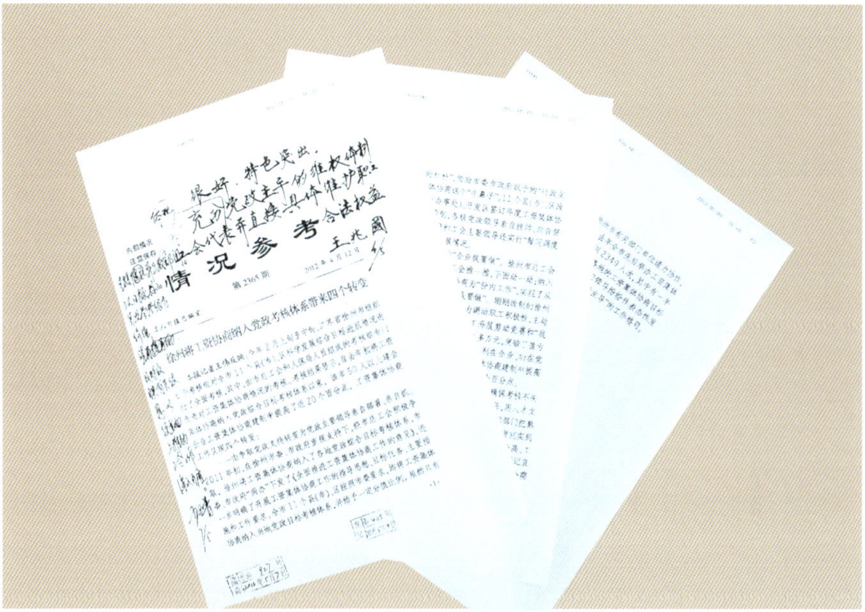
情况参考

第 2365 期

徐州将工资协商纳入党政考核体系带来四个转变

时任中共中央政治局委员、全国人大常委会副委员长、全国总工会主席王兆国对徐州集体协商工作作出重要批示

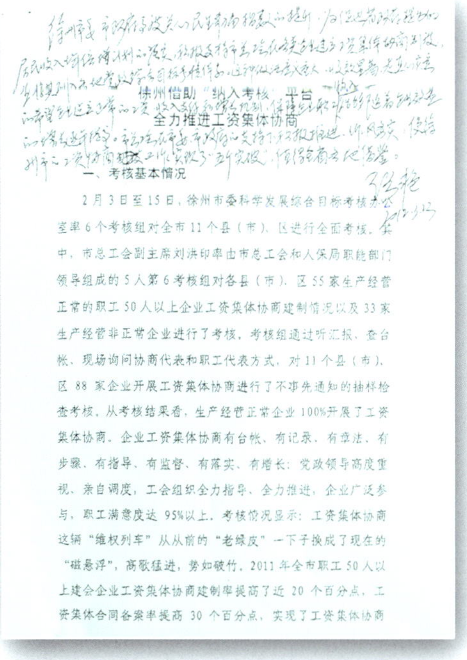
徐州借助“纳入考核”平台

全力推进工资集体协商

一、考核基本情况

2 月 3 日至 15 日，徐州市委科学发展综合目标考核办公室率 6 个考核组对全市 11 个县（市）、区进行全面考核。其中，市总工会副主席刘洪印率由市总工会和人保局职能部门领导组成的 5 人第 6 考核组对各县（市）、区 55 家生产经营正常的职工 50 人以上企业工资集体协商建制情况以及 33 家生产经营非正常企业进行了考核，考核组通过听汇报、查台帐、现场询问协商代表和职工代表方式，对 11 个县（市）、区 88 家企业开展工资集体协商进行了不事先通知的抽样检查考核。从考核结果看，生产经营正常企业 100%开展了工资集体协商。企业工资集体协商有台帐、有记录、有章法、有步骤、有指导、有监督、有落实、有增长；党政领导高度重视、亲自调度，工会组织全力指导、全力推进，企业广泛参与，职工满意度达 95%以上。考核情况显示：工资集体协商这辆“维权列车”从从前的“老绿皮”一下子换成了现在的“磁悬浮”，高歌猛进，势如破竹。2011 年全市职工 50 人以上建会企业工资集体协商建制率提高了近 20 个百分点，工资集体合同备案率提高 30 个百分点，实现了工资集体协商

时任江苏省人大常委会副主任、省总工会主席张艳对“徐州借助‘纳入考核平台’全力推进工资集体协商”作出重要批示

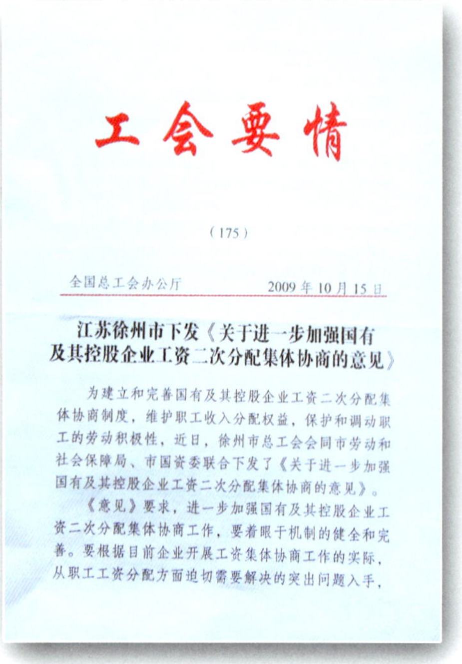

工会要情

（175）

全国总工会办公厅　　2009年10月15日

江苏徐州市下发《关于进一步加强国有及其控股企业工资二次分配集体协商的意见》

为建立和完善国有及其控股企业工资二次分配集体协商制度，维护职工收入分配权益，保护和调动职工的劳动积极性，近日，徐州市总工会会同市劳动和社会保障局、市国资委联合下发了《关于进一步加强国有及其控股企业工资二次分配集体协商的意见》。

《意见》要求，进一步加强国有及其控股企业工资二次分配集体协商工作，要着眼于机制的健全和完善。要根据目前企业开展工资集体协商工作的实际，从职工工资分配方面迫切需要解决的突出问题入手，

全总《工会要情》对徐州市创新开展国有企业工资二次分配集体协商工作进行专题报道

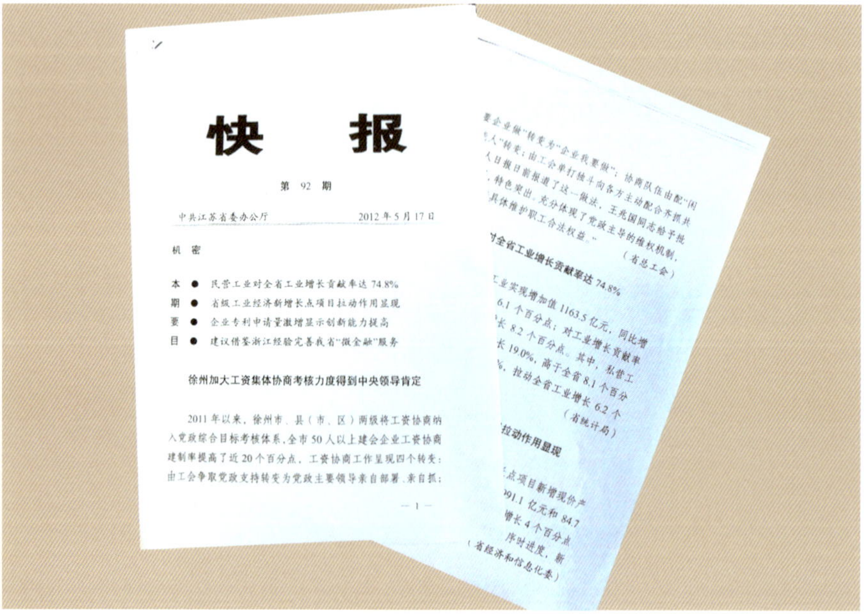

快　报

第92期

中共江苏省委办公厅　　2012年5月17日

机密

本期要目
● 民营工业对全省工业增长贡献率达74.8%
● 省级工业经济新增长点项目拉动作用显现
● 企业专利申请量激增显示创新能力提高
● 建议借鉴浙江经验完善我省"微金融"服务

徐州加大工资集体协商考核力度得到中央领导肯定

2011年以来，徐州市、县（市、区）两级将工资协商纳入党政综合目标考核体系，全市50人以上建会企业工资协商建制率提高了近20个百分点，工资协商工作呈现四个转变：由工会争取党政支持转变为党政主要领导亲自部署、亲自抓；

— 1 —

中共江苏省委办公厅《快报》第92期以《徐州加大工资集体协商考核力度得到中央领导肯定》为题在头条作详细报道

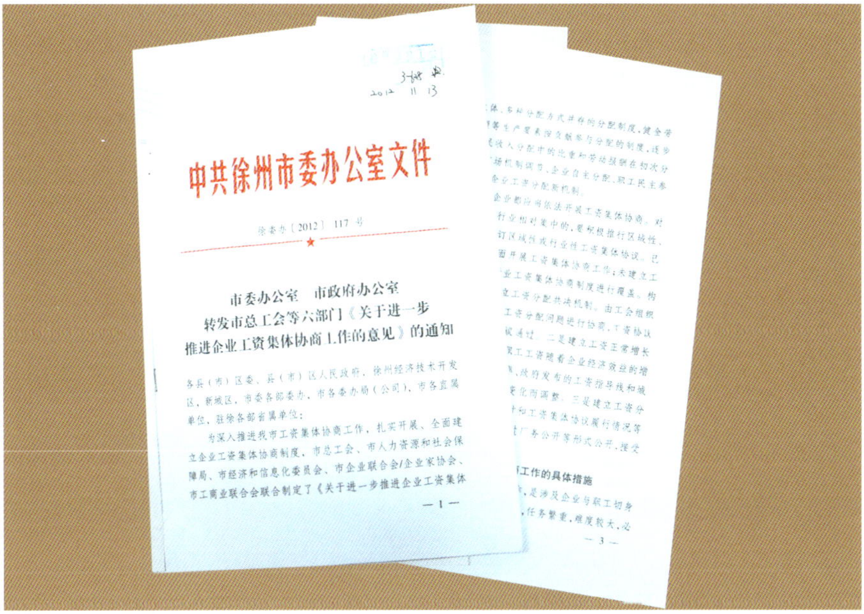

徐州市委、市政府转发相关部门文件，推动全市集体协商工作

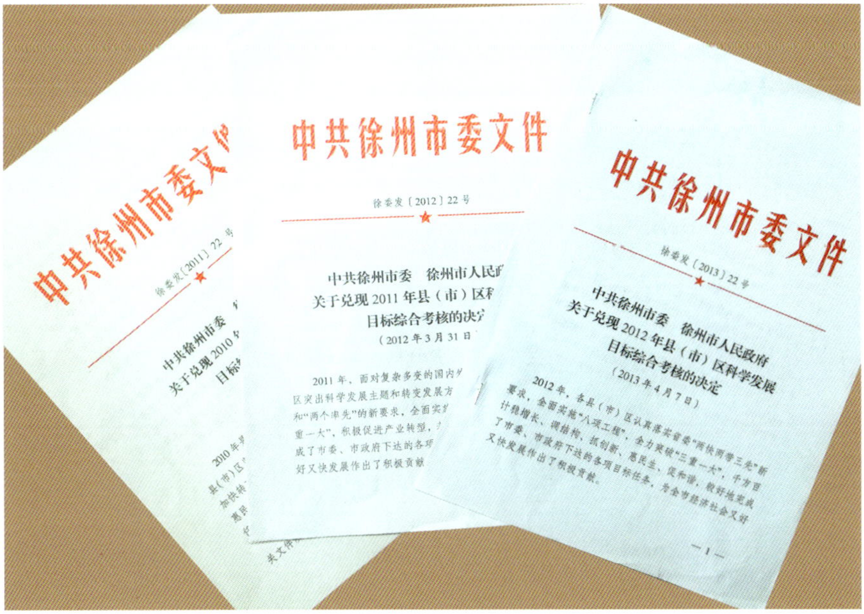

徐州市委、市政府把工资集体协商工作纳入各县（市）区科学发展综合考核，提高了基层开展集体协商工作积极性和主动性

徐州市开展集体协商集中要约行动启动仪式

徐州市协调劳动关系三方委员会联合启动集中要约行动

徐州市政府科学发展综合考评组对各县（市）区工资集体协商工作进行年度现场考核

我市举行行业集体协商现场观摩会

邳州市工会开展行业集体协商，签订工资专项集体合同

行业劳资双方首席集体协商代表现场签订工资专项集体合同（草案）

世界 500 强在徐投资企业 100% 建立集体协商制度

工会首席集体协商代表与外商首席集体协商代表签订集体合同

江苏省行业集体协商现场推进会在徐州市召开

江苏省财贸轻纺工会来我市调研行业工资协商

中国机冶建材工会和北京市总工会来我市调研邳州行业集体协商成功做法

全国农林水利系统工会工资集体协商现场经验交流会在我市邳州召开

国家人社部、国际劳工组织在徐州市召开“推进集体协商——构建和谐劳动关系”专题调研座谈会

国际劳工组织北京局专家李昌徽先生带领专家组来我市邳州调研行业集体协商工作

编 委 会

主　　任　束志明

副 主 任　王建民

成　　员　王兴国　王　峰　高　歌　巩庆元
张　波　王亚玲　蔡昭印

策划、统筹　王兴国

新时代集体协商工作永远在路上

——写在《协商共享在徐州》前面的话

全国总工会权益保障部

2017年6月，江苏省协调劳动关系三方在邳州举办了深化行业集体协商邳州成果发布暨全省推进会，通过“邳州历程”、“邳州成效”、“邳州感悟”、“邳州经验”、“邳州印象”和“邳州启示”等板块的演示，全面展示了邳州板材行业集体协商样本的发展历程、积极作用和深邃内涵。徐州市总工会为进一步推动全市集体协商工作不断创新发展，编辑出版了《协商共享在徐州》一书，总结了近十年来全市集体协商工作的主要做法、先进经验、典型案例以及社会反响。徐州市总工会这种不断总结经验、不断开拓创新的精神，对深入推进集体协商工作、不断增强协商实效，必将起到积极的引领和推动作用。

多年来，江苏省集体协商工作创造了不少好的典型和经验。徐州作为老工业基地和传统的资源型城市，市委、市政府高度关心民生，积极支持建立集体协商制度。市总工会作风务实，把推进集体协商建设融入徐州发展大局，实现了集体协商对各类企业的有效覆盖，在江苏省乃至全国都产生了积极的影响，中华全国总工会、江苏省总工会和徐州市委主要领导都多次做出批示，给予高度评价。

以邳州板材行业为代表的行业性集体协商，有效地解决了中小企业工会在平等协商中“不敢谈”、“不会谈”等突出问题，探索建立了规范行业用工、加强行业自律、促进行业有序竞争的有效机制，成为全国行业集体协商的示范代表；积极探索了以国有企业工资二次分配为重点的集体协商，开创了全市国有企业集体协商的新局面，成为保障国企职工权益的“和谐标杆”；在服务经济发展新常态过程中，积极推行了动态协商，最大限度地维护在化解产能、结构调整中分流转岗人员的合法权益，使企业协商民主成为推动徐州供给侧结构性改革和发展的调节阀、助推器。

实践证明，徐州市总工会在推进集体协商的进程中，始终争取党政重视支持、始终摆上工会工作重要位置、坚持用好三方机制平台和坚持推动优化法制环境的做法，值得推广和借鉴。

十八大以来，党中央、国务院高度重视集体协商工作，提出了一系列新要求：2013 年，《中共中央关于全面深化改革若干重大问题的决定》提出“推行企业工资集体协商制度”，“以涉及群众切身利益的实际问题为内容，在全社会开展广泛协商”，“建立畅通有序的诉求表达、心理干预、矛盾调处、权益保障机制”；2014 年，《关于加强社会主义协商民主建设的意见》进一步提出“畅通职工表达合理诉求渠道，健全各层级职工沟通协商机制”，“由工会代表职工与企业就调整和规范劳动关系等重要决策事项进行集体协商”；2015 年，《关于构建和谐劳动关系的意见》提出“统筹处理好促进企业发展和维护职工权益的关系，调动劳动关系主体双方的积极性、主动性，推动企业和职工协商共事、机制共建、效益共创、利益共享”，明确将“推行集体协商和集体合同制度”作为健全劳动关系协调机制的重要举措。

习近平总书记在党的十九大报告中提出：“中国特色社会主义进入了新时代。新时代我国社会主要矛盾是人民日益增长的美好生活需要和不平衡不充分的发展之间的矛盾，必须坚持以人民为中心的发展思想，不断促进人的全面发展、全体人民共同富裕”；“发挥社会主义协商民主重要作用，有事好商量，众人的事情由众人商量，是人民民主的真谛”；“要推动协商民主广泛、多层、制度化发展”，“进一步完善政府、工会、企业共同参与的协商协调机制，构建和谐劳动关系”。因此，必须坚持用习近平新时代中国特色社会主义思想武装各级工会干部头脑，找准工会贯彻落实的着力点，推动新时代工会集体协商工作展现新作为、形成新气象、再上新台阶。

一是要提高思想认识，用新时代、新思想统领集体协商工作。人民日益增长的美好生活需要和不平衡不充分发展之间的矛盾已成为我国当前社会主要矛盾，推进集体协商工作，也必须着力解决不平衡不充分发展的问题，不断提高协商质量和合同实效。必须坚持以习近平新时代中国特色社会主义思想为指导，武装头脑，提高认识，牢记使命，坚持自信，为推进集体协商提供精神动力。要在把握职工对美好生活向往，通过开展集体协商，促进职工和企业行政互相交流、互相理解、换位思考，在企业长远发展和职工当前利益需求之间，取得平衡、达成共识，做到维权服务有实效、促进和谐有担当。要主动适应现阶段劳动关系的新变化，引导广大职工正确对待社会利益关系调整，以理性、合法的形式表达利益诉求。

二是要坚持目标导向与问题导向相结合，努力落实新时代集体协商工作目标。要坚持依靠职工、惠及职工的工作原则，坚持以发展为核心、以创新为动力、以和谐为目标、以法律为保障，认真贯彻落实《中华全国总工会深化集体协商工作规划(2014～2018年)》的各项工作要求，坚持重心下移、上下联动，坚持凝聚共识、营造氛围，努力实现进一步巩固集体协商建制率、不断提升集体协商质量。

三是采取积极的工作措施，提升新时代集体协商的工作质量。通过大力开展集体协商集中要约行动，突出抓好行业集体协商，提高企业集体协商质量。加强集体合同履约监督，强化集体协商人才队伍建设，加大集体协商业务培训力度，抓好集体协商典型培育，建立集体协商工作综合评价体系等坚强有力的工作措施，努力营造推进集体协商工作的良好氛围，把新时代集体协商的各项工作落到实处。

四是不断优化工作环境，为做好新时代集体协商提供工作保障。继续争取党政重视支持，促进形成和完善“党政主导、三方共促、工会力推、各方配合、企业和职工参与”的工作格局。要推动各级协调劳动关系三方将集体协商工作作为重要工作内容，建立健全三方合力推进集体协商工作的长效机制，明确各方职责，制定工作计划，形成工作合力。要根据已有法律法规政策，结合工作实际，细化落实措施办法，在坚持依法推进集体协商的同时，促进集体协商立法更加完善，形成系统完备、有效管用的法律法规政策体系，为开展集体协商提供更加有力的支撑。

奋进新时代，开启新征程。做好新时代集体协商工作，要把握新时代，用新思想指导新实践，用新思想构建企业和职工的命运共同体，展示新风采，夺取新胜利，为实现中华民族伟大复兴的中国梦做出新的更大贡献。

新时代集体协商工作永远在路上。

目　　录

第二部分　典型经验

第三部分　经典案例

第四部分　文件资料

第一部分

创新创优

中华全国总工会、江苏省总工会及徐州市委领导对我市工资集体协商工作和创新成果的批示

批示一：

中央政治局委员、全国人大常委会副委员长、中华全国总工会主席王兆国同志批示：

“很好，特色突出，充分体现党政主导的维权体制，工会代表并直接具体维护职工合法权益”。

2012年5月4日

批示二：

中华全国总工会书记处第一书记、副主席王玉普同志批示：

《工人日报》搞的情况参考很有价值，望再接再厉及时反映有关信息，以便在面上推动工会工作深入开展。

2012.7.5

批示三：

中华全国总工会书记处书记、副主席倪健民同志批示：

认真贯彻落实好兆国主席重要批示和玉普同志的要求，宣传好徐州开展工资集体协商的新经验。继续办好《情况参考》，发挥好作用。

2012.7.5

情况参考

第 2365 期

《工人日报》总编室　　2012 年 4 月 12 日

徐州将工资协商纳入党政考核体系带来四个转变

本报记者王伟反映：今年 2 月上旬至中旬，江苏省徐州市组织 6 个考核组对全市 11 个县(市)、区科学发展综合目标进展情况进行了全面考核，其中，由市总工会和人保局人员组成的考核组专门负责对工资集体协商情况的考核。考核结果显示，自去年初将工资集体协商纳入党政综合目标考核体系以来，该市 50 人以上建会企业工资集体协商建制率提高了近 20 个百分点，工资集体协商工作呈现四个转变：

——争取党政支持转变为党政主要领导亲自部署、亲自抓。2011 年初，在徐州市委、市政府重视支持下，经市总工会积极争取，徐州将工资集体协商纳入了各地党政综合目标考核体系，市委、市政府“两办”下发了《全面推进工资集体协商工作的意见》，进一步明确了开展工资集体协商工作的指导思想、目标任务、主要措施和工作要求。全市 11 个县(市)、区按照市委要求，均将工资集体协商纳入当地党政目标考核体系，并给予一定分值比例。虽然只有 2%的分值，但这根“不长的杠杆”，借助市委、市政府赋予的“行政支点”，却牢牢抓住了工资集体协商这个“牛鼻子”。11 个县(市)、区政府主要领导与乡(镇)、街道(办事处)、开发区签订年度工资集体协商目标责任状，全部实行问责制，各级党政领导亲自挂帅、亲自督导，邳州市、泉山区、睢宁县政府和工会主要领导还实行“每周调度制度”，及时掌握工资集体协商进展情况。

——由“工会要企业做”转变为“企业我要做”。徐州市总工会反映，工资集体协商纳入考核前，是工会推一推、下面动一动；纳入考核后，企业和基层工会视工资集体协商为“分内工作”，实现了从前工资集体协商“要我做”变今天工资集体协商“我要做”。刚刚改制的徐州统一建设集团面临诸多困难，公司负责人为调动职工积极性，主动和工会协商，为职工上调工资11%，全体职工开展劳动竞赛和“我为企业献一计”活动，去年企业实现利税400多万元，突破了盈亏线。公司董事长说，工资集体协商“益在职工、利在企业、功在党政”。一年来，徐州市50人以上建会企业工资集体协商建制率提高了近20个百分点，工资集体合同备案率提高30个百分点。

——协商队伍由配“闲人”向配“能人”转变。为确保考核不失分或少失分，各地党政想方设法配强配齐工会干部队伍，用人才支撑推进工资集体协商工作扎实有效开展。多个县区组织部门把熟悉法律、懂得政策、善协能商的大学生村干部和大学生志愿者充实到乡(镇)、街道(办事处)和开发区工会队伍，将一批思想觉悟高、工作能力强的后备干部配备到基层工会主席位置。有的县区书记直言：工会队伍配备从前是配“闲人”，现在要配“能人”，只要工会需要，要人给人，要钱给钱。

——由工会单打独斗向各方主动配合齐抓共管转变。工资集体协商纳入党政目标考核体系后，徐州市有关部门单位通力协作，既有联合发文，又有联合督查、考核。去年全市先后举办工资集体协商指导(谈判)员培训班14期共培训2349人次，其中有一半工会是与人保局等部门共同组织的；在各地的工资集体协商目标责任人会上，人保部门走到了“前台”，部门领导纷纷做表态性发言，主动与工会“同台共舞”，真正形成了“政府主导”的工作格局。

批示四：

江苏省人大常委会原副主任、省总工会原主席张艳同志批示：

徐州市委市政府高度关心人民幸福指数的提升，为促进省政府提出的居民收入十年倍增计划的落实，积极支持市总工会在各类企业建立工资协商制度，并将其列入各地党政综合目标考核体系。这种做法意义重大，收效显著，是真心实意地希望企业建立正常的工资收入支付和增长机制，保障企业职工收入能够随着企业效益的增长逐年提高。市总工会在市委、市政府的支持下积极推进、作风务实，使徐州的工资集体协商工作实现了“五个突破”，值得全省各地借鉴。

2012.3.23

徐州借助“纳入考核”平台
全力推进工资集体协商

——省总工会给张艳主席的工作报告

一、考核基本情况

2012年2月3日至15日，徐州市委科学发展综合目标考核办公室率6个考核组对全市11个县(市)、区进行全面考核。其中，市总工会副主席刘洪印率由市总工会和人保局等职能部门领导组成的5人第6考核组，对各县(市)、区55家生产经营正常的职工50人以上企业工资集体协商建制情况以及33家生产经营非正常企业进行了考核。考核组通过听汇报、查阅台账、现场询问协商代表和职工代表方式，对11个县(市)区88家企业开展工资集体协商进行了不事先通知的抽样检查考核。从考核结果看，生产经营正常企业100%开展了工资集体协商。企业工资集体协商有台账、有记录、有章法、有步骤、有指导、有监督、有落实、有增长；党政领导高度重视、亲自调度，工会组织全力指导、全力推进，企业广泛参与，职工满意度达95%以上。考核情况显示：工资集体协商这辆“维权列车”从从前的“老绿皮”一下子换成了现在的“磁悬浮”，高歌猛进，势如破竹。2011年，全市职工50人以上建会企业工资集体协商建制率提高了近20个百分点，工资集体合同备案率提高30个百分点，实现了工资集体协商从

“要企业做”到“企业要做”的根本性转变。

二、工资集体协商纳入考核带来的新突破

（一）实现了争取党政支持向党政主要领导亲自部署、亲自抓的突破

2011年初，在徐州市委、市政府重视支持下，经市总工会积极争取，徐州将工资集体协商纳入了各地党政综合目标考核体系，市委、市政府“两办”下发了《全面推进工资集体协商工作的意见》，进一步明确了开展工资集体协商工作的指导思想、目标任务、主要措施和工作要求。全市11个县(市)、区按照市委要求，均将工资集体协商纳入当地党政目标考核体系，并给予一定分值比例。各级党政领导亲自挂帅、亲自督导、亲力亲为。邳州市、泉山区、睢宁县政府“一把手”亲自督促；铜山区、丰县和云龙区分管领导实行每周“调度”制度；泉山区、邳州市总工会主要领导分片包干、挂图作战，使工资集体协商工作真正做到了从“撒网抓鱼”到“赶鱼下网”的转变。

（二）实现了工会要企业做向企业“我要做”的突破

在全市大盘子考核中，工资集体协商虽然分值比例只占2分，但这根“不长的杠杆”，借助市委市政府赋予的“行政支点”，却牢牢抓住了工资集体协商这个“牛鼻子”。11个县(市)、区政府主要领导与乡(镇)、街道(办事处)、开发区签订年度工资集体协商目标责任状，全部实行问责制，做到奖惩分明。有了问责制的制约，党政工对开展工资集体协商工作提高了重视和关注，企业(职工)对工资集体协商工作也有了比以往更高的期望。纳入考核前，是工会推一推，下面动一动；纳入考核后，情形有了根本改变，基层工会和企业视工资集体协商是“分内工作、不干不行，不做要被问责”，实现了从前工资集体协商“要我做”变今天工资集体协商“我要做”。

（三）实现了工资集体协商队伍配“闲人”向配“能人”的突破

为落实年度工资集体协商目标任务，确保考核不失分或少失分，各地党政想方设法配强配齐工会干部队伍，用人才支撑推进工资集体协商工作扎实有效开展。铜山区、邳州市、泉山区、睢宁县和沛县等地与当地组织部门协调，把熟悉法律、懂得政策、善协能商的大学生村干部和大学生志愿者充实到乡(镇)、街

道(办事处)和开发区工会队伍;丰县、云龙区、鼓楼区等地结合基层换届选举,将一批思想觉悟高、工作能力强的后备干部配备到基层工会主席位置。工会组织队伍配备从前是配"闲人",现在要配"能人",只要工会需要,要人给人,要钱给钱。这些都彰显了工会组织作用和地位在党政心目中有了质的提高,其影响力也得到了新的提升。

(四)实现了工会单打独斗向三方主动配合、共抓共管的突破

工资集体协商工作是一项系统工程,单靠哪一方是无法做好的。徐州坚持聚集资源,多方协作强氛围,借党政之力扩大资源手段,推动工资集体协商创新发展。从联合发文力推,到双方联合督查;从联合制定考核办法,到双方联合考核等。去年全市共举办不同规模的培训班 14 期,培训工资集体协商指导(谈判)员 2349 人次。其中与人保部门共同办班占近 50%;在去年各地年度 14 个工资集体协商目标责任大会上,人保部门领导都要在会上做表态性发言,呈现了从过去工会唱"独角戏"到现在双方"同台共舞";工资专项集体合同从过去企业行政报备到现在人保部门主动提醒报备;人保部门现在真正从"幕后"走到了"前台",也真正形成了"政府主导"的格局。

(五)实现了维护企业、职工双方利益不平衡向真正"双维护"的突破

在为期半个月的考核中,考核组不时听到工资集体协商给职企双方带来双赢的话语。在贾汪区大吴镇煤矸石砖厂,考核人员拉住了一个叫秦桂兰的大妈:"可知道有工资集体协商这回事?""咋不知道,去年就协商来着。""协商内容你们清楚吗?工资增长没有?""涨了,协商后俺搬一块砖能挣 5 厘钱,一个月能挣 2200 元,比原来多好几百块呢。""对协商结果满意么?""没得说,满意!"在云龙区,国美电器工资集体协商开展得有板有眼,成为全国唯一一家开展工资集体协商的国美企业。国美电器统一建设集团刚改制、包袱重,但职工工资在协商中却上调了 11%,职工积极开展劳动竞赛和"我为企业发展献一计"活动,企业实现利税 400 多万元,在去年 3 月就突破了盈亏线。公司董事长深有感触地说:"工资集体协商维护了职工劳动经济效益,调动了职工积极性,实现了企业的和谐发展,其实益在职工、利在企业、功在党政。"

批示五：

时任江苏省人大常委会副主任、省总工会主席张艳同志给《丰县工会通讯》（2012年7月19日）的批示：

丰县总工会抓大沙河餐饮行业工资集体协商典型很好！这是针对小微企业，零散用工规范工资支付和正常增长机制做出的有益尝试，能够有效维护包括农民工在内的服务行业工人物质经济利益，更有利于推动小微企业和谐劳动关系创建，促进企业健康发展。希望县级工会多在推进行业工会联合会，推行行业工资集体协商制度上下功夫。相信丰县总工会能够再创新鲜经验，再创佳绩！

2012.8.20

《丰县工会通讯》

丰县总工会　　2012年7月19日

丰县召开大沙河镇餐饮行业工资集体协商现场观摩会

7月初，我县大沙河餐饮行业工资集体协商现场观摩会召开，来自各镇、县经济技术开发区、各街道办事处分管工资集体协商工作负责人、工会主席、人保所长、工资集体协商指导员、谈判员和大沙河镇13家镇餐饮行业的代表，共同观摩了大沙河镇餐饮行业工资集体协商现场。

大沙河餐饮行业由镇辖区内的13家餐饮企业组成，企业职工人数最多的11人，最少的只有6人。协商会上餐饮行业企业方和职工方代表围绕职工最低工资标准、职工加班加点工资、年度工资标准调整幅度、设立激励奖四个方面进行了协商。经过现场协商，达成5项内容。一是镇餐饮行业职工最低工资标准1300元；二是镇餐饮行业职工加班加点工资每次加班30元，每小时不低于15元；三是镇餐饮行业年度工资标准调整幅度不低于8%～15%；四是镇餐饮行业设立激励奖；五是制定餐饮行业企业管理制度。双方首席代表在达成的协议书上签了字。

此次协商观摩会是我县在小微企业探索开展区域性、行业性工资集体协商的一次推进。协商之前，县、镇工会干部深入13家餐饮企业和职工进行了多次交流座谈，倾听职工心声，了解职工需求；主动和各企业主进行沟通，达成共识，经过一个多月的努力，终于让企业与职工“坐”下来、“谈”起来。县总工会主席常景玉要求所属基层工会要以此次观摩会为推动，坚持稳妥推进、互利共赢，确保年度工资集体协商目标考核任务的完成。

批示六：

中共徐州市委书记曹新平同志批示：

很好。

2012. 5. 20

徐州市总工会给市委并曹新平书记的报告

市委并曹新平书记：

去年，在市委市政府的高度重视和关心支持下，我市将企业工资集体协商工作纳入县(市)区科学发展综合考核体系，从制度上保障了企业工资集体协商工作的深入开展，推动了职工收入稳步增长，发展了和谐劳动关系，促进了社会稳定。《工人日报》江苏记者站将徐州做法和成效以内参形式报送全总领导。中央政治局委员、全国人大常委会副委员长、全总主席王兆国同志批示："很好，特色突出，充分体现党政主导的维权体制，工会代表并直接具体维护职工合法权益。"全总书记处第一书记、副主席王玉普同志，全总书记处书记、副主席倪健民同志也分别作了批示。市总将认真贯彻落实王兆国主席、全总领导批示精神，在市委的正确领导和市政府的支持指导下，进一步完善工资集体协商考核体系，改进不足，抓好落实，力争取得新的成效，为保障职工合法权益、发展和谐劳动关系、维护职工队伍稳定，进而为巩固和发展徐州繁荣、稳定、和谐的大好局面做出积极贡献。

江苏省总工会厂务公开民主管理创新实践成果选编

之一：徐州市总工会编印并下发《徐州市工资集体协商“1—2—3,4—5—3”工作法》

创新之处：

徐州市总工会结合近年来开展工资集体协商工作实践，编印并下发了《徐州市工资集体协商“1—2—3,4—5—3”工作法》(以下简称“《工作法》”)，为县(市)区工会和广大企业开展工资集体协商工作提供了易操作、能推广和出效果的工作方法，增强了工资集体协商工作的实效性。

实施情况：

《工作法》主要内容：① 建好一支工资集体协商指导员、谈判员队伍；② 明确工资集体协商的两个主体；③ 把握好工资集体协商的三个环节；④ 建立四项工资集体协商基本制度；⑤ 规范工资集体协商的五个主要步骤；⑥ 发挥三方联动机制的积极作用。

一、建好一支工资集体协商指导员、谈判员队伍

(1) 建立工资集体协商指导员、谈判员队伍网络。

(2) 工资集体协商指导员、谈判员的基本条件。

(3) 工资集体协商指导员、谈判员的主要任务。

(4) 工资集体协商指导员、谈判员的管理。

二、明确工资集体协商的两个主体

(1) 明确工资集体协商的两个主体是用人单位和本单位职工。

(2)明确工资集体协商执行的质量取决于双方代表的素质,选好代表、明确责任至关重要。

三、把握好工资集体协商的三个环节

(1)把握好工资集体协商的内容。

(2)把握好工资集体协商目标的前期准备工作。

(3)把握好工资集体协商的全过程。

四、建立四项工资集体协商基本制度

(1)建立工资集体协商的定期协商、即时协商制度。

(2)建立职代会审议通过工资专项集体合同草案和听取履行情况报告制度。

(3)建立工资专项集体协商合同草案经指导员签字履行制度。

(4)建立工资集体协商监督检查制度。

五、规范工资集体协商的五个主要步骤

(1)产生代表:产生协商代表;确定首席代表;聘请代表;培训协商代表。

(2)启动要约:在广泛、深入了解职工和企业相关情况的基础上提出协商要约;要约答复;向上级工会报告。

(3)协商准备:收集各方面意见;准备协商材料;确定协商重点;进行协商沟通。

(4)正式协商:履行集体协商程序;发生分歧不能解决时申请协调,以利早日达成共识。

(5)审议审查:职工(代表)大会审议通过工资专项集体合同草案;双方首席代表签字;报送劳动部门审查。

六、发挥三方联动机制的积极作用

(1)工会组织要加强对职工和协商代表的法律、法规宣传、教育和培训,尊重和保障职工的主体地位,代表职工行使好要约权、协商权、签约权,推动工资集体协商工作的开展。

(2)各级人保部门要通过正常引导和行政手段,督促企业建立工资分配的共诀机制，及时为企业正常开展工资集体协商提供参考依据。

（3）各国有资产管理部门和企业代表组织、工商联及各类企业联合会，要积极支持企业开展工资集体协商，把依法推动企业工资集体协商工作，作为企业应当履行的社会责任。

主要效果

（1）徐州市总工会专门下发文件，要求各县（市）区总工会、各基层企事业工会认真抓好落实。

（2）市总工会和各基层工会通过各种培训，重点加强对基层工会的指导和推广，有效地推动全市工资集体协商工作的开展，受到了基层工会的欢迎。

（3）以《工作法》为指导，以现场观摩推进会为平台，组织观摩互动，努力提升基层工会工资集体协商工作规范化、制式化水平。

（4）全市各级工会按照《工作法》要求创新工作，积极引导各类企业开展工资集体协商工作，取得了积极的效果，培育了一批典型。

（5）我市制定的《工作法》得到了上级工会的肯定。全总 2011 年 10 月编印的《工资集体协商案例选编》将我市的《工作法》内容收录其中。

之二：建机制　搭平台　推进工资集体协商全面发展

创新之处

（1）充分借助今年市委将工资集体协商纳入各地党政科学发展综合目标考核体系平台，采取现场观摩会形式，大力推进工资集体协商工作，成为全省率先。

（2）为突出政府在工资集体协商工作中的主导作用，人力资源和社会保障部门代表政府在各地现场会上都做出表态性发言。

（3）为确保工资集体协商工作取得实效，各县（市）、区政府主要领导同所属镇（街道办事处）主要领导签订年度目标责任状。

实施情况

（1）考核体系健全，党政主导推进。今年市委将工资集体协商纳入各地党政综合考核体系；4 月，市委、市政府两办转发了市总工会等 3 部门联合制定的《全面推进工资集体协商工作的意见》，进一步明确了开展工资集体协商工作的指导思想、目标任务、主要措施和工作要求；市总工会下发了《徐州市工资集体协商工作考核办法》，从指导思想、组织领导、考核对象、考核内容、考核办法和工作要求 6 个方面予以明确。

（2）强势推广借鉴，观摩互动推进。全年市总工会共召开了 12 个现场观摩推进会。其中，10 个县（市）、区政府主要领导与镇（街道办事处）和工业园区的主要领导签订了年度工资集体协商目标责任状，市三方组织观摩，较好地起到了引领示范作用。

（3）着眼队伍建设，人才支撑推进。建立了市、县（市）区和有关局（公司）三级工资集体协商指导员（谈判员）队伍网络，出台了《工资协商指导员（谈判员）管理办法》，多措并举加强工资集体协商指导员（谈判员）队伍建设。集中开展了三级培训活动。全年共举办三级培训班共 21 次，共培训各级工资集体协商指导员(谈判员)1825名。

主要效果

(1)将工资集体协商纳入各地党政综合考核体系,促使了党委重视和关注。

(2)人力资源和社会保障部门代表政府和协调劳动关系三方在推进会上表态,改变了以往工会唱“独角戏”,形成了合力推进,得到了方方面面的支持和参与。

(3)采取现场观摩会形式推进工资集体协商工作,营造了“比、学、赶、超”的氛围。

(4)扩大了工资集体协商的覆盖面。今年全市签订工资集体协商专项集体合同较去年同比增长10%以上。

之三：徐州市积极引导国有企业建立工资二次分配集体协商制度

一、基本情况

国有企业是我市经济发展的龙头和牛鼻子，国有企业工资分配也一直是工资集体协商工作的难点和重点。2009 年以来，我市在深化工资集体协商制度建设中主动出击，寻求突破，创新和拓展以国有企业工资二次分配为重点的集体协商，取得了显著成效，成为保障职工工资权益的又一“和谐标杆”。我市国有及国有控股企业工资二次分配的集体协商机制建设，得到了全总和省总领导的充分肯定。《江苏工人报》和全总办公厅《工会要情》第 175 期，都专题介绍了我市在这方面的工作和做法。

二、工作背景

（一）开展国有企业工资二次分配集体协商工作是振兴徐州老工业基地的需要。目前我市区域内有大中型国有及国有控股骨干企业 30 多家，涉及能源、矿山、交通运输、机械制造、电力、石化和建材等多个行业，职工 30 余万人。当前，徐州正处在改革发展的关键时期，省委、省政府振兴徐州老工业基地的重大战略，为徐州新一轮发展提供了千载难逢的重大机遇。如何真正把省委、省政府振兴徐州老工业基地的机遇，转化为推动我市科学发展的动力，如何把我市经济做大、做强，重点在国有企业，关键在职工队伍的稳定，必须通过开展国有企业工资集体协商实现企业劳动关系和谐，实现职工收入与经济发展相适应。

（二）目前我市国有企业高管与一线职工收入差距较大。究其主要原因，一是缺乏规范和有效约束。二是一些企业薪酬分配没有体现“两低于”原则，企业自我约束不足。三是国有企业领导相互攀比现象十分严重，高管成本在企业经营成本中的比例过大，影响着企业竞争力的提高。

（三）个别国有企业由于缺乏认识，平等协商工作不到位，二次分配不公正，引发劳资关系矛盾，导致职工群众的积极性受到挫伤，干群关系受到损害，在一定程度上影响了社会的和谐和稳定。

三、主要做法

（一）调查研究，摸清底数。2009年以来，市总先后对市区内国有企业进行调研，行业涉及烟草、建材、煤炭、石油和电力等。采取对部分企业进行实地考察，听取企业行政、工会汇报和对一线职工进行访谈，基本掌握了国有企业职工工资二次分配集体协商工作的现状。

（二）下发文件，规划操作。市总工会会同市劳动和社会保障局、市国资委联合下发了《关于进一步加强国有及其控股企业工资二次分配集体协商的意见》。该意见要求，进一步加强国有及其控股企业工资二次分配集体协商工作，要着眼于机制的健全和完善。一是要健全工会组织和职工代表源头参与制度。要求企业工会和职工代表应通过董事会、行政办公会议等形式，加强对企业绩效工资二次分配集体协商的源头参与。二是要完善企业工资二次分配集体协商工作机制。要努力促进"要约"制度和工资二次分配集体协商制度与职工（代表）大会制度、厂务公开制度的有机结合。三是要严格规范经营管理者的收入分配。国有及其控股企业的上级党政工组织和主管部门要严格按照"有人管、有方案、有程序、有挂钩、有考核、有监督"的原则，规范经营管理者的绩效收入。

（三）组织交流，相互学习。选树了徐矿集团作为全市国有企业工资二次分配集体协商工作的典型，要求其他国有企业要认真学习和借鉴他们的经验。一是整理《徐矿集团工资集体协商经验材料》，印发给全市各国有企业工会，以企业工会为单位进一步组织学习讨论。二是将一些国有企业工资二次分配集体协商案例，以《工作简报》的形式，报送市和谐企业创建领导小组主要领导和成员单位，借机造势，扩大影响。三是选调一些国有企业工会领导，特别是从事民管工作的人员赴徐矿集团进行学习调研，对徐矿集团的成功做法和经验进行全面的学习和借鉴。

（四）目前我市国有企业工资二次分配集体协商的形式。一是建立企业民管会制度。民管会成员由职工代表大会或职工大会选举产生，班组长、职工代表、生产骨干等成员占成员总数的50%以上。基层研究工资二次分配时，必须由民管会2/3以上成员参加。对于工资二次分配方案，民管会成员有权提出建议和意见，对协商后形成的分配方案，须经与会人员最终签字确认，并在车间班组进行公示。通过基层民管会、职工代表参与工资分配全过程，把事后监督变为过程监督，改变了以往职工只能看到分配的最终结果、看不清分配过程的局面。二是形成工资二次分配共决机制。做到企业行政、工会、相关职能部门共同调查分析，共同协商讨论，共同制定方案。对协商形成的工资分配办法，坚持通过召开职工代表大会表决通过后，再实施，保证了工资集体协商方案的公开透明。三是与科研、院校连手，科学制定工资系数和考核标准。企业联合科研单位、院校，科学合理地制定的工资系数和考核标准。通过合理制定主辅岗位之间、生产与后勤部门之间的工资系数和考核标准，通过企业民主管理工作的方式，把奖励激励机制渗透到企业安全生产、经营管理的各个环节，拓展到企业各个基层和部门。既保证收入分配向一线职工倾斜，又最大限度地缩小职工收入差距。

四、主要效果

（一）国有企业职工收入大幅提高。近两年来，全市国有及其控股企业职工工资增幅始终保持在10%以上。徐矿集团权台煤矿、徐工集团重型机械厂等一些重点骨干企业的一线职工年收入都达5万以上。

（二）促进了国有企业的快速健康发展。在促进国有及其控股企业经济效益和职工收入同步增长的同时，职工生产积极性得到充分调动，劳动效益大大增强，带动了全市国有企业的快速发展。目前我市经济发展的四大千亿元经济板块中，不仅国有企业占有比重大，而且始终保持良好的发展态势。

（三）国有企业工会影响力不断加大。推进国有企业工资二次分配的集体协商制度建设，企业工会在工资集体协商工作中起着关键性的作用。无论作为企业民管会组织职工代表参与分配方案的制定，还是在运行机制的监督实施，无不充分体现出工会工作在国有企业工资二次分配中不可替代的作用。

（四）促进了全市创建和谐劳动关系企业活动的开展。我市国有企业工资二次分配集体协商制度建设，不仅在收入分配上维护了职工的合法权益，而且在制度建设上保障了企业的劳动关系和谐。国有重点骨干企业在全市创建和谐劳动关系企业活动中，起到了积极的带动作用。

之四：融入党政全局　实现齐抓共管

——徐州市工资集体协商纳入各地党政综合目标考核实现新突破

2011年，徐州市委、市政府将工资集体协商工作纳入各县（市）、区和经济技术开发区科学发展目标考核体系。这一重大举措，引起了全市各级党政对工资集体协商工作的高度重视，促进了全市工资集体协商工作的深入发展，得到全总、省总主要领导的充分肯定和高度评价。2012年5月，《工人日报》“情况通报”向全总领导作了专题通报。全国人大常委会副委员长、全国总工会主席王兆国做出重要批示，全总党组书记、副主席王玉普，全总副主席倪建民等领导也专门做出批示。2012年3月23日，省人大常委会副主任、省总工会主席张艳对徐州借助“纳入考核平台”全力推进工资集体协商做出重要批示：徐州市总工会在市委、市政府的支持下积极推进、作风务实，使工资集体协商工作实现了“五个突破”，值得全省各地借鉴。

一、创新之处

（1）通过市总工会的有效工作和积极争取，推动市委、市政府在全省率先将工资集体协商工作纳入各地党、政科学发展综合目标考核评价体系，体现了党委、政府对工资集体协商工作的高度重视。

（2）突出了各级政府在工资集体协商工作中的主导作用。各县（市）、区政府主要领导同所属镇、街道办事处行政签订年度工资集体协商目标责任状，确保工资集体协商工作目标得到有效落实。

（3）全市各级工会组织和政府相关部门通力协作，借助市委、市政府赋予的支点，强势推进工资集体协商工作，真正形成了“党委领导、政府主导、工会推动、各方协同、职工参与”的工资集体协商格局。

二、实施情况

（1）党政主导推进，考核体系健全。市委、市政府将工资集体协商纳入各地党政综合考核体系，并将工资集体协商纳入全市民生幸福工程。

市委、市政府两办转发了市总工会等部门《全面推进工资集体协商的意见》，进一步明确了开展工资集体协商的指导思想、目标任务、主要措施，要求各级党政全面落实工资集体协商的工作责任。

市总工会、市人社局联合下发了《徐州市工资集体协商工作考核办法》，从党政重视、组织领导、考核对象、考核内容、考核方法和工作要求 6 个方面予以明确。

(2) 各地层层落实，形成多方合力。

全市各地政府主导召开各类推进会议 12 场，层层落实工资集体协商责任目标。

各县(市)、区政府和经济技术开发区管委会与各镇(街道办事处)签订了《年度工资集体协商目标责任状》。

各县(市)、区政府人社部门走到前台，在各地工资集体协商推进会上表态发言，积极为企业开展工资集体协商提供保障。

(3) 工会主抓落实，推动工作创新。

开展要约。市协调劳动关系三方两次联合发文，在全市开展春季、秋季集中要约行动。

培训骨干。市和各县(市)、区两级选聘了 198 名工资集体协商指导员，出台了《工资集体协商指导员(谈判员)管理办法》。市协调劳动关系三方联合开展工资集体协商业务培训 11 场，培训各级工资集体协商指导员(谈判员)、工会干部 1663 人次。

典型推进。市总工会组织开展现场观摩会、推进会，重点推介典型经验，推动全市工作开展，并要求各县(市)、区至少要召开 3 次以上各种类型的推进会、观摩会，并实行一会一档报市总工会备查。

重点突破。突出了世界 500 强在徐投资企业和行业工资集体协商两个重点，实现了世界 500 强在徐投资企业全覆盖和每个县(市)、区开展 5 个以上行业工资集体协商的建制目标。2012 年 8 月，省总工会主席张艳对我市重点突破行业工资集体协商做出重要批示，给予充分肯定。

三、主要效果

我市工资集体协商纳入党政科学发展目标考核以来，有力地推动了全市工资集体协商工作深入开展。

（1）全市工资集体协商工作呈现出四个转变。一是由争取党政支持转变为党政主要领导亲自部署、亲自抓；二是由“工会要企业做”转变为“企业我要做”；三是工会集体协商队伍由配“闲人”向配“能人”转变；四是由工会单打独斗向各方主动配合齐抓共管转变。

（2）工资集体协商建制率明显提高。一年来。全市50人以上的建会企业工资集体协商建制率提高25%；区域、行业工资集体协商建制已达116个，覆盖企业3533家；全市已有13568家企业开展了工资集体协商，建制率达90%，其中50人以上企业建制率达93%。

（3）促进了企业和谐劳动关系建设。一是职工劳动报酬普遍增长，80%以上开展工资集体协商的企业实现了职工工资增长幅度达10%以上；二是因劳动报酬引发的劳动争议案件明显减少。

之五：徐州市培育主体、典型推动，强力推进行业工资集体协商

创新之处

1. 深化认识，突出重点。深入贯彻落实全总、省总主要领导对我市工资集体协商工作批示精神，把推进行业性工资集体协商作为今年工作重点，继续纳入各地科学发展综合目标考核体系，实现我市行业工资集体协商工作新突破。

2. 培育主体，攻克难点。加强行业工资集体协商权威性保障，确保行业（区域）工资集体协商合规、合法。

3. 典型引路，规范运作。巩固和扩大区域（行业）工资集体协商工作成果以县（市）区召开行业（区域）工资集体协商推进会，组织各县（市）区现场观摩，用典型引路带动，推进了工资集体协商的深入开展，提高了对小微企业的覆盖率。

实施情况

1. 突出重点，破解难题。市总工会认真组织各级工会传达学习全总王兆国主席对徐州工资集体协商工作的批示精神，统一思想，提高认识，把强力推进行业工资集体协商作为今年工资集体协商工作的重点。借助市政府对各地科学发展目标责任考核之力，把推进区域（行业）工资集体协商建制率80%以上作为各县（市）区主要考核指标。明确各地要通过召开3个以上的推进会、观摩会，落实5个以上的行业工资集体合同作为今年工作重点，并将案例整理归档，报市总工会备查。

2. 层层造势，营造氛围。市三方机制两次联合发文，在全市集中开展春季和秋季要约行动，重点突出开展行业工资集体协商。

3. 培育主体，攻克难点。积极克服和攻克行业工资集体协商主体地位难以确定的难点，采取多种形式培育资方协商主体，确保行业（区域）工资集体协

商合规、合法。沛县积极为符合条件的行业注册法人登记；云龙区、泉山区积极发挥政府各级经济管理部门、工商联、商会作用，睢宁利用农村经济合作组织等形式，把同行业内企业组织起来，积极培育资方协商主体。

4. 典型引路，规范运作。市总工会组织多次现场观摩会、推进会，重点推介开展行业工资集体协商典型经验，推动全市工作开展，并要求各县(市)、区至少召开3次以上的推进行业集体协商会议，实行一会一档报市总工会备查。2012年3月、2012年8月，省总工会主席张艳连续2年对我市重点突破行业工资集体协商工作做出重要批示。

主要效果

1. 通过积极培育主体，有效破解小微企业协商难的问题，突破了企业工会直接与企业协商面临的各种制约和障碍。

2. 采取现场观摩会形式推进行业(区域)工资集体协商工作，营造了各地“比、学、赶、超”的氛围。

3. 扩大了工资集体协商的覆盖面。今年全市共培育166个行业(区域)工资集体协商典型，建制率较去年同比增长20%以上。

4. 我市重点推进行业工资集体协商工作受到了省总主要领导的充分肯定。

之六：让企业协商民主成为推动供给侧结构性改革的调节阀

创新之处

（1）把好一个“表决关”。牢牢把握在推动供给侧结构性改革过程中凡涉及职工切身利益的方案和动议，都必须经过职代会表决通过。

（2）实现两个“有利于”。实现了企业协商民主的结果必须有利于企业成功转型和健康发展；必须有利于分流转岗职工经济补偿到位和职工生活出路到位。

（3）走出一条“新路子”。成功走出了一条企业协商民主与供给侧结构性改革实际相结合，努力实现“双维护”的企业民主管理之路，使企业协商民主真正成为推动供给侧结构性改革和发展和谐劳动关系的调节阀。

实施情况

（1）坚持依法规范履职。市总下发《关于进一步加强国有和国有控股企业职工代表大会制度建设的意见》，依法和规范了改制和转型企业在涉及职工转岗分流等切身利益层面，必须严格规范履行民主程序，切实保障职工知情权、参与权、表达权和监督权，实现职工安置方案与企业改革改制同步制定、同步实施、同步推进。

（2）坚持选树典型带动。市总在丰县召开全市企业协商民主和职代会规范化建设现场推进会，集中推广了一批紧密结合徐州实际，坚持在推进供给侧结构性改革特别是在去产能工作中开展企业协商民主，促进企业发展和维护职工权益的典型单位，为提升全市企业协商民主工作服务供给侧结构性改革的主动性提供了借鉴。

（3）坚持提升维权能力。针对全市供给侧结构性改革特别是去产能工作面广、量大的状况，有针对性地选择了各种类型近百家企业的 300 多名职工代表进行专题培训。邀请省总民管部杨部长对供给侧结构性改革下如何开展企业协商民主工作,进行现场培训和指导,提升了职工代表在企业协商民主工作中的履职能力和基本素质。

(4) 坚持实现“双维护”。积极探索和实践在供给侧结构性改革过程中,企业协商民主对维护职工切身利益和促进企业生存发展双维护作用。抓住在供给侧改革过程中职工普遍关心的工资福利、转岗分流和经济补偿等问题,引导职工理解、支持、参与企业全面深化改革,正确对待和积极支持企业改革发展过程中的利益关系调整。在确保困难企业转岗分流职工补偿到位的基础上,引导企业就稳定生产、保岗降薪、停岗留薪等方面,开展动态协商,走出开展工资集体协商只谈涨不谈降的误区,促进了企业稳定和发展。今年 4 月,市总工会联合协调劳动关系三方,制定并全面实施了和谐劳动关系幸福企业创建第二个三年规划,重点对推进供给侧结构性改革过程中如何开展集体协商工作提出了不断深化的要求。

(5) 坚持主动服务帮扶。积极实践在供给侧结构性改革过程中最大限度地为职工生活和再就业出路“开多扇门”。市总对全市事关职工切身利益的重大企业改革,主动参与,提前介入,主动作为,成立专门工作小组,专题研究部署服务我市化解过剩产能企业职工分流安置工作。同时,通过专项培训和专题招聘,最大限度地为下岗分流人员提供就业技能和寻找就业出路。

主要效果

(1) 职代会在企业改革和维护职工合法权益的把关定向的作用得到充分发挥,企业协商民主工作在推动供给侧结构性改革的地位和作用明显提升,实现了全市所有改革改制企业方案百分之百通过职代会审议表决通过。

(2) 职工代表基本素质和维权能力不断提升,职工提案质量、职代会各项程序更加规范。

(3) “动态协商”和“双维护”,为改革、转型、转制企业稳定当前生产局面和后续发展提供了保障,一些经营上遇到暂时困难的企业得到了休养生息的机会。

（4）促进了全市供给侧结构性改革和去产能化的顺利实施。一年多来，全市去产能化涉及的煤炭、钢铁、炼焦、水泥、机械制造等多个行业近 40 万职工中，补偿安置 18959 人，转岗分流 6666 人，待岗培训 4550 人，通过参加市总工会各类职业技能培训中心就业和转岗的 2265 人，没有出现一起因职工安置问题或者权益受到侵害造成的大规模上访集访事件。特别是在服务徐矿集团去产能化一次性分流一万五千多名职工的过程中，我市工会主动作为，围绕技能培训、拓展就业门路等做了大量工作，取得了显著成效，得到了市委主要领导的批示和鼓励。

推进集体协商　建设幸福企业

徐州市协调劳动关系三方委员会

近年来，徐州市认真贯彻党的十八大和十八届三中、四中全会精神，强力推进工资集体协商，发展和谐劳动关系，建设幸福企业。全市日益形成并巩固了“党委重视、政府主导、三方共推、企业全面实施、职工积极参与”的工资集体协商工作格局。截至2014年底，全市工资集体协商建制企业达25808家，覆盖职工121万人，建制率达97%以上，基本实现了建会企业工资集体协商全覆盖。市总工会被全国总工会评为贯彻落实工资集体协商三年规划先进集体，《人民日报》、中央电视台等10多家中央主流媒体曾对我市工资集体协商工作进行集中采访和重点报道。

一、融入党政全局，健全完善考核机制

徐州市委、市政府高度重视工资集体协商工作，每年都将其纳入全市“民生幸福工程”项目进行重点部署，连续3年下发《全面推进工资集体协商工作的意见》，明确阶段性推进工资集体协商目标任务和工作要求。特别是自2011年以来，市委、市政府将工资集体协商工作纳入县(市)区科学发展综合考核评价体系，权重占1%。这一举措，起到了“四两拨千斤”的作用，极大地激发了各县(市)、区党政主导推进工资集体协商工作的内在积极性。各级党政相应制定具体工作目标，明确落实责任。各级党、政领导包括许多县区的主要领导对工资集体协商工作亲自部署、亲自督导。各级协调劳动关系三方抓住机遇，认真履职，相互支持，积极配合，构建了目标一致、指导到位、紧密协作的工作联动机制。我市以纳入党政综合考核建立并巩固党政主导推进工资集体协商工作机制，得到了中央领导和全国总工会的充分肯定。

二、培育选树典型，示范引导重点突破

全市各级协调劳动关系三方机制高度重视典型的培育和选树工作，以先进典型示范引导面上重点突破。邳州市板材行业已连续9年开展工资集体协商，被全国总工会表彰为全国行业集体协商先进典型。全国产业工会和省协调劳动关系三方先后在邳州召开现场推进会，使“邳州经验”进一步走向全省、全国。国际劳工组织对“邳州实践”也十分关注，组成专家组到邳州进行专题调研，给予高度评价。

我们注重选树不同类型的典型，增强示范引导的针对性。指导国有及其控股企业就绩效工资二次分配等内容开展集体协商；指导民办非企业单位就绩效工资、福利等内容开展集体协商；指导各类行业、区域就最低工资、工时工价、加班加点工资等工资标准及分配办法开展集体协商。全市先后培育和重点推广了上市企业青岛啤酒徐州彭城有限公司、国有企业徐矿集团张双楼煤矿、世界500强企业圣戈班徐州公司和科技楼宇区域、民营医疗、幼教行业及汽车服务行业二次工资集体协商等168个先进典型，形成了“花香墙内外”的良好效果。

三、创新工作方式，切实提升建制质效

2013年12月，我市首家村级行业工资集体协商现场观摩会在铜山区徐村召开，专题研究和部署拓宽工资集体协商建制领域。近几年来，像这样的观摩会、推进会，市级协调劳动关系三方每年都要召开十几个，各县（市）区也各自组织不同类型的现场会。每次会议各级党政领导和协调劳动关系三方领导都到会指导。我们注重创新会议形式，丰富会议内容，会议既有集体协商现场观摩，又有集体协商指导员专业点评，还有经验交流、业务培训、工作研讨等，取得了“推介典型、培训业务、相互借鉴、竞相追赶”等多重会议效果。实践表明，通过轮流在各县（市）区以及各县（市）区轮流在下属单位召开工资集体协商现场观摩会的方式，起到了“擂台比武”的积极效应，各地“竞争性”地重视加大党政主导推进力度，重视提高典型培育质量，重视总结提炼实践经验，营造了“比、学、赶、超”的浓郁氛围。

全市各级工资集体协商指导员坚持全程参与工资集体协商工作，实行点对点、点对面的专业指导，每份工资集体合同都经过集体协商指导员的具体把关，有效保证了工资集体协商质量和效果。

四、扩大社会共识，完善长效推进机制

我市协调劳动关系三方紧紧抓住学习贯彻党的十八届四中全会精神机遇，积极提请市人大加快制定《徐州市企业工资集体协商条例》进程。2014年，工资集体协商地方立法工作正式进入实施阶段。市协调劳动关系三方配合市人大先后组织召开13次不同类型座谈会，收集整理修改意见，组织精干力量，编写《徐州市企业工资集体协商条例(草案)》。今年2月底，该条例(草案)已进入市人大常委会二审程序，有望在今年颁布实施，将为全市进一步依法推进、依法规范工资集体协商工作提供坚强有力的法规保障。

经过多年努力，全市工资集体协商工作已成常态化重点推进局面。截至2014年底，市协调劳动关系三方连续7年联合开展工资集体协商"春季、秋季要约行动"，不断扩大推进工资集体协商的社会共识，集聚社会合力。我们还通过制作全市工资集体协商电视专题片，编印工资集体协商成果宣传画册和活动展板，向社会集中展示全市工资集体协商工作取得的丰硕成果；开展企业家谈工资集体协商的感言、体会征集工作，向社会广泛宣传；启动了幸福企业创建工作，通过突出重点推进工资集体协商，使职工的民主权利得到切实尊重，经济利益得到持续保障，工作环境得到明显改善，从而进一步强化企业经济效益和职工收入同步增长，职工有认同感；企业环境洁净优美，职工有舒适感；企业职业安全卫生标准化，职工有安全感；企业职工素质不断提升，职工有成就感；企业职工民主权利充分体现，职工有责任感；企业职工队伍稳定，职工有安稳感；企业职工文化丰富多彩，职工有愉悦感；企业社会信誉高，职工有自豪感；企业和谐发展充满生机，职工有归属感。目前，全市有4128家规模以上企业参加创建活动，其中，徐州工程机械集团有限公司等33家企业去年被市协调劳动关系三方评为徐州市幸福企业称号。通过推进工资集体协商，幸福企业创建，不断焕发职工共谋企业发展、共享企业发展成果的内在积极性，推动和谐劳动关系创建工作向纵深发展。

（在全省工资集体协商集中要约暨经验交流会上的发言）

以实施质效提升计划为抓手
努力实现工资集体协商全覆盖

徐州市总工会

近几年来，徐州市总工会按照全总、省总部署和要求，以指导企业实施工资集体协商质效自我提升计划为有效抓手，不断把工资集体协商工作引向深入，实现了工资集体协商在全市各类企业的全覆盖。至2014年底，全市工资集体协商建制企业达25808家，覆盖职工121万人。其中，单独建制企业达10085家，覆盖职工94万余人；全市符合条件的各类企业工资集体协商建制率已达97%以上。"党委重视、政府主导、工会推进、各方配合、企业全面实施、职工积极参与"的工资集体协商工作格局得到进一步加强和巩固。

一、健全考核体系，党政主导推进

市委、市政府先后多次转发市总等5部门制定的《全面推进工资集体协商工作的意见》、《关于进一步推进工资集体协商的意见》；在市委、市政府《关于县(市)区科学发展考核评价的意见》中，连续3年将工资集体协商工作纳入县(市)区综合考核；市总与市人保局连续3年联合下发《徐州市工资集体协商工作考核办法》并实施考核。各级党政把工资集体协商工作作为实施"民生幸福工程"的有力抓手，不断加强领导。市协调劳动关系三方委员会认真履职，相互支持，积极配合。各级工会主要领导实行"每周调度制度"，构建了目标一致、指导到位、紧密协作的工作机制。

二、强化各项措施，各方合力推进

(一) 成立领导机构。建立了市委常委、组织部部长任组长，副市长任副组长，市总工会、人保局、经信委和工商联分管领导为成员的市工资集体协商工作领导小组，统一领导全市工资集体协商工作。

（二）集中开展工资集体协商要约行动。连续6年联合市协调劳动关系三方开展工资集体协商春季、秋季要约行动，通过联合启动、联合督导、联合检查、联合评估等手段，创造了具有我市特色的实践经验，工资集体协商要约行动成为我市特有品牌。

（三）召开不同层次现场推进会。2011年以来，市协调劳动关系三方和各县（市）区平均每年召开各类现场会、观摩会在20个以上。

（四）典型展示引导推进。通过各种现场会、推进会举办工资集体协商成果展览，集中展示各地工资集体协商工作，利用典型经验和案例推动工作开展。2012年12月28日，我市在市供电公司举办了全市工资集体协商成果展，省总工会、省人社厅和市委、市政府、市人大、市政协领导出席了活动，《工人日报》、《新华日报》、《江苏工人报》和市各大媒体进行了集体采访报道，取得了良好的社会影响。

三、加强队伍建设，规范引导推进

全市建立了市、县（市）区两级专家指导组队伍，出台了《工资协商指导员（谈判员）管理办法》，集中开展三级培训活动。2012年、2013年、2014年分别举办三级培训班21次、18次和17次，培训各级工资集体协商指导员（谈判员）分别为1825名、1663名、1774名。市总工会制定了《徐州市工资集体协商"1－2－3，4－5－3"工作法》，对建好队伍、培育主体、把握环节、建立制度、规范步骤、发挥作用等方面做了详细说明，进一步规范对工资集体协商工作的指导，增强工资集体协商的时效性和可操作性，为基层工会开展工资集体协商工作提供了很好的范本。

四、积极推进《徐州市工资集体协商条例》立法工作

在市工会和市协调劳动关系三方大力推动下，《徐州市工资集体协商条例》已由立法预备项目转入立法制定项目，近期将进入一审，有望今年"五一"前后出台并实施。

一是深入进行调研。去年4月，市总工会会同市人大内司委、市人保局赴深圳、福建学习工资集体协商立法经验；5月至6月，市人大组织召开了市和各县(市)区5种不同类型的座谈会，走访了部分国有、集体、民营等企业，查看了企业工资集体协商的台账和资料；进行了意见征集工作，就立法的必要性、可行性广泛征求社会各界意见和建议，特别是征求企业老板对企业开展工资集体协商的意见和建议。目前，我们征集300多位不同类型的企业家对工资集体协商立法感言编撰成册，供市人大立法决策参考。

二是认真编写草案。市人大常委会第三十次会议决定将工资集体协商由立法预备项目转入立法制定项目后，市总工会组织精干力量，借鉴外地立法经验，认真编写了《徐州市工资集体协商条例(草案)》，并进行了多次修改。

三是邀请专家论证。为确保高起点和高标准立法，市总工会邀请了全总、省总、南京大学的多位专家，会同条例起草组成员对《徐州市工资集体协商条例(草案)》进行论证。目前条例(草案)已经征求各方意见，提交至市人大待进行审议。

五、我市工资集体协商工作取得积极成果

通过近几年来的积极努力，我市工资集体协商取得了积极的成果。在近三年全省工资集体协商工作年度考核中，我市连续三年荣获全省第一。我市工资集体协商工作的状态，也实现了“四个转变”：

一是由争取党政支持向党政主要领导亲自部署、亲自督导转变。工资集体协商成了党政主要领导高度重视、全力抓好的重点工作。

二是工资集体协商由“工会要企业协商”向“企业主观愿意协商”转变。企业参与协商、推动协商的自觉性、主动性不断增强。

三是工会干部队伍由配备“闲人”向配备“能人”转变。丰县先后抽调40名大学生村干部充实到工资集体协商队伍；铜山区抽调50名年轻干部充实工会干部队伍；邳州、泉山、睢宁、沛县等把熟悉法律、懂得政策、善协能商的大学生村干部和大学生志愿者充实到乡(镇)、街道(办事处)和开发区工会队伍，一些县(市)区结合基层换届选举，将一批思想觉悟高、工作能力强的后备干部配备到基层工会主席位置。

四是由工会单打独斗向各方主动配合、齐抓共管转变。从三方联合发文力推，到三方联合督查。从三方联合制定考核办法到三方联合考核等，推动了工资集体协商工作创新发展。

多年来，我市工资集体协商工作，受到上级领导和工会的大力支持和鼓励。时任中央政治局委员、全国人大常委会副委员长、全国总工会主席王兆国，时任全总党组书记、副主席王玉普，全总副主席倪健民，时任省人大常委会副主任、省总工会主席张艳，市委曹新平书记等同志的高度评价和充分肯定。我市形成的邳州板材行业工资集体协商经验，引起了全国各大媒体的高度关注，《人民日报》等全国 11 家主流媒体联合采访报道。前不久，全国农林水利工会工资集体协商经验交流会在我市邳州召开，现场观摩了邳州板材行业工资集体协商，使“邳州经验”在全国广泛宣传和推广。去年全总集体合同部张建国部长来我市调研，对我市工资集体协商工作纳入党政工作大局，建立规范化协商机制，扩大协商覆盖面和工资集体协商进入立法程序等给予了高度评价。

六、目前开展工资集体协商存在的问题

一是中小企业职工工资增长幅度缓慢。工资性收入是城镇居民收入的重要来源(约占 60%)，按我市城乡居民收入六年倍增计划指标分解，职工年度工资增长幅度应在 12.8%以上(不含年度 CPI 增长指数)。由于近年来经济下行压力过大，企业生产经营增长缓慢，目前全市职工年度工资平均增长幅度，还很难达到政府制定的年度职工平均增长幅度的要求。

二是一些小微企业劳资双方协商主体缺失。通过近年来考核检查看，我市部分小微企业劳资双方协商主体还不够健全，协商主体缺失，协商结果得不到有效保证。

三是资强劳弱现象普遍存在，劳方很难获取资方的相关信息。由于缺乏法律、法规的刚性制约，一部分用工单位在开展工资集体协商时对职工方所要求对方提供协商所需的资料(如：财务报表、产品销售报表和资产报表等)不予提供，造成目前劳资双方在协商中“地位不平等”、“力量不均衡”、“素质不匹配”、“信息资源不对称”等突出问题。

(全国总工会来徐调研工资集体协商工作汇报材料，2015 年元月 9 日)

关于推进完善我市企业职工工资集体协商的思考

束志明

党的十八届三中全会《中共中央关于全面深化改革若干重大问题的决定》提出:健全工资决定和正常增长机制,完善最低工资和工资支付保障制度,完善企业工资集体协商制度。中国工会十六大要求:普遍开展工资集体协商,推动建立职工工资正常增长机制,提高职工工资收入,推动解决欠薪问题。工资集体协商是企业和员工就有关劳动报酬事项进行平等协商的行为,是保障职工合法权益的重要手段。从我市工资集体协商情况看,既取得成绩,又存在问题,需深入思考研究。

一、基本情况

我市工资集体协商 1996 年启动至今,可分三个阶段。试点摸索阶段(1996 年至 2000 年):《劳动法》颁布实施后,我市将工资集体协商提到工会工作重要议事日程,列为工会维权重点工作,在全市试点摸索开展。重点实施阶段(2000～2007 年):特别是 2005～2007 年,实施了工资集体协商三年推进规划。全面推进阶段(2008 年至今):省委、市委提出实施居民收入倍增计划和 2012 年省政府下发《关于深入推进企业工资集体协商指导意见》以来,市总工会连续 7 年与市协调劳动关系三方共同开展工资集体协商春季、秋季“要约”行动,创造性开展国有(控股)企业工资二次分配集体协商,大力推进行业、区域(村级、镇)工资集体协商。截至 2017 年 11 月底,全市工资集体协商建制企业 25866 家,覆盖职工 152 万人,有力地促进和谐企业劳动关系,保障职工经济权益。人民日报社、新华社等 10 余家中央主流媒体先后对我市工资集体协商进行现场观摩采访，得到原中央政治局委员、副委员长、全总王兆国主席等中央及省市领导的批示肯定。

从全市工资集体协商整体情况看，有以下几个特点：

一是企业普遍建立了工资集体协商制度。全市符合条件的企业工资集体协商建制率已达96%。抽样调查的200家企业建制时间均为两年以上，开展工资集体协商时间4年以上的达70%以上。建制企业基本实行工资集体协商书面要约制度，由企业工会提出书面要约的占建制企业的88%，由企业行政提出要约的占9.5%。工资专项集体合同经过正式协商的占87.8%，未经协商的仅占1.6%；工资专项集体合同报送审核登记通过率大幅提高，2013年工资集体合同报送审核一次审核认可的企业占94.5%。

二是工资集体协商范围和内容不断拓展丰富。调研数据显示，企业工资分配制度和工资总额的调整经协商确定的企业分别达96%以上。经工资集体协商制度或调整的企业劳动工资标准中，企业最低工资、计件工资标准、加班加点工资计算基数和孕、产、哺乳期及病、事假等特殊情况下的工资标准成为协商制定和调整的重点，分别占调查企业的88%、68%、54.5%、77.2%和57.5%；另外工资集体协商还涉及企业年金、奖金分配、职工福利等方面，这些企业分别占到统计企业的59%、73%和90%。

三是工资集体协商效果逐步显现。职工工资总额实际增长比例提高，2011年、2012年企业职工工资总额年均增幅7%～14%的企业达80%以上；2012年较2011年度企业职工平均工资实际增长额选择为51～100元和101～200元的企业，分别是106家和89家，占调查企业的82%以上。企业发展状况与开展工资集体协商前比较，选择变好的有193家，占96.5%；选择企业劳动关系和谐程度与工资集体协商前比较变好的同样占95%以上。

四是企业行政对工资集体协商认可度不断提高。在调查的200家企业中有195家企业行政认可并支持工资集体协商；有186家企业在工资集体协商中依法向工会提供协商所需的经营情况和有关数据；178家企业建立了工资专项集体合同履约责任制。企业行政坚决履行工资集体合同的有178家；不能履行的条款也要与工会通过协商调整后才能变更的有 17 家。

二、问题及建议

（一）问题

调研感到，我市工资集体协商实践中，还存在以下几个问题：

一是法律支持不足。从国家和省层面看，目前支撑工资集体协商的法律有《工会法》、《劳动法》和《劳动合同法》；省级有《江苏省工资支付条例》和《江苏省集体合同条例》。《劳动法》第三十三条和《劳动合同法》第五十一条：企业职工一方与用人单位可以就劳动报酬等订立集体合同；《江苏省工资支付条例》第九条：用人单位与职工一方签订工资专项集体合同，应当采取集体协商的方式；《江苏省集体合同条例》第三条：用人单位应当依法建立平等协商制度。国家和省级法律对工资集体协商规定较含糊，刚性支撑不足。从市级层面看，我省范围内只有无锡市已制定《企业工资集体协商条例》，我市虽然将工资集体协商纳入党政综合考核，但目前还没有立法，缺乏法律支撑。

二是发展不平衡。主要表现在：行业间发展不平衡。新开展的民营医院、纺织、餐饮等行业工资集体协商还存在程序不够规范、履约不够到位的现象。区域间发展不平衡。有的县（市）区只开展到镇（街道）级，村（社区）层面由于协商代表培育不到位，没有开展工资集体协商。企业间发展不平衡。规模以上企业开展协商比较好，但一些小型非公企业工资集体协商不到位。协商质量不平衡。由于区域、行业协商代表的谈判能力高低不等，协商质量有高有低。

三是推进合力不强。近年来，市总工会虽然借党政之力扩大资源手段，做到了联合发文力推，但同协调劳动关系三方职能部门联合督查、联合培训、联合推进还不够。工会主导参与多，政府职能部门参与少，没完全形成合力。

（二）建议

一是加快我市工资集体协商立法进程。通过立法解决劳资双方在工资集体协商中“地位不平等”、“力量不均衡”、“素质不匹配”、“信息资源不对称”等问题；通过立法规范企业工资集体协商，让劳资双方通过平等协商方式参与企业工资分配决策，解决有的初次分配不公的问题；通过立法解决工会唱“独角戏”，解决有的工会工作者怕得罪"老板"等问题。最主要的是通过立法,把我市工资集体协商的成功做法、成熟机制上升到法律层面,使工资集体协商从制度化走向法制化。

二是加大宣传引导力度。在广大职工中广泛开展工会推动工资集体协商重要性的宣传,争取职工支持和参与;通过有效地宣传使全社会更加理解和支持工资集体协商,推动形成全社会关心支持工资集体协商的浓厚氛围。加大工资集体协商典型选树和宣传力度,创新宣传方式、丰富宣传载体,不断发现新典型、树立新典型、用好新典型,切实发挥典型的示范引领作用。

三是明确责任形成推动合力。进一步明确党政推进工资集体协商的责任,将推动企业普遍建立工资集体协商制度,继续作为对地方党委班子政绩考核的重要内容;推动政府将企业工资集体协商纳入"富民工程"和"为民办实事"中,指导、监督工资集体协商制度建设并主持集体协商过程中争议调处,充分发挥主导作用。进一步明确协调劳动关系三方委员会的责任,依托劳动关系三方共同制定工作计划、共同组织实施、共同开展培训、共同监督检查,进一步形成深化企业工资集体协商的工作合力。

(作者为徐州市人大常委会副主任,市总工会主席、党组书记)

劳资合作谋两利　职企双赢促发展

——关于邳州市板材行业工资集体协商的调研报告

江苏省总工会　徐州市总工会联合调研组

邳州市地处江苏省最北部，全市辖区 2088 平方公里，辖 24 个镇 2 个办事处，总人口 163 万，是江苏省第二人口大县。邳州是全国四大板材生产基地之一，现有板材企业 3000 多家，其中规模企业达 1000 多家，直接从业职工达 10 万多人。2008 年全市板材企业年产值为 120 亿元人民币，占该市 GDP 的 38%，占全国板材出口量的 46%，因此享有“世界板材看中国、中国板材看邳州”的美誉。2005 年以来，邳州市总工会在板材行业中全面推行工资集体协商制度，为发展和谐的行业劳动关系，做优做强全市支柱产业做出了务实努力和积极贡献。2008 年 11 月 6 日，中共中央政治局委员、全国人大常委会副委员长、全国总工会主席王兆国等领导同志亲自听取了该市总工会推进板材行业工资集体协商的工作汇报。

一、邳州市开展行业工资集体协商的基本概况

板材行业是邳州市近 10 年来迅速崛起的新兴产业。该市总工会以推行行业工资集体协商为抓手，保障职工合法权益，助推行业协调发展。

2005 年 10 月，市总工会首先选择板材行业中规模较大、具有一定工会工作基础的徐州盛和木业有限公司先行试点，在取得初步经验的基础上，将试点范围扩大到 60 多家企业。协商的主要内容是制订本企业的最低工资标准、确定职工工资年度增长比例等。

2006 年 10 月，该市首次将企业层面的工资集体协商提升到行业层面，由行业工会与木材流通协会进行对等协商，主要内容涉及行业最低工资标准、行

业工资增长比例等。经协商签订的行业工资集体合同覆盖企业 234 家，覆盖职工 41670 人。

2007 年 8 月，首次邀请行业工资集体协商正式代表以外的企业主、职工等 250 人进行现场观摩。协商内容突出了行业劳动定额、计件工价等劳动基准，经协商签订的行业工资集体合同覆盖企业数达 432 家，覆盖职工 56800 人。

2008 年 2 月，行业工资集体协商内容继续突出了行业劳动定额、计件工价等劳动基准。徐州市总工会及所辖各县(市、区)工会有关领导和邳州市市长孟铁林等 180 人现场观摩。事后，邳州市总工会与劳动保障局联合发文，首次将行业工资集体合同推广到木材流通协会会员以外的板材企业中参照执行。

2009 年 3 月，木材流通协会首次向板材行业工会提出开展行业工资集体协商的书面要约。协商内容突出了应对金融危机挑战，保企业、保岗位、保工资等重点内容，并对行业最低工资、劳动定额、计件工价等劳动标准进行了调整。经协商签订的行业工资集体合同覆盖企业 748 家，覆盖职工 100706 人。徐州市总工会再次组织各县(市)、区工会人员现场观摩。

二、邳州市开展行业工资集体协商的基本做法

(一) 积极争取党政主导推进。在市总工会积极参与下，2005 年，邳州市委、市政府将推进板材行业工资集体协商工作纳入全市“富民优先”发展战略统一部署，纳入政府为民办实事项目，成立了由市委、市政府领导担任组长的推进工资集体协商工作领导小组。市委、市政府先后下发《关于进一步推进企业工资集体协商工作的实施意见》、《工资集体协商实施办法》等政策文件，指导板材行业建立工资集体协商机制，规范运行行业劳动关系。

(二) 培育和健全行业协商主体。2005 年 10 月，邳州市总工会成立了板材行业工会，主席由市总一名副主席兼任，与 2003 年 8 月成立的木材流通协会相对应。几年来，市总工会和行业工会共举办 8 期职工方集体协商代表培训班，培训 210 人次，为开展行业工资集体协商提供有力支撑。

(三) 科学测算劳动基准方案。市总工会与行业工会认为，协商制订行业工时定额、计件工价等劳动基准，对维护职工工资权益具有基础性意义。2007年6～11月间，他们组织力量深入30多家企业进行调查研究，从板材行业生产整体流程中，细分出26道工序，47个工种，对每道工序、工种按操作工人熟练程度进行现场测算，科学确定加权平均工时、工价；把初步确定的工时工价定额放在效益较好、效益一般和经营较困难的三种类型企业中进行财务预算，最终以效益好的企业能执行、效益差的企业通过努力也能落实为基本取向，形成较为科学的劳动定额、工时工价的协商草案。之后，他们每年都将协商调整行业劳动定额、计件工价等劳动基准作为重要内容。

（四）充分协商平衡劳资利益。把握协商尺度是实现劳资两利的重要前提。自2006年以来，每次开展行业工资集体协商的准备期都在三个月左右，主要是征集劳资双方的意见和建议，对上一年度确定的劳动定额、计件工价等执行情况进行调研评估。每次正式协商会议的时间也在四个小时以上。彼此真协商、真争论、真议价，进退有据，最后达成双方认可的方案，并允许行业内各企业以此标准上下浮动5%～10%，但不得低于邳州市最低工资标准。比如，在今年确定的7项议题中，就有一项未达成共识，双方约定留待下次协商解决，充分体现了协商过程的充分性和真实性。

（五）将行业协商确定的劳动基准提升为区域指导标准。经协商签订行业工资集体合同后，市总工会与劳动保障局自2008年起，将该合同以文件形式印发，进一步推广到木材流通协会中非会员企业参照执行。

三、邳州市开展行业工资集体协商的主要特点

（一）党政主导与工会主动相结合。邳州市总工会主动提请党政主导推进，不断构建与完善党政主导、工会运作、各方配合、劳资协商的工作格局。一是与相关部门联合调研，形成《板材行业工资集体协商可行性报告》；二是积极建言献策，争取市委、市政府先后两次对推进工资集体协商工作下发政策文件、成立推进领导小组，制定和分解落实推进目标责任；三是加强与协调劳动关系三方机制成员单位的工作联动。

（二）督导推进与服务指导相结合。市总工会坚持重中之重推进，成立六个指导服务小组，常年深入企业进行宣传发动，指导开展工资集体协商，督导工资集体合同履行到位。针对国际金融危机影响板材行业90%企业订单不足的情况，市总工会和板材行业工会双管齐下：对外，到板材需求量大的四川灾区等地，由工会搭建销售平台，开拓内需市场；对内，组织职工开展共迎挑战、共渡难关、共谋发展主题合理化建议活动，同时为困难企业送政策，为困难职工送温暖，为下岗职工送培训。这一系列举措赢得了企业的理解与合作，使企业主真正从内心更加认可并支持工资集体协商。今年初，木材流通协会第一次向板材行业工会发出了开展工资集体协商的书面要约。

（三）内容针对性与形式开放性相结合。邳州市从协商制订最基础的行业工时工价标准，到确定行业指导标准的可浮动范围；从执行政府的最低工资标准，到制订高于政府规定30%的板材行业最低工资标准；从标准板材的工时工价劳动标准，发展到异型板材的工时工价标准；从协商单一的计件工资，到加班工资、特殊时期的工资、年功工资、奖励工资等；从主要协商工资问题，到延伸协商裁员、培训等与职工切身利益密切相关的其他问题等的协商，内容越来越丰富，而且针对性越来越强。协商的方式日趋完善，更加突出了开放性。由最初企业劳资双方的面对面协商，发展到行业层面的对等协商，再发展到后来的三次公开协商以及当场召开行业职代会审议通过工资集体合同草案，每次列席与现场观摩的人数超过200人，使每一次协商的过程，变成了扩大宣传、集聚共识、形成合力的开放性大课堂。

（四）定期协商与动态协商相结合。目前，邳州市一年一度的行业工资集体协商已形成制度。职工与企业都认可运用协商平台来对话和解决劳动关系问题。在行业内企业遭遇国际金融危机影响过程中，双方尤其是企业方更加注重运用协商这个平台，变一年一协商为勤沟通、多协商，动态性地解决劳动关系问题，保持和促进行业、企业劳动关系协调稳定、和谐发展。

（五）行业协商与企业协商相结合。签订行业工资集体合同后，其中30%左右具有较大规模的企业不仅带头执行，还在本企业进行细化性的二次协商，其标准一般都在行业指导标准的上限范围，内容也更加具体明晰，切实起到了龙头企业的"标杆"作用。

（六）重点规范与普遍指导相结合。在邳州市3000多家大小板材企业中，直接参与协商企业仅80家，所签订的行业工资集体合同覆盖面约占全行业企业的80%。为了延伸和放大协商成果，市总工会、市劳动保障局联合发文，推广行业工资集体合同，向社会公布经协商制定的行业劳动标准，引导其他未受有效覆盖的板材企业参照执行，从而形成全行业相对统一的指导性劳动标准，促进行业内各企业有序竞争、合作发展。

四、邳州市开展板材行业工资集体协商的主要成效

1. 助推行业发展，使支柱产业变优变强。开展行业工资集体协商，有效促进了行业内职工有序流动、企业规范竞争、行业良性发展。全市板材行业经济规模和总量迅速增加，板材出口量占全国出口量的46%，在全国四大板材出口基地中名列第一，日益成为该市最重要的经济支柱，对全市GDP的贡献份额从2005年的35%提高到2008年的38%，为壮大发展县域经济起到了积极作用。

2. 倡导有序流动，使职工稳岗安心。首先，全行业的用工秩序发生根本性的转变。在开展协商之初，行业内规模企业职工的流动率高达60%，且更多地表现为盲目流动、无序流动，现在的流动率则稳定在10%以下，而且各企业互挖"墙角"的现象几乎不存在。其次，由于板材企业职工工资和福利待遇每年增幅达到20%以上，本地农民选择就地就近打工的多了，许多在外打工的邳州人也选择"凤还巢"，成为本地企业的骨干员工；再次，由于板材行业工资水平较高，吸引了周边的安徽、山东、河南等省份打工者大量涌入，使邳州由原来的劳务输出地变为输入地，形成了前所未有的就业"洼地效应"，为企业后继发展储备了丰富的劳动力资源。

3. 加强成本核算，提升了企业管理水平。邳州板材企业大多数是从小作坊发展而来的家族企业，管理水平低下。随着企业原始积累的完成，许多企业积极向现代企业管理迈进。开展行业工资集体协商后，精确计算工时工价，使企业对人工成本有了明确的预期，提高了成本测算、薪酬管理的准确度，提升了企业科学管理的水平；同时，企业与职工通过协商，制订了以人为本的柔性管理制度，改变了过去单一"罚款"的管理模式。企业以协商代替处罚，职工由被动接受管理到主动参与管理。

4. 保障合法权益，使职工分享发展成果。开展行业工资集体协商给职工带来了实惠，使职工更充分地分享了企业发展的成果。2005年至2008年，板材行业效益年均增长15%，而企业职工工资年均增长率则高达20%。即使在今年受金融危机影响的背景下，经协商约定的行业工资水平也基本与去年持平。职工于芳说："工资集体协商为我们解决了后顾之忧，振奋了精神，激发了积极性、创造性，我们可以为企业发展做出更多贡献。"

5. 和谐行业关系，使职企共谋发展的活力涌流。开展行业工资集体协商后，"企业靠职工发展，职工靠企业致富"的共识日益广泛。职工的积极性、创造性被大大激发，今年以来，板材行业职工提合理化建议3296条，被采纳的重大建议238条，预计可创直接经济效益1300多万元。徐州富祥木业有限公司董事长王殿营说："不尊重职工的经理，不是好经理，不开展工资集体协商的企业，也不是一个好企业，协商能消除误解、协商能出战斗力、协商能产生效益。"

五、邳州市板材行业工资集体协商的有益启示

（1）工会施展作为，必须找准服务全局着力点。这不仅是中国特色社会主义工会发展道路的内在要求，也是维护职工根本利益、长远利益的必然选择。邳州市工会从本市职工最多、对地方经济贡献份额最大的支柱产业入手，以助推行业健康发展为目标开展协商，找准了工会围绕中心、服务全局的着力点，彰显了新时期中国工会组织的地位与作用。

（2）建立行业协商机制，必须把握劳动关系发展新取向。促进行业内企业良性竞争、劳动力有序流动、行业协调发展，应当是开展行业工资集体协商最直接的目标取向。邳州市以实现劳资相互合作、利益相互兼顾、成果共同分享为立足点，通过开展行业工资集体协商，力图实现工资分配民主化、分配过程透明化、分配制度科学化、分配标准统一化，从而为职工谈出了收入，为经营者谈出了利润，也为行业谈出了发展，使行业工资集体协商成为构建中国特色社会主义新型劳动关系的重要制度保证。

(3) 务求实际成效,必须注重行业工资集体协商的真实性。坚持求真务实,是行业工资集体协商的生命力所在。在近几年的行业协商过程中,邳州市一是坚持不空谈,突出针对性。比如今年应对金融危机挑战,劳资双方协商约定劳动定额、计件工价标准不下降,但可以通过轮班工作、放长假等措施,在职工实际减少劳动时间和工作量后,相应降低其工资水平,以缓解企业经营压力。二是坚持不虚谈,突出对话性。每次协商都是只闻"火药味",不闻"枪炮声",双方既平等又认真,既激烈争论也理性妥协。三是坚持不违心谈,突出共赢性。在协商中双方虽有各自原则底线,也更有求同存异、合作共赢的意愿,都着力寻找既能保障职工利益,又能促进企业和行业发展的利益"平衡点"。

(4) 破解中小企业协商难,必须强化上级工会代行维护职责。该市开展板材行业工资集体协商,起步于一企一户,发展成规模性、开放性的行业工资集体协商,内在动因是突出上一级工会代行维护职责,在改变资强劳弱的格局,突破劳资双方"信息不对称"的困局,让职工方协商代表"敢谈"、"会谈"、"善谈"等方面做出了更切实际、更有成效的努力。

(5) 坚持协商制度运行,必须彰显工资集体协商的激励性。实践证明,经过协商确定的企业、行业工资标准和工资水平,对职工更有激励性。开展行业工资集体协商,既要切实保障职工最基本的工资权利,更要发挥其"激励功能",充分调动和发挥职工的积极性、创造性,形成发展企业的倍增力量,使职工在企业发展的同时实现自我的更大发展。尤其是在当前应对金融危机挑战的特殊时期,更要通过开展行业工资集体协商,促进企业与职工利益共同体建设,进一步提高职工信心,激发职工精神,使职工更主动、更自觉地与企业共迎挑战、共渡难关、共谋发展。

在协商中维护职工权益

——江苏省邳州市板材行业开展工资集体协商的调查

《工人日报》(2009年09月15日06版)

地处江苏省最北部的邳州市,是全国四大板材生产基地之一,2005年以来,邳州市总工会在板材行业中全面推行工资集体协商制度,为发展和谐的行业劳动关系做出了务实努力。

当前,随着全总下发《关于积极开展行业性工资集体协商工作的指导意见》,面广量大的非公中小企业通过被行业工资集体协商所覆盖的形式,其工资分配将会逐步纳入民主协商的轨道。江苏省邳州市开展板材行业工资集体协商起步早、实践经验较为丰富。为此,本报记者会同江苏省总工会和徐州市总工会有关部门对邳州板材行业工资集体协商工作做了调研。

探索

2006年10月,该市首次将企业层面的工资集体协商提升到行业层面,由行业工会与木材流通协会进行对等协商。

邳州市现有板材企业3000多家,其中规模企业1000多家,直接从业职工10万多人,涉及相关从业人员30万人以上。2008年,全市板材企业年产值为120亿元人民币,占该市GDP的36.8%,占全国板材出口量的46%。

板材行业是邳州市近10年来迅速崛起的支柱产业。邳州市总工会主席沙荣侠说,为促进行业协调发展、企业有序竞争、保障职工权益,我们坚持紧抓不放,稳步、持续地推进板材行业工资集体协商。

2005年10月,市总工会在充分调研的基础上,形成《邳州市板材行业工资集体协商可行性报告》,并首先选择行业中规模较大、具有一定工会工作基础的徐州盛和木业有限公司先行试点，取得初步经验后，将试点范围扩大到60多家企业。协商的主要内容是制订本企业的最低工资标准、确定职工工资年度增长比例等。

2006年10月，该市首次将企业层面的工资集体协商提升到行业层面，由行业工会与木材流通协会进行对等协商，主要内容涉及行业最低工资标准、行业工资增长比例等。经协商签订的行业工资集体合同覆盖企业234家，覆盖职工41670人。

2007年8月，首次邀请正式协商代表以外的企业主代表、职工代表等250人现场观摩行业工资集体协商。协商内容突出了行业劳动定额、计价工价等劳动基准，经协商签订的行业工资集体合同覆盖企业数达432家，覆盖职工数达56800人。

2008年2月，协商内容继续突出了行业劳动定额、计价工价等劳动基准。徐州市总工会及所辖各县(市)、区工会有关领导和邳州市市长孟铁林等180人现场观摩。事后，邳州市总工会与劳动保障局联合发文，首次将行业工资集体合同推广到木材流通协会会员以外的板材企业中参照执行。

2009年3月，木材流通协会首次向板材行业工会提出开展行业工资集体协商的书面要约。协商内容突出了应对金融危机挑战，保企业、保岗位、保工资等重点内容，并对行业最低工资、劳动定额、计价工价等劳动标准进行了调整。经协商签订的行业工资集体合同覆盖企业748家，覆盖职工100706人。

实践

每次开展行业工资集体协商的准备期都在三个月左右；每次正式协商会议的时间要在四个小时以上，双方真协商、真争论、真议价。

“增强协商主体的代表性，突出协商内容的针对性，注重协商过程的充分性，追求协商结果的互利性，行业工资集体协商之路才会越走越宽。”邳州市板材行业工会主席李华龄介绍，邳州板材行业工资集体协商的基本做法是：

——培育和健全行业协商主体。2005年10月，邳州市成立了板材行业工会，与木材流通协会相对应。几年来，市总工会和行业工会重视加强对行业工资集体协商职工方代表进行业务培训，共举办 8 期职工协商代表培训班，培训协商代表 210 人次。

——科学测算劳动基准方案。2007 年 6～11 月间，市总工会与行业工会一道，组织力量深入 30 多家企业进行调查研究，从板材行业生产整体流程中，细分出 26 道工序，47 个工件，对每道工序、工种按操作工人熟练程度进行现场测算，科学确定加权平均工时、工价；把初步确定的工时工价定额放在效益较好、效益一般和经营较困难的三种类型企业中进行财务预算，最终以效益好的企业能执行、效益差的企业通过努力也能落实为基本取向，形成较为科学的劳动定额、工时工价的协商草案。

——充分协商平衡劳资利益。自 2006 年以来，每次开展行业工资集体协商的准备期都在三个月左右，而每次正式协商会议的时间也在四个小时以上。双方真协商、真争论、真议价，最后达成折中方案，并允许行业内各企业以此标准上下浮动 5%～10%，但不得低于邳州市最低工资标准。

——将行业协商确定的劳动基准提升为区域指导标准。经协商签订行业工资集体合同后，市总工会与劳动保障局自 2008 年起，将该合同以文件形式印发，进一步推广到木材流通协会中非会员企业参照执行。

为了保证行业工资集体协商的顺利推行，市总工会与木材流通协会、行业工会联合会有关人员，成立六个指导服务小组，常年深入企业进行宣传发动，指导开展工资集体协商，督导集体合同履行到位。去年下半年以来，受金融危机影响，在 1000 多家规模企业中，有 900 多家企业订单不足。为此，市总工会和板材行业工会全力帮助板材企业克服困难：一方面到板材需求量大的四川灾区等地，由工会搭建销售平台，开拓内需市场；一方面组织发动职工开展提合理化建议活动，与企业同舟共济。同时，为困难职工送温暖，为下岗职工送培训。由此，使广大企业主更加认可工资集体协商制度。正因为此，今年初，木材流通协会主动向板材行业工会发出开展行业工资集体协商的书面要约。

成效

通过 5 年的行业工资集体协商，现在的职工流动率在 10%以下，各企业互挖“墙角”的现象几乎不存在。而且，职工工资每年增幅达20%以上。

“行业工资集体协商大有好处，开展行业工资集体协商势在必行。”邳州市木材流通协会会长刘贵益说，行业工资集体协商客观上引导职工有序流动，使职工稳岗安心。在开展行业工资集体协商之初，行业内规模企业职工流动率曾高达60%，且多为盲目流动、无序流动。通过5年的工资集体协商，现在的职工流动率则稳定在10%以下，各企业互挖“墙角”的现象几乎不存在。而且，由于板材企业职工工资和福利待遇每年增幅达到20%以上，本地农民选择就地就近打工的多了，许多在外打工的邳州人也选择“凤还巢”，周边的安徽、山东、河南等省份打工者也大量涌入，使邳州由原来的劳务输出地变为输入地，形成了前所未有的就业“洼地效应”。

行业工资集体协商保障了职工合法权益，使职工分享发展成果。2005年至2008年，板材行业效益年平均增长15%，而企业职工工资年平均增长率则高达20%。即使在今年受金融危机影响的背景下，经协商约定的行业工资水平也基本与去年持平。职工于芳说：工资集体协商为我们解决了后顾之忧，振奋了精神，激发了积极性、创造性，我们可以为企业发展做出更多贡献。今年以来，板材行业职工提合理化建议3296条，被采纳的重大建议238条，预期可创直接经济效益1300多万元。徐州富祥木业有限公司董事长王殿营说：“不尊重职工的经理，不是一个好经理，不开展工资集体协商的企业，也不是一个好企业。协商能消除误解、协商能出战斗力、协商能产生效益。”

启示

板材行业是邳州市从业职工最多、对地方经济贡献最大的支柱产业。为此，邳州市总工会将着力点放在助推板材行业发展上。

邳州市推进行业工资集体协商的时间并不长，许多做法还有待于进一步完善，但其较丰富的探索实践，仍然给我们以有益启示。

施展工会作为，必须找准服务全局着力点。板材行业是邳州市从业职工最多、对地方经济贡献份额最大的支柱产业。为此，该市总工会将围绕中心、服务全局的着力点，选择在助推板材行业发展上；将推动板材行业发展的切入点，选择在开展行业工资集体协商上。正是选位准确、推进有力、落实有效,因而突出彰显了工会组织的地位与作用。

注重工作成效,必须强化上级工会代行维护职责。该市开展板材行业工资集体协商,起步于一企一户,发展成规模性、开放性的行业工资集体协商,成因之一是突出了上一级工会代行维护职责,改变了资强劳弱的格局,突破了劳资双方"信息不对称"的困局,从而让职工方协商代表"敢谈"、"会谈"、"善谈"。

建立协商机制,必须确立协调劳动关系新取向。邳州市总工会以工资分配民主化、分配过程透明化、分配制度科学化、分配标准统一化,作为开展行业工资集体协商的主要目标取向,以促进行业内职工有序流动、企业良性竞争、行业协调发展为价值追求,以实现劳资相互合作、利益相互兼顾、成果共同分享为立足之点,使行业工资集体协商,为职工谈出了收入、为经营者谈出了利润、为企业谈出了效益,更为劳资双方谈出了相互尊重、共谋发展、共享成果的感情。

我市建立国有企业工资二次分配集体协商机制的做法、成效和启示

徐州市总工会

徐州作为全国重要的交通枢纽和我省的老工业基地，工业门类齐全，国有资本比重和国有企业规模较大，国企在职职工人数也较多。近几年来，我市突出加大国有企业开展工资集体协商的工作力度，在建立国有企业工资二次分配集体协商机制上进行了有益探索，对协调和稳定国有企业内部劳动关系，缩小企业内部职工收入差距，充分调动企业职工积极性起到了积极的作用，成为积极推进全市工资集体协商工作的领先和示范。

一、主要做法

（一）提高认识，统一思想

近几年来，随着我市国有企业改革不断深化，劳动关系日渐多元化、复杂化，以工资收入分配为核心的新问题和新矛盾日渐突出。2008年，市总工会通过深入部分国有企业调研、印发国有企业职工收入分配调查表、召开市直企业和世界500强在徐企业座谈会等形式，形成了《关于我市国有企业职工绩效工资二次分配情况的调查与思考》的调查报告，详细分析和梳理了我市国有企业在工资分配方面存在一些突出问题。一是在部分企业内部，职工收入常年不协商、不增长，存在收入差距较大的问题，严重影响了职工的积极性；二是由于国企特别是一些大型国有企业普遍使用大量的劳务派遣人员和其他形式用工，他们与企业在职人员的“身份”不同，他们的收入普遍低于正式职工，同工不同酬现象还较普遍，劳动争议或纠纷隐患较多；三是企业管理者收入分配不透明，引发激化职工和企业矛盾的群体事件时有发生。这些问题的存在和凸显，也同时

引发了我们对作为我市经济重要支撑的国有企业的工资分配，不是要不要和能不能进行集体协商问题，而是必须尽快建立健全协商机制，在全市积极推进工资集体协商过程中，起到领先和示范带头作用的思考和启示。为此，我们在统一思想、提高认识的基础上，与市劳动和社会保障局、市国资委等部门紧密配合，联合下发了《关于进一步加强我市国有及其控股企业工资二次分配集体协商的意见》(以下简称"《意见》")。《意见》要求全市国有及其控股企业，要通过引入企业民主管理机制，规范完善企业工资二次分配集体协商管理流程、管埋程序、方法要求和监督检查办法，重点规范工资二次分配的集体协商。同时要求，市协调劳动关系三方机制要明确职责，主动配合，形成联动工作机制，合力推进我市国有企业工资二次分配集体协商工作不断深入。

（二）以点带面，整体推进

我们抓住国有企业经营管理运作规范，民主管理有传统、基础好的优势，积极引导国有企业贯彻国家法律政策、履行社会责任、构建和谐劳资关系，带头开展工资集体协商。市总工会选择企业职工民主管理制度较为完善，企业收入分配制度较为健全的徐矿集团、徐工集团、徐州卷烟厂等大中型企业为重点推进单位，引导国有企业迅速建立企业工资二次分配集体协商制度。整理编印了《徐矿集团工资二次分配集体协商经验材料》，印发给全市各国有企业工会。将一些国有企业工资二次分配集体协商案例，以"工作简报"的形式，报送市有关部门和主要领导，借机造势，扩大影响。几年来，我市先后在徐州卷烟厂、徐航压铸有限公司等国有及其控股企业多次召开工资集体协商推进会和现场观摩会，整体推进国有企业工资集体协商工作。今年 5 月，我市在沛县召开了徐州市深化工资集体协商现场推进会暨青岛啤酒(徐州)有限公司工资集体协商观摩会，现场观摩了该企业 2011 年度的工资集体协商过程。在整个协商过程中，职工方依据要约主题提出的 5 项协商谈判具体内容，有 4 项经协商达成了一致意见。员工收入按 15％的标准增加、工龄补贴标准由每年 2 元增至 5 元等协商成果，不仅赢得了在座的企业职工代表的阵阵掌声，也得到了亲临会议的省总杨星云主席和民管部领导的充分肯定。同时，也为参加观摩会议全市各县(市)

区工会的主要领导、民管部长，提供了直观的印象和借鉴的作用，收到了事半功倍的效果。

（三）因企制宜，注重实效

尽管我市国有及其控股企业所有制形式基本相近，但企业隶属关系层次、经济核算方式和收入分配模式各有差异，工资集体协商重点和内容也不尽相同。为此，我们采取灵活务实，注重实效的方式，突出在国有企业工资二次分配集体协商的内容和形式上进行分类指导。一是在总体上通过健全完善企业职代会制度，突出对企业年度工资总额对全员职工增长幅度的协商，确保全体职工共享企业经济发展成果。目前，全市所有国有企业的年度职代会都有审议通过企业年度工资增长方案的议题，都能通过职代会由企业行政与职工代表进行工资总额和分配形式的协商，从而在源头上保证了职工收入的正常增长；二是通过建立职工民管会的形式，突出企业绩效工资、奖金二次分配的协商，确保职工绩效工资、奖金二次分配方案通过集体协商和保证公开透明。我市徐矿集团、天能集团所有煤矿的基层工区，全部形成了以企业民管会为协商工资二次分配的主体的国有企业工资集体协商体系。民管会由车间工会主席担任主任，其他成员由职工代表大会或职工大会选举产生，班组长、职工代表、生产骨干等成员占成员总数的50%以上。基层单位每月研究工资二次分配时，必须由民管会2/3以上成员参加。对于工资二次分配方案，民管会成员有权提出建议和意见。对协商后形成的分配方案，须经与会人员最终签字确认，并和最终形成的工资账册一同在车间班组进行公示。通过基层民管会、职工代表参与工资分配全过程，把事后监督变为过程监督，改变了以往职工只能看到分配的最终结果，看不清分配过程的局面。三是根据企业职工收入分配模式的不同，突出对职工收入分配形式的集体协商，确保企业工资分配自主权方式的科学合理。如徐州卷烟厂按照“分类管理、科学设岗、明确职责、严格考核、落实报酬”的总体要求，建立和完善了以岗位竞争和绩效考核为主要依据工资二次分配协商机制，为所有员工提供了平等的职业发展空间；供电系统突出协商《岗位薪点工资制实施办法》，引导和激励职工通过爱岗敬业促进企业发展、提升综合素质和劳动技能等途径提高工资收入;淮海中联水泥有限公司协商出台的员工职工绩效考核、技术等级晋升等薪酬激励体系办法,协商确定管理人员与一线员工的收入比例,收入分配向一线员工和部分关键岗位倾斜,使高层管理人员与一线普通岗位员工收入差距比不超过 4∶1,极大地调动了广大员工的积极性;徐矿集团驻外煤矿突出开展了劳务派遣人员同工同酬和待遇方面的协商尝试,使近千名劳务派遣工做到了同工种、同薪酬、同待遇,依法维护了劳务派遣工的合法权益。以上这些都对全市国有企业推行工资集体协商提供了积极的借鉴和引导作用。

二、突出成效

(一)国有企业工资二次分配集体协商在全市整个工资集体协商工作中起到了率先垂范的作用。国有企业通过民主管理传统优势和规模大、职工人数多的影响,不断创新企业民主管理机制,推动国有企业开展工资二次分配集体协商,使国有企业在协商方式、履行程序和监督机制上逐步形成规范,成为我市带头开展和积极推行工资集体协商的主流,成为带动全市其他所有制企业开展工资集体协商的典范。经近几年来的努力,我市已有 287 家国有企业建立健全了工资集体协商制度,依法、适时、有效地开展工资二次分配集体协商工作,惠及了全市 63 万名国企职工。

(二)职工收入连续几年明显增长,收入差距不断缩小,国有企业工资二次分配集体协商已经形成一个协调职工利益关系、化解企业与职工矛盾的平台。近几年来,我市国有企业通过开展工资集体协商,在岗职工年人均工资比全市平均工资都高出 1 万多元。我市的徐工集团、徐矿集团等大型国有企业的部分企业,已成为全市高收入群体的代名词。全市大多数国有及其控股企业职工工资年均增长幅度,连续几年都在 10%以上。部分企业通过协商分配方式,内部收入差距不断规范和逐年缩小,企业高管与一线职工收入比例也趋向合理,有的企业大大低于国家有关规定。工资分配的透明和公开,化解了许多矛盾因素;企业发展的成果更多地惠及职工群众,受到了职工的欢迎。

(三)维护了劳务派遣工等特殊用工的劳动尊严,稳定了企业内部劳动关系。各级工会组织把依法维护劳务派遣工的合法权益作为神圣职责，通过加强工资集体协商最大限度地保护劳务派遣工的经济利益和劳动积极性。徐矿集团通过工资集体协商，不仅做到了工资收入同工同酬，福利保险待遇同等，而且每年有5%的优秀劳务派遣工转入正式合同制职工。供电公司通过开展工资集体协商，逐步缩小正式员工与农电工的收入差距，减少了一些矛盾和摩擦，使广大农电职工看到希望，增强了信心。

三、几点启示

（一）要正确把握国有企业开展工资集体协商的两个主体作用，充分发挥企业工会组织作为职工方代表的功能定位。工资集体协商的两个主体是用人单位代表和本单位职工代表。国有企业不同于私有制企业，特别是一些大型国有企业，用人单位代表和本单位职工代表同属于企业员工，不是雇佣关系，是平等的两个主体。而作为职工利益的代表者和维护者的工会组织和工会干部，机构健全，职级明确，基本不存在与企业党政领导地位不对称和“工会地位的边缘化”的问题。在这些国有企业开展工资集体协商，比一些私有制企业更有有利条件。因此，国有企业在开展工资集体协商工作中，企业工会作为职工代表，工会主席作为首席代表，应当抓住优势，把推动企业工资集体协商当作责任和使命。通过整合资源、发挥优势，加强与各方沟通协调，努力争取党政和社会支持，形成党政重视，社会关注，职工参与，各方合力推进的工作格局。在我们的实践中，只要企业工会积极主动，企业工会主席发挥作用，主动协调，就能起到事半功倍的效果。而作为管理国有资产的企业方代表，也应积极支持企业建立工资集体协商制度，为开展协商向工会提供与工资集体协商有关的情况和资料，促进企业劳动关系和谐稳定。我市一些开展工资集体协商工作好的国有企业的实践，都能充分说明这个问题。

（二）要找准国有企业工资集体协商内容的切入点。国有企业由于管理体制原因和受到核算方式的制约，工资总额增长不是行政方和职工方商量一下就能决定的，在工资总量控制的基础上延伸工资二次分配协商难度也很大。因此，国有企业工会在工资二次分配协商过程中，应当注意抓住重点和选择好协商的切入点。既要通过职代会的方式，让企业工资总额增长的知情权交给职工，又要确保工资二次分配的延伸协商落到实处。既要把国有企业职工工资收入分配中的工资分配制度、岗位工资标准、工资支付办法和时间、工资调整幅度和调整办法等，作为工资集体协商的重点，又要将绩效工资和奖金的分配、工资分配系数的确定、绩效考核、技术等级晋升的标准制定等，作为工资二次分配集体协商的主要内容。真正做到有的放矢，取得实效。

（三）要把握好协商的方式，确保协商效果的落到实处。国有企业在工资集体协商的过程中，要引入民主程序，明确定位、拓宽领域、把握重点和注重质量效果。在开展工资集体协商过程中，既要防止协商内容中面面俱到，出现通用条款多、个性化条款少的现象，又要解决流于形式不会谈，涉及政策底线多，符合广大职工需求和协商意向内容少的局面；既要在工资增长上加强协商，更要在分配方式和监督机制上建立制度。我市形成的“集团（公司）、厂（矿）、车间（工区）分级协商”方式；“三评一考”和“两考一评”绩效工资分配方法；班务“四公开”、“基层党政主管勤廉月月述”、“区务公开信息直通车”等监督机制的建立，是国有企业开展工资二次分配集体协商谈有方向，协有成效，程序规范，便于监督，真正让职工受益的保证和监督。

（四）要以健全完善企业职代会制度和企业民主管理体系所支撑。职代会是企业工资集体协商的重要载体，只有建立一个健全完善的职代会制度，才能建立一个健康完善的工资集体协商制度。我市的国有企业在长期实践中，职代会制度不断建立健全，这些制度都为企业开展工资集体协商提供了的重要保障。实践也证明，凡是企业民主管理制度坚持好的，工资集体协商工作就得心应手；凡是企业职代会制度健全的，工资集体协商工作就严谨、规范。因此要下力气完善企业职代会主体建设，这是确保国有企业工资集体协商制度健康发展的重要前提。

坚持动态协商　服务改革大局
努力做好新形势下的集体协商工作

徐州市总工会

2016年以来，我市紧密联系供给侧结构性改革不断深入和经济下行压力不断持续的实际，积极应对新形势下集体协商工作的新变化和新挑战。提振信心，主动作为，破解难题，服务大局，为推动新形势下集体协商不断深化和企业转型发展做出了积极贡献。

一、提振信心，增强集体协商的主动性

一是进一步提高认识，凝聚共识。我市是全省去产能化受波及最大的地区，煤炭、钢铁、水泥等过剩产能，在我市都是企业大户。同时，我市又是供给侧结构性改革难度较大的地区。传统产业比重大，企业转型困难，国企改革任务艰巨，提高供给质量难度较大等。据统计，我市有近千家企业涉及化解过剩产能任务，近40万职工涉及企业转型、兼并重组和分流安置。企业的关停并转等因素不仅给劳动关系的稳定带来一些新的影响，也给职工合法权益维护特别是工资集体协商工作的正常开展，带来一些新的变化和挑战。特别是基层在开展工资集体协商工作过程中，也出现了因经济下行压力大，开展工资集体协商困难多而造成的畏难情绪和被动工作现象。针对这种情况，市协调劳动关系三方及时下发《关于深化新时期集体协商工作的指导性意见》(徐工发〔2016〕37号)，旗帜鲜明地发出全面深化集体协商的声音，为集体协商工作鼓劲加油。各地积极贯彻通知精神，引导基层结合推进供给侧结构性改革实际，更好地运用集体协商机制，提振职工信心、凝聚职工力量、促进劳资合作，有效地推进了我市集体协商工作向纵深发展，形成了凝心聚力、共克时艰，共谋发展、共享成果的和谐发展局面。

二是开展集中要约，宣传造势。在全市范围内开展了春、秋两季工资集体协商集中要约行动，动员全市各类企业积极开展工资集体协商工作。市协调劳动关系三方在睢宁、丰县举行了启动仪式和会议动员，集中向全市推介了工资集体协商的各类典型经验，邀请媒体进行广泛宣传和深度报道，全力推动全社会凝聚共识。各地也分别以推进会、现场会等各种形式，集中开展要约行动，大力宣传造势。市总民管部全程跟踪各县区集中要约活动进展情况，深入基层指导、现场讲评。市工资集体协商领导小组加强调度和督促检查，利用专题简报的形式通报各地活动开展情况，鼓励先进，鞭策后进，推动活动在全市全面铺开和深入开展。

三是加强指导，提升能力。市总工会集中举办了两期全市职工代表和集体协商指导员、谈判员培训班，邀请省总民管部领导对供给侧结构性改革下如何开展集体协商，进行现场培训和指导。举办了《当前经济形势下集体协商的难点和重点》讲座，制作 PPT 深入县市区对基层开展培训。通过讲清政策，推动中央精神走近职工、深入人心。引导职工正确对待改革中利益关系的调整，依法理性表达自身的利益诉求，引导职工在供给侧结构性改革中凝聚共识。结合 2016 年各县、(市)区重点选树和培育的 24 家企业和 24 个行业(区域)集体协商典型，安排市和县、市区两级集体协商指导组集中精力开展指导工作，做到每个活动现场必到，每场活动必评，提升了基层活动开展的质量。

二、重点推进，拓展集体协商的新领域

一是推动集体协商领域由企业内部协商向行业性、区域性协商拓展。针对当前总体经济形势下滑、企业开展工资集体协商的内在动力缺乏、协商工作难度增大等特点，突出抓好行业性集体协商，扩大专项合同对行业内企业的覆盖面。实行一级抓一级，培养选树一批不同类型、不同层次的行业、区域集体协商先进典型。全市和县、(市)区通过积极培育、重点培养，共培育新型行业协商典型 24 个。其中丰县电动车行业工资集体协商案例，成功入选全总《集体协商案例选编 2016》，这是继我市邳州板材行业成为全国典型案例以后，又一在全国推广的行业集体协商重大典型。进一步明确经济下行状态下行业协商的主要内容。把协商的重点放在行业同类工种的劳动定额、工时工价、行业最低工资标准上，积极倡导行业内具备条件的企业开展工资增长幅度的“二次协商”，有效地破解了协商中工资增长的现实难题，推动了行业工资集体协商灵活、务实、有效开展。

二是由传统制造业向商贸服务业领域拓展。积极应对工业企业普遍存在着经济增速放缓、用工成本上升和利润空间缩小，集体协商难度相对较大的现状，在稳定大中型商超、餐饮业等传统第三产业行业集体协商的基础上，积极拓展电子商务、物业管理、物流配送等新兴服务产业协商新领域。2016 年我市培育的睢宁县沙集电商、鼓楼区的物业管理、沛县的快递配送等一批新兴行业工资集体协商典型，成为扩大覆盖面的新生力量。

三是由劳动密集型企业向知识技术密集型产业拓展。把集体协商的重心逐步推向知识密集型、技术密集型产业，积极引导科技型企业、楼宇经济、科技园区以及民营非企业等单位，有效开展不同类型的工资集体协商。同时，根据这些企业经济效益相对稳定的特点，在协商的内容上，积极引导从单纯的工资集体协商，逐步向劳动安全卫生、带薪休假、职业技能培训和企业年金等方面的协商拓展，把集体协商工作的层次向纵深推进。去年以来，我市相继选树了新沂科技园区、泉山区大学科技园、铜山高新区和市经济技术开发区，以及贾汪区徐州黑白龙工程尼龙公司等科技型园区和企业集体协商典型，成为我市年度工资集体协商的一大亮点。

三、动态协商，维护新形势下职工的特殊合法权益

一是仍然把协商的重点放在职工工资的增长上，还工资集体协商以本来面目。根据企业经营状况，督促生产经营正常且经济效益继续保持增长的企业，开展工资增长幅度方面的集体协商，积极扩展职工福利发放、职工特殊利益等方面的协商，实现企业经济效益增长与职工收入同步。对经济效益受到较大影响的企业，重点协商职工总收入标准，尽量维持职工现有收入水平。

二是淡化“协商就是增资”的观念，立足企业实际，协商减成本、保岗位、保收入。积极应对我市企业经济形势变化和老工业基地振兴改革，把集体协商的重点放在机制建立上，探索协商工资暂不增长或小幅度降低工资，最大限度地保障职工就业。突出企业可以依据经营状况，明确不同的协商重点等，既较好地为职工争取最大权益，又积极化解了企业共同利益和职工合法权益的矛盾。邳州板材行业工会把2008年应对金融危机挑战，开展以保企业、保岗位、保工资为重点工资集体协商经验做法，积极运用到当前工作实际，主动开展要约，通过协商对行业最低工资、劳动定额、计价工价等劳动标准进行调整，为企业抢占了先机，使整个行业初步渡过了暂时难关，整体经济出现明显好转，得到广大企业拥护和职工的理解。

三是重点指导企业改革涉及职工利益的动态协商。抓住产能过剩、兼并重组、破产清算企业职工普遍关心的工资福利、转岗分流和经济补偿等问题，把推动集体协商当作一种责任，一种使命，引导企业开展动态协商，使双方都能找到合适的平衡点。一年来，市总全程参与了徐矿集团、华润天能公司、圣戈班（徐州）管道公司职工安置补偿，美驰车桥公司等一批企业待岗职工的减薪标准、待岗生活费补贴等动态协商工作试点，为全市积极稳妥地开展集体协商工作，促进服务大局提供了借鉴，夯实了基础。特别是在徐矿集团去产能改革中，一次性安置分流如此众多的职工，没有因职工补偿标准引起职工太大的情绪和抱怨，除了得益于政府和企业的优惠政策外，我市实行的一企一议、一事一议的动态集体协商，也发挥了积极的作用。

（在全省企业协商民主工作观摩推进会议交流材料。2016.7 常州）

做强行业协商　助推富民增收

徐州市协调劳动关系三方委员会

近几年来，我市把推进集体协商作为健全工资收入分配机制，全面落实民生幸福工程的重要抓手，紧紧围绕“聚焦富民，持续提高城乡居民收入水平”工作大局，以做强行业集体协商为带动，全面深化集体协商工作，推动富民增收与经济增长互促共进。到2016年底，全市共签订行业集体合同186份、覆盖企业5680家、覆盖职工152087人。2016年，全市企业月平均工资水平达到4780元，比上年增长8%以上。

一、主攻行业协商，推动深化发展

一是突出典型示范、典型带动和典型激励效应，以点带面推动全市集体协商工作深化发展。每年，市总工会都要求各县市（区）选树5个以上行业工资集体协商典型（主城区2个）；每年至少召开3次以上的行业集体协商推进会、观摩会（主城区不少于1次），形成协商案例报市总工会备案，并作为对各县（市）区年度考核的必选指标。自邳州板材行业集体协商品牌连续十年叫响全国以来，我市先后分级、分层、分类抓好数十个有一定影响力的各类行业集体协商典型。2016年，我市培育的丰县电动车行业集体协商典型，以特色鲜明、经验成熟、影响较大，具有较强的借鉴意义和推广价值，被省总推荐全总典型。我市编写的《协商促进和谐共决实现双赢》——丰县电动车行业工资集体协商案例分析，成功入选了全总《集体协商案例选编2016》。这是继我市邳州板材行业成为全国典型案例以后，又一在全国推广的行业集体协商重大典型。

二是突出地域特点，积极创新小微企业行业集体协商新模式。针对我市县域发展经济规模小和同行业集中度相对较高的特点，积极应对我市“一村一品”、“一镇一品”特色经济新特点，有针对性地根据生产经营性质，确定区域内行业集体协商开展模式。去年以来，我市先后重点培育了睢宁沙集电商、濉河街道服装加工企业、沛县城关快递、新沂合沟镇马场村板材、鼓楼区铜沛街道物业管理和云龙区大龙湖街道电器加工等一大批区域性行业集体协商典型，成为促进地域产业升级、稳定小微企业职工利益有效途径。

三是突出职工收入稳定增长，放大经济新常态下集体协商工作社会效应。按照推进工资集体协商的直接结果，就是职工工资性收入增加的工作思路，努力探索经济新常态下集体协商的新方法，促进职工收入稳定增长。选择了当下相对较为稳定的行业，重点开展职工工资增长的集体协商。在我市去年开展的电动车、板材、大蒜、快递、物业管理等行业集体协商中，职工工资稳定增长都成为协商的主题，成为供给侧改革中保障职工收入稳定增长的热点话题。

二、着眼规范发展，提高协商实效

着眼协商主体上更加规范。切实改变行业工会和行业协会建设滞后于行业集体协商发展需要的局面，努力探索区域商会、工商联组织作为行业主体，实行“上带下”、“上参下”等模式，切实加大行业工会组建力度。市协调劳动关系三方先后推广了沛县的“商会建在乡镇（街道）上”，泉山区的“街道工商联主动承担企业方主体责任”，丰县的“商会和工会同步组建”等成功经验，主动解决了行业谈判主体的缺失和规范问题。

着眼于程序上更加严谨。市总工会制定下发了行业集体协商规范手册，规范了代表选举的有效性、资料准备的准确性、要约应约的及时性、协商谈判的一致性和审议审查的合法性等各个方面的具体要求，确保协商过程高效规范。在执行过程中，各地发挥集体协商指导员的作用，从协商准备到协商结果，全过程参与指导，全过程监督跟进，协商结果指导员签字，保证了协商程序的规范运作。

着眼于协商结果更有针对性。市总工会通过开展“民主管理企业活动”，深入基层加强协商前期职工诉求和基层工作实际的调研，因地制宜地细化和拓展行业集体协商内容。在把最低工资标准、加班工资基数、工资调整幅度、劳动定额标准、工资支付办法等职工普遍关心的问题作为行业集体协商的核心内容的基础上，将协商内容逐步向协商劳动环境、职业技能培训、职工参与企业二次分配等方面延伸。重点推行了邳州行业协商与单个企业协商相结合，泉山区开展的行业集体协商“二次要约”和“二次协商”，以及经济新常态下协商保岗保薪等更具针对的行业集体协商新模式。多年来，在全市行业集体协商过程中，开展二次协商的企业已占全部覆盖企业的30％以上，有效地解决了因企业间发展不平衡、部分职工利益得不到保证和“被协商”的难题。

三、探索协商路径，助推富民增收

一是以行业协商为龙头带动，推动区域集体协商更具针对性和时效性。切实改变一纸合同覆盖整个区域的简单做法，推行区域1＋N个集体合同，以区域集体合同和一个或多个行业集体合同为主体，把行业协商的规模向本区域其他企业延伸扩展，使协商内容更结合实际和针对性，实现了真正意义上的全覆盖和惠及更多职工。目前我市区域集体协商合同中行业协商主体占1/2以上，区域集体协商覆盖面占全市集体协商覆盖面的2/3以上，为我市集体协商覆盖率动态保持在95％以上的目标夯实了基础。

二是把握不同行业的不同特点，分类突出协商重点，确保大多数职工收入增加。明确把汽车修理业、木材加工业、餐饮服务业等劳动密集型企业相对集中的行业作为集体协商的重点领域，继续向新兴产业、知识密集型产业以及实行企业化管理的事业单位拓展。明确把职工工资水平、工资增长幅度、职工福利作为协商内容，保障职工工资合理增长，保证做到不欠薪、不减薪。对一些新兴行业，实行个性化需求协商，从某一个或多个职工需求入手，结合行业的特点有针对性地开展协商，做到协商内容既有的放矢，又不面面俱到。

三是适应经济发展需求，努力构建职企双赢局面。积极应对经济下行压力增大和经济结构调整的影响，重点把集体协商机制在收入分配中的调节作用，与企业人员分流、转岗方案的制定结合起来。突出减成本、保岗位、保收入的集体协商。市协调劳动关系三方及时出台《新形势下深化企业集体协商工作的指导意见》，明确要求通过与工会集体协商和参与，确保经济下行，职工收入不减。

确保将裁员、分流问题纳入协商范围。今年上半年，在全市开展的《协商薪酬助创新，分享共赢促富民》为主题的集体协商攻坚战，进一步明确了以行业协商为重点形式，以劳动报酬为重点内容，以惠及普通职工为重点人群。为健全工资增长机制，助推创新富民政策落实、降低劳动力管理成本、增强企业市场竞争力，开辟了集体协商工作的新战场。

我市工资集体协商立法的必要性和可行性分析

徐州市总工会

一、开展工资集体协商立法，是贯彻中央文件精神的需要

工资集体协商，是企业方与职工方就工资分配制度、分配形式、工资水平、支付办法及其他与工资有关事项开展协商的行为，是市场经济国家协调劳动关系、促进职工工资增长的通行做法，也是我国社会主义市场经济条件下，协调企业劳动关系、维护劳动者合法权益的一种重要方式。

长期以来，党和国家历来高度重视构建和谐劳动关系，制定了一系列法律法规和政策措施并做出工作部署。党的十八届三中全会提出："健全工资决定和正常增长机制，完善最低工资和工资支付保障制度，完善企业工资集体协商制度。"2013年2月，国务院《关于深化收入分配制度改革的若干意见》提出，要加快包括集体协商立法在内的收入分配领域相关立法工作。2015年3月21日，中共中央、国务院专门出台《关于构建和谐劳动关系的意见》，提出了在新的历史条件下，努力构建中国特色和谐劳动关系，是加强和创新社会管理、保障和改善民生的重要内容，是建设社会主义和谐社会的重要基础，是经济持续健康发展的重要保证，是增强党的执政基础、巩固党的执政地位的必然要求。并要求各级党委和政府要从夺取中国特色社会主义新胜利的全局和战略高度，深刻认识构建和谐劳动关系的重大意义，切实增强责任感和使命感，把构建和谐劳动关系作为一项紧迫任务，摆在更加突出的位置，采取有力措施抓实抓好。因此，开展工资集体协商立法工作，既是全面贯彻党的十八大和十八届二中、三中、四中全会精神，构建和谐劳动关系，推动科学发展，促进社会和谐的内在要

求，更是对我市深化工资集体协商机制建立的有力保障。

二、开展工资集体协商立法，是尽快形成稳定的法律规则体系的必然要求

开展工资集体协商立法，是把工资集体协商制度用法律法规的形式固化下来，在劳动关系存续过程中，法定一个双方都能提出诉求并有协商可能的平台。只有这种缓冲地带的存在，才可能构建和谐的劳动关系，在仅凭单方意志决定双方利益分配状况的关系中没有所谓的和谐，因此，工资集体协商立法势在必行。

目前，我国《劳动法》、《劳动合同法》、《工会法》、《江苏省企业集体合同条例》等，对规范工资分配行为，保护劳动者合法权益都有比较原则的规定。特别是集体协商集体合同法律制度，以劳动法和劳动合同法的规定为基础，以集体合同规定等部门规章为具体施行依据，在实践中发挥了重要支撑作用。但是缺憾和不足也十分明显：法律规定原则性较强且分散，可操作性不强；现有集体合同规定立法层级较低，权威性不够；违法责任不明确，刚性不足，致使部分企业集体协商失序。集体协商制度作为健全市场经济体制的内在要求，也对其法制化程度提出更高的要求，既需要通过立法将实践中积累的有益经验做法以法律形式规定下来，又需要通过完善开展集体协商的制度规则，为这项工作提供更加有力的制度支撑。因此，开展工资集体协商立法，符合我国目前劳动关系领域对公平正义的强烈诉求，也是尽快形成稳定的法律规则体系的必然要求。

近些年来，各地因地制宜，出台了相关的工资集体协商地方法规。据不完全统计，目前开展工资集体协商立法的省（区）、直辖市有河南、河北、新疆、云南、湖南、江西、四川、安徽、辽宁、天津、重庆、贵州等，省辖市也有江苏无锡、浙江杭州、河北唐山等。从总体来看，这些地方立法对工资集体协商工作的开展，起到了积极的作用。这些地方的工资集体协商工作，也都走在了全国的行列，同时也得到了基层工作者的支持和拥护。

三、我市工资集体协商制度的施行，为制定地方性法规打下良好的实践基础

近年来，我市工资集体协商工作通过党委、政府主导，工会推进，取得显著效果和丰富的经验，得到了劳资双方的广泛认可和主动接受，同时也为用地方性法规形式固化下来，给劳资双方搭建一个民主、公平、协商、沟通的“绿色”平台，使劳资双方真正达到双赢，奠定了基础。邳州板材行业从 2006 年到 2013 年，开展了 8 轮协商，行业最低工资标准从 600 元/月提高到 2000 元/月，职工工资按时足额支付、休息休假权益得到维护，职工的收入结构更加合理，职工的工作热情不断高涨，队伍相对稳定，形成了“企业靠职工发展、职工靠企业致富”、“企业关爱职工、职工热爱企业”的良好的劳资关系。徐州富祥木业有限公司董事长王殿营坦言“协商能消除误解、协商能出战斗力、协商能产生效益”。徐州美驰车桥有限公司在实行工资集体协商前，员工抱怨大、外流人员多，实行协商后，企业和职工之间的劳动报酬矛盾得以化解，职工收入逐年增长，企业效益也不断提高。可以说，我市工资集体协商制度的实践，使劳动者的利益诉求被纳入到理性的轨道，使劳动关系双方通过协商加以理解沟通。通过妥善处理企业内部利益分配问题和劳动报酬方面的矛盾，避免把劳动关系双方之间的利益冲突演变成为劳动者与政府之间的矛盾，在为我市经济发展和社会稳定发挥积极作用的同时，也为下一步制定地方性工资集体协商法规打下良好的实践基础。

四、我市开展工资集体协商的立法时机比较成熟，具备了广泛的社会基础

我市的工资集体协商历经 18 年，常态化、制度化已经成为我市开展这项工作的亮点，特别是市委、市政府连续三年将工资集体协商纳入科学发展目标考核，各级党政对其认可和支持的力度，可谓空前。我市工资集体协商工作取得的良好的经验和社会效果，为我市工资集体协商立法夯实了基础。

市总工会和市人社局积极主动的推进企业工资集体协商立法工作，做了大量前期准备工作。通过到外地考察当地立法工作情况，借鉴其他省市已经出台的企业工资集体协商地方性法规，为我市立法工作提供了有益的参考；深入企业走访调研，倾听企业工会干部、职工的心声，广大职工群众，对制定我市企业工资集体协商法规的呼声都很高，希望尽快制定出台，希望细化法律法规。特别是搜集到的近 300 家企业负责人对工资集体协商的意见和看法，也都认为立法有利于企业员工队伍的稳定，有利于企业的经营发展，立法具备了广泛的社会基础；根据徐州实际起草的《徐州市企业工资集体协商（草案）》，内容涵盖总则、协商代表、工资集体协商内容和程序、区域性和行业性工资集体协商、监督检查和争议处理及法律责任、附则等八章四十七条，总体思路和框架符合立法基本要求，各项内容得到了各方面专家学者的肯定。在市总工会组织的《徐州市企业工资集体协商条例（草案）》专家论证会上，全总、省总、市人大常委会及驻徐高校等部门组成的专家组，共同对条例的相关内容进行了深入分析和论证。全总集体合同部部长张建国还就工资集体协商的内容、时机、现有法律依据，以及徐州该项工作积累的经验和成果等进行了评价。并指出，工资集体协商制度工作的面和量达到一定的层次，更迫切需要通过法规形式固化下来，给劳资双方搭建一个民主、公平、协商、沟通的“绿色”平台，达成双赢局面。

综上所述，工资集体协商在徐州已成为协调企业劳动关系、维护劳动者合法权益的一种重要方式，已被广大职工和社会所接受。无论是政府部门和群众团体，还是广大职工群众和企业负责人，对制定我市企业工资集体协商地方法规的呼声都很高，都认为立法时机成熟，具备可行性的基础，建议尽早将工资集体协商立法提上立法日程。

（在徐州市人大《徐州市工资集体协商条例》立法调研会上的发言）

努力实践　不断创新
为推动我市集体协商立法创造条件
——在全总工会集体协商立法工作研讨会上的发言

徐州市总工会　王兴国

很荣幸作为地级市总工会的代表参加全总召开的集体协商立法工作研讨会。同时，感谢长期以来全总集体合同部领导对徐州市工资集体协商立法工作的大力支持！下面，我根据会议要求和徐州市推进工资集体协商立法工作实际，汇报如下：

一、我市的工资集体协商立法的进展情况

2010年、2011年，市总工会在认真总结多年来工资集体协商工作实践的基础上，连续两年在市人代会提出集体协商立法提案。2012年5月，市人大常委会研究确定《企业工资集体协商条例》为年度立法调研项目，开启了我市工资集体协商工作立法进程。2014年3月，徐州市《企业工资集体协商条例》立法工作被市人大常委会列为立法预备项目。同年8月，被列入正式立法项目。2015年2月，《徐州市企业工资集体协商条例(草案)》，进入市十五届人大常委会第二十一次会议初次审议，同时通过《徐州日报》、市人大、市人保局和市总工会网站，广泛征求社会各界修改意见和建议。2015年6月，《徐州市企业工资集体协商条例(草案)》通过市人大常委会二审程序，年底将报省人大审核。

二、工会在推进工资集体协商立法中所做的工作

(一) 积极创造条件，筑牢立法基础。我市工资集体协商工作起步较早。全市各级工会通过不断创新和共同努力，工资集体协商工作取得了丰硕的成果。到 2014 年底，我市的工资集体协商覆盖率已达 97%以上，基本形成了“党委重视、政府主导、工会推动、各方配合、企业全面实施、职工积极参与”的工资集体协商工作格局。为工资集体协商立法需要，市总收集整理了 300 多名企业家关于工资集体协商的体会和感言，并编印成册供各级领导和委员审议时参考。特别是从 2011 年起，市委、市政府连续三年将工资集体协商工作纳入县(市)区党政科学发展目标责任考核，成为全市工资集体协商工作的巨大推力。同时，也为推动我市开展工资集体协商立法奠定了坚实的基础。

（二）组织立法调研，积极推动立法。自 2012 年起，市总工会将推进工资集体协商立法摆在全会工作的突出位置。2012 年 5 月、2013 年 11 月、2014 年 4 月和 2015 年 5 月，市总工会先后四次赴外地学习工资集体协商立法经验。2013 年 10 月，市总抽样对我市 200 家企业工资集体协商情况进行了专题调查。撰写并向市人大常委会报告了《关于我市企业工资集体协商立法的报告》，引起了市人大领导的重视。2014 年 8 月，我市工资集体协商立法被市人大列为正式立法项目以后，根据市人大常委会 2014 年立法工作安排，组成了以市人大常委会副主任为组长、部分常委会委员、法工委、内司委、市总工会和市人社局为成员的调研小组，重点对已立法和正在进行立法工作的深圳、福建、贵州、海南等地进行学习考察，收集研究了 15 个省(市区)立法的经验，为我市顺利开展工资集体协商立法工作，提供了积极的借鉴。

（三）广泛征求意见，不断完善内容。为推动立法工作顺利开展，市总工会与市人社局成立了《条例(草案)》起草领导小组，市总工会主席任组长。在《条例(草案)》起草的过程中，查阅了大量的法律法规和文件资料，反复研究，多方论证，数易其稿，在市人大确定为正式立法项目之前，形成了《徐州市企业工资集体协商条例(草案)》初稿。《条例(草案)》进入专家论证、征求意见阶段后，今年 1 月中旬至 2 月上旬，市总工会多次会同市人大、市人保局、政府法制办、人社局于先后召开了 21 个不同类型的座谈会，广泛听取了市委、市政府有关部门，基层工会、用人单位、职工代表及有关法律专家、学者的意见和建议，同时对收集的意见建议加以梳理和认真分析，吸取和采纳了有益的部分，对《条例(草案)》进行了修改完善。在设定具体条款内容时,充分考虑立法的全面性、公正性、可操作性和地方特色,力求避免照抄上位法。目前形成的《徐州市企业集体协商条例(草案)》,内容较为成熟,基本可行。

三、我市工资集体协商立法的特点和亮点

由于我市工资集体协商立法处在经济下行压力较大的大环境下,来自各方面的压力也比较大。为了能保证立法顺利通过,我们在一些争议较大的问题上采取了部分妥协和让步。但对一些事关职工切身利益和影响整体工作推进的内容和条款,坚持多做工作,坚持据理力争,尽可能地和最大限度地保留了一些创新和亮点。

一是在适用的范围上,尽管条例名称是"企业工资集体协商条例",但我们在增加了"本市行政区域内的个体经济组织、民办非企业单位及实行企业化管理的事业单位,参照本条例执行"的条款,使工资集体协商的范围扩展到了一些事业单位和民办非企业单位。

二是在协商的内容上,提出了"国有及其控股企业职工工资增长和企业经营者薪酬增长之间的关系以及绩效工资二次分配"作为协商内容,从而拓展了国有企业工资集体协商的内涵。

三是明确了当地政府对工资集体协商工作的主导地位和政府相关部门的工作主体责任。提出了"人民政府应当加强对工资集体协商工作的组织领导,建立健全协调劳动关系三方委员会,依法推进应当推动工资集体协商工作"。"劳动保障行政主管部门应当对本行政区域内的企业工资集体协商工作进行指导、协调和监督"等方面的内容。

四是对工会组织在开展这项工作的职能上,进行了三个层次的制度设计。明确了"市、县(市)区总工会应当推进企业工资集体协商工作,支持、帮助职工方开展工资集体协商,依法对工资集体协商活动进行监督";明确了"镇(街道)工会、村(社区)工会、工业园区工会和行业工会应当支持、帮助或者参与职工方开展工资集体协商";明确了"企业工会应当依法推行工资集体协商制度"。

四、在立法过程中遇到的困难和问题

一是受到经济下行压力的影响，整个立法进程来自部分企业特别是困难企业的阻力较大，甚至有一些反对的声音。

二是企业代表组织（工商联）由于对法律和政策的不理解，对工资集体协商立法工作不支持、不配合。

三是在协商内容上，立法部门片面地强调立法的对等性，过度考虑与企业平衡的问题，致使在立法中大量使用中性提法，不断地平衡和兼顾协商双方的利益。例如：在协商的内容上，原草案是“应当就……内容进行协商”，现通过的条款是“可以就……内容进行协商”，力度显然不够。再例如：原草案中“有下列情形之一的，职工方可以在协商中提出增长工资的要求”，审议过的草案中予以删除，只谈可以协商，未提及可以增长。使本来就存在的“资强劳弱”的现象没有得到根本的转变，立法原意保护弱者的根本目的没有得到充分体现。

四是一些强制性条款被删除。比如原草案中“第六章争议处理和监督检查”被整章删除，理由是工资集体协商是企业和职工双方自愿的行为，不是一种强制性的制度，如若通过调解变成共同意愿，有违背一方意愿的嫌疑。导致劳动关系三方对合同签订的过程和履约情况的落实，没有指导、协调和检查的手段。

五、对国家层面集体协商立法的意见和建议

一是从在国家层面尽快出台集体协商立法，为地方制定或修订法规提供上位法的依据。同时，赋予该法与《劳动法》、《劳动合同法》同等的法律效力。

二是法律条款要加强刚性约束。对集体协商制度确立的办法、程序、责任认定、奖罚等进行明确规定；对党政、工会、企业代表组织要有刚性约束；将开展集体协商纳入地方经济社会发展规划和政府工作考评体系，以增强政府在推动集体协商方面的调控职能和主体地位。

三是加强宣传力度。国家协调劳动关系三方要积极创造条件，在中央主流媒体上要作系统、全面、集中宣传，提高社会各界对集体协商立法的认识。

（徐州市总工会王兴国。2015 年 10 月 20 日北戴河）

邳州市板材行业工资集体协商的历程与思考

江苏省工资协商指导员　邳州市板材行业工会主席　李华龄

（2012年9月25日）

邳州市是全国最大的板材加工基地、板材出口基地、板材检测基地，现有板材企业2000多家，其中规模企业300多家，直接从业人员20万余人。2011年邳州板材行业实现产值300多亿元，占全市GDP的30%以上，占全国板材出口量的三之一。

2011年5月25日，我们邳州市板材行业第六次工资集体协商会议。此次会议受到了《人民日报》、央视、新华社、人民网、《经济日报》、《农民日报》等众多主流媒体的关注，中国新闻网、中国网、中工网、新华网等众多知名门户网站，都对此进行了广泛报道。

一、板材行业工资集体协商发展历程

2005年以前，在板材行业迅猛发展的同时，企业间互挖人才和员工、无序竞争现象突出。工资分配随意性大，拖欠、克扣员工工资现象时有发生，劳资关系紧张。单个企业开展工资集体协商解决不了整个行业的问题。为维护职工的合法权益、促进企业健康发展，我们开始着手开展行业工资集体协商的尝试。

2006年10月，首次将企业层面的工资集体协商提升到行业层面，由行业工会与木材流通协会进行对等协商，主要内容涉及行业最低工资标准、行业工资增长比例等。经协商签订的行业工资集体合同覆盖企业234家，覆盖职工4万多人。

2007年8月，首次邀请正式协商代表以外的企业主代表、职工代表等250多人现场观摩。协商内容突出了行业劳动定额、计价工价等劳动基准，经协商签订的行业工资集体合同覆盖企业数达432家，覆盖职工近6万人。

2008年2月，新一年度行业工资集体协商如期进行。协商内容继续突出了行业劳动定额、计价工价等劳动基准。正式协商时间历时5个多小时，事后，邳州市总工会与劳动保障局联合发文，首次将行业工资集体合同推广到木材协会会员以外的板材企业中参照执行。

2009年3月，协商内容突出了应对挑战金融危机，保企业、保岗位、保工资等重点内容，并对行业最低工资标准、劳动定额、计价工价等劳动标准进行了调整。经协商签订的行业工资集体合同覆盖企业748家，覆盖职工10多万人。

2010年8月，江苏省板材行业工资集体协商现场会在邳州召开，根据江苏省总“协商薪酬制度激励职工创新计划”的要求，双方协商制定的《邳州市板材行业2010年度工资集体协议》明确规定，行业工时工价定额指导标准在去年的基础上提高15%，同时建立普通职工技术等级津贴和一线职工年终奖金分配制度，职工当年的实际业绩进行年终奖励，从而使板材行业工资集体协商从企业一次分配向二次分配延伸。

2011年板材行业工资集体协商于5月25日举行，协商的主题是改善职工待遇、缓解用工压力、稳定职工队伍、实现劳资双赢。协商关于职工最低工资标准和计件定额标准调整幅度等5个方面问题，特邀请人民评议员现场评议板材行业工资集体协商情况。

2012年5月30日，新一年度的工资集体协商，达成共识的主要内容有：行业最低工资标准为每月1800元；二资增幅不低于15%；增加了防暑费、过节费和质量奖、安全奖、年终奖。

二、开展板材行业工资集体协商主要做法

一是深入调查研究，科学测算标准。抓行业内工时定额、计件工价的协商，工价的调查研究和科学测算尤为重要。2007年6～11月间，我们从板材行业生产整体流程中，细分出26道工序、47个工种，对每道工序、工种进行了详细、周密的调查和测算。将操作工人按其熟练程度分成三组，进行现场操作，确定加权平均工时和工价。再按企业效益良好、效益一般和尚能持续经营三种类型，把初步确定的工时工价定额放在企业中进行财务预测，力求达到效益好的企业容易执行、效益差的企业通过努力也能落实的预期效果。期间，我们3次分别召开了企业老板代表座谈会、职工代表座谈会，征集各方面的意见和建议，并将其中有共性的36个问题，印制成《板材行业职工的意见和建议》，邀请30家企业老板到市总工会逐条予以沟通，使提交正式协商会议共决的工时、工价标准草案具有较强的普遍适应性。

2009年2～4月份，我们又就木材流通协会提出的“关于裁员、降薪”问题；关于下调普通胶合板工时工价定额指导标准问题进行调查，同时我们下发给了职工1000多份提案，针对职工提案中普遍反映的问题，提出了实行行业最低工资标准制度、实行企业职工工龄、制定普通胶合板、异形板工时工价标准等，为搞好协商工作提供了依据。

二是把握政策尺度，注重协商质量。2008年2月，30家板材行业领军企业老板、100多位企业工会主席和职工代表参加或列席板材行业工资集体协商会议。按照规定程序，先后对板材行业的组拼段、中段和后段的各工序、工种的工时工价进行具体协商。在协商过程中我们强调：板材行业通过工资集体协商确定的工时、工价标准，是一个指导性的标准，允许各企业在执行过程中有一定的灵活性。经过一次又一次的争辩，在行业工会的协调下，双方互相让步，达成了折中方案，确定了劳资双方都能接受的定额指导标准，并允许企业以此标准上下浮动5%，但不得低于邳州市板材行业最低工资标准。此次协商会议还就职工婚嫁、产假期间如何执行工时、工价等问题，达成一致意见。双方还约定根据行业发展，每半年对工时、工价标准修改一次。30家老板在《邳州市板材行业工时工价集体合同协议书》上签字。事后，市总工会与劳动保障局又联合下发了执行行业工时、工价指导标准的政策文件，将协商成果覆盖到企业。2009年4月21日，我们开展了金融危机下的工资集体协商，特邀老板48人，职工代表120人列席协商会议。就调查中老板和职工反映的七个方面问题，进行逐一协商，形成共识，随后召开职工代表大会进行票决。新闻媒体进行公示，总工会和劳动局两家行文后，又发到了板材行业的规模企业要求按此指导标准，结合自身的实际，签订本企业的工资集体协商协议。目前，不少企业已协商签订了自己的文本，有的企业没有特殊情况，直接按总协议执行。

三是追求循序渐进，稳步提高职工待遇。我市板材行业工资集体协商伊始，采取的方法是由浅入深、由易到难循序渐进，逐步提高职工的工资福利权益。由协商制定板材行业的工资分配制度到协商职工年度工资调整水平；由协商行业劳动定额、计价工价到非计件工资工种实行技术等级工资制度；由协商职工休息休假、福利待遇到推行工龄津贴和绩效奖励制度；由协商企业初次分配，到二次奖金分配等。逐步拓展工资集体协商内容，逐年提升职工工资薪酬待遇水平。即便面对 2009 年金融危机冲击，劳资双方协商确定的劳动定额、计件工价标准也没有降。我们通过协商，采取轮班工作、放长假等措施，在职工实际减少劳动时间和工作量后，相应降低其工资水平，以缓解企业经营压力，达到了劳资双方满意的预期效果。

三、板材行业工资集体协商的主要成效

一是保障了职工利益，职工充分分享企业发展成果。通过开展行业工资集体协商，“企业靠职工发展、职工靠企业致富”的共识日益形成，“职工得到实惠、企业得到效益”的和谐共赢局面不断开创。2005 年至 2011 年板材行业效益年均增长 18%，而企业职工工资年均增长高达 23%，职工工资由 2005 年的年均收入 8100 元提高到 2011 年的年均收到 36000 元。即使 2009 年受国际金融危机影响，经协商约定的行业工资水平比 2008 年还有所增长。

二是助推了行业发展，支柱产业变优变强。开展行业工资集体协商，有力促进了企业规范竞争与行业良性发展。近年来，邳州板材行业经济规模和总量迅速增加，板材出口量占全国出口量的 46%，在全国四大板材出口基地名列第一，对全市 GDP 的贡献份额从 2005 年逐步提高，日益成为邳州经济发展的重要支柱。比如，盛和木业有限公司现在员工 1600 人，年产值达 2 亿元，已成为江苏省规模最大、技术含量最高、效益最好的人造板生产和外商投资项目之一。该公司领导认为，盛和木业由小到大、由弱到强，能够取得今天的成绩，取决于员工对企业的支持，受益于工资集体协商。通过开展工资集体协商，职工的积极性、责任感、竞争意识不断增强，为企业发展打下了良好基础。企业发展壮大了，效益提高了，我们首先想到的就是职工。

三是实现了有序流动，职工稳岗安心。在开展协商之初，行业内规模以上企业职工的流动率达60%。通过开展行业工资集体协商，目前流动率则稳定在10%以下，而且各企业互挖“墙角”的现象几乎不存在。由于板材行业职工工资和福利待遇每年增幅达到20%以上，本地农民选择就地就近打工的多了，许多在外打工的邳州人也选择“凤还巢”，成为当地企业的骨干。由于板材行业工资水平较高，还吸引了周边的安徽、山东、河南等省份打工者大量涌进，使邳州由原来的劳务输出地变为输入地，形成了前所未有的就业“洼地效应”，为企业可持续发展储备了丰富的劳动力资源。

四是融洽了劳资关系，双方共谋发展的活力充分涌流。开展行业工资集体协商后，“企业靠职工发展、职工靠企业致富”的共识日益形成，职工的积极性、创造性被大大激发，仅在2011年，板材行业职工提出合理化建议3千多条，被采纳的重大建议238条，直接创造经济效益1300多万元。一些企业经营者由衷地说：“不尊重职工的经理，不是好经理，不开展工资集体协商的企业，也不是好企业，协商能消除误解、协商能出战斗力、协商能促进劳资关系和谐。”一些企业职工自豪地说：“体面劳动在工资集体协商中实现，工资集体协商为我们员工争取自身利益，搭建了话语权的平台，通过工资集体协商，公司领导更加关爱员工，员工更加关心公司发展，真正体现了劳资双赢。”

在板材行业工资集体协商的七年时间里，板材行业经历过旺盛期、平稳期，也出现过两次危机。但是，我们都坚持每年协商，为维护员工的合法权益、不断提升员工的工资收入，取得了明显的效果。实践证明，只要我们坚持以劳资双赢为出发点和落脚点，找准劳资关系中的结合点和切入点，不断探索工资集体协商形式和方法，无论在企业兴旺期，还是危机时期，都是可以开展工资集体协商的。只要我们不断探索，工资集体协商工作一定会越做越好。

（在全总/国际劳工组织工人活动局危机时期的集体谈判新趋势国际研讨会上的发言）

第二部分

典型经验

党政重视 三方合力
持续推进工资集体协商工作

新沂市总工会

近年来，我市积极应对新形势下集体协商工作的新变化和新挑战，提振信心，主动作为，破解难题，服务大局，工资集体协商工作重点突出，持续推进。截至2016年10月，我市集体协商50人以上独立签订工资集体合同企业116家，覆盖职工32855人，区域合同覆盖企业1362家，覆盖全市各类企业职工10.64万人，集体协商建制率稳定保持在98%以上。形成了“党政更重视、三方更合作、工会更发力、企业更支持、职工更实惠”的集体协商良好局面。

一、党政更重视

2016年4月，在正式公布的《新沂市国民经济和社会发展第十三个五年规划纲要》中，把“扩大企业工资集体协商覆盖面”作为促进企业职工待遇合理增长，增加城乡居民收入的重要举措；市委办公室、市政府办公室转发的市协调劳动关系三方《关于深化新时期集体协商工作的指导性意见》，旗帜鲜明地发出全面深化集体协商的声音，为集体协商工作鼓劲加油；市委、市政府主要领导高度重视，在全市党群工作会议上统一部署工资集体协商工作。市委、市政府多次听取市总工会工作汇报，将工资集体协商工作作为为民办实事项目作为民生幸福工程的重要内容。全市上下层层签订目标责任状，确保工资集体协商各项目标要求的有效落实，形成了“党政主导，齐抓共推”的工作格局。

二、三方更合作

2016年，市协调劳动关系三方分别于春季、秋季举行了集体协商集中要约活动，联合下发了《工资集体协商集中要约行动的通知》，具体明确全市开展工资集体协商春季、秋季要约行动的指导思想、目标任务、范围要求和行动措施。三方密切配合，全力推进，务求实效。市人社局、总工会等单位开展联合检查和执法活动，指导、督促用人单位和职工依法开展工资集体协商，帮助企业制定工资分配方案，规范工资分配行为，推动全市企业工会组织切实履行好“要约”权；市发改委、工商联等企业代表组织以及税务部门，走进企业大力宣传工资集体协商及薪金税前扣除的相关政策，合力推进企业工资集体协商。为全力推动全社会凝聚共识；三方集中推介工资集体协商先进典型经验，在《江苏工人报》、《江苏工会网》、《徐州日报》等新闻媒体专门报道了工资集体协商、星级创建企业方面的信息。

三、工会更发力

2016 年，市总工会以实施工资集体协商自我提升计划为抓手，以工资集体协商星级企业评定认定为平台，强力推进新形势下的工资集体协商。通过进一步加强宣传，开展培训、召开现场推进会和选树典型等措施，不断增强新形势下工资集体协商的主动性，推动集体协商由传统制造业向商贸服务业领域拓展、由劳动密集型企业向知识技术密集型产业拓展，实现了新形势下职工合法权益的全领域、方位维护。市总工会下发了《关于开展工资集体协商星级企业确认和工资集体协商三星级企业申报工作的通知》，参创企业对照星级企业创建标准，进行自测自评、持续改进、递进创建。经过市总工会对申报的二星级、三星级企业进行实地检查，按照“党委支持、行政重视、劳资双赢、权益维护、程序规范、资料齐全、职工评议、群众满意、透明公开、社会和谐”等 10 个方面综合评定，确认工资集体协商相应星级企业称号。目前我市已有 50 家企业被徐州市总确定为三星级示范企业。截至去年年底，我市符合星级要求的企业占 90%以上，其中二星级企业占 40%以上，三星级企业占 30%以上。

四、企业更支持

全市各类企业积极应对供给侧结构性改革和经济下滑给企业的冲击，坚持经济下行，协商先行。2016 年，在推动企业把协商重点放在职工工资增长的基础上，立足企业实际，探索协商企业减成本、保岗位、保收入和改革过程中事关职工切身利益内容的动态协商，使工资集体协商成为供给侧结构性改革的稳压器和调节阀，得到了广大企业的支持和赞同。新沂利民、华信等几家大型企业，把工资集体协商工作重点放在做实、做细上，分类、分部门开展企业内部协商。结合各部门绩效考核和分配特点、细化协商内容，建立了从岗位、职位、技能、能力到绩效的薪酬管理机制，制定绩效竞争机制，激励职工创新、激励职工成才、激励职工竞争。实现了职工涨薪要求有正常渠道，工资集体协商不流于形式。2016 年 9 月 6 日，市总工会在利民化工股份有限公司召开现场推进会，重点就利民化工公司市场营销部销售员基本工资、绩效工资、出差补助、新产品奖励薪资等比较突出的问题进行协商。这是新沂市企业工资集体协商首次以企业内部部门为单位进行的集体协商。我市板材厂较为集中地合沟镇马场村共有 12 家板材厂，职工 200 余人，主要以家庭作坊式为主，职工大都是当地的农民工。针对管理意识和维权意识不强的特点，通过市总工会上门指导，合沟镇板材行业工资集体协商会议如期召开。劳资双方最终从行业最低工资标准、小时最低工资标准、实行企业职工工龄工资制度几方面达成共识，实现了小微企业职工同样拥有与企业平等协商的话语权。

五、职工更实惠

随着我市人民生活水平的逐步提高，2016 年，城镇居民人均可支配收入达 22901 元，增加 9.1%，全年城镇在岗职工平均工资 48540 元，同比增长 7.4%，职工群众实实在在地享受了改革发展带来的实惠。我市建立的分流人员再就业四级联动机制，成功举办 3 场分流下岗职工专场就业援助招聘会，提供就业岗位 423 个，全年新增就业 6356 人，为精准帮扶化工、落后产能等企业分流职工实现了跨行业就业。市总工会举办的分流职工免费月嫂、家政、电工等技能培训，为部分就业困难职工掌握了新的技能。市总工会、人社局仲裁院免费为涉及劳动权益保障的下岗分流职工提供法律援助，有效地维护了职工的合法权益和特殊利益。

打造协商民主平台　促进行业区域和谐发展

邳州市总工会

邳州市总工会"兼顾双方利益、维护职工权益、促进企业发展、实现互利共赢"的双维护、双服务的工作理念，把工作重心放在依法推动行业企业普遍建立工会组织、普遍开展工资集体协商和普遍建立职代会制度上。通过职代会、厂务公开和集体协商制度"三位一体"融合联动的工作模式，完善基层协商民主机制，增强民主管理工作实效，激活基层工会活力，促进行业区域劳动关系和谐。

一、通过民主管理规范工资集体协商程序，变"为职工做主"为"让职工做主"

引导和保障职工的民主参与作为工资集体协商的重点，提出了规范具体的工资集体协商程序，通过职代会、行业职工议事会等民主管理制度落实职工在工资集体协商中的话语权，通过把好"五关"让职工自己做主。

（一）把好源头控制关，做到"两必须"。一是协商准备阶段必须充分征求职工代表意见。通过职工代表座谈会、各层级职工代表满意度调查、生活成本调查等方式广泛征询职工意见，了解职工生活成本情况和调资预期。同时，对职工代表进行培训，让他们了解企业的经营状况、国家和地区的有关政策，引导职工代表依法理性提出工资增长诉求。二是协商代表必须由职代会民主选举产生。强调协商代表产生过程的合法性，更强调职代会对协商代表的授权委托，职工代表应当服从职代会决议并接受协商代表的协商结果。

（二）把好程序规范关，做到"六规范"。协商过程中，吸纳职工代表旁听协商会议或由工会向职代会及时通报协商进度情况。如果谈判出现僵局，休会期间协商代表充分与职工代表进行沟通，取得一致意见后，再进行下一轮的谈判。

做到要约启动程序、集体协商会议程序、草案预审程序、审议通过程序、审查备案程序、公示履约程序“六规范”，实现全过程职工代表民主参与和监督。

（三）把好协商质量关，做到“三必谈、三具体”。企业工资集体协商议题做到“三必谈”：基本工资增幅必谈、奖金分配方案必谈、加班加点基数必谈。工资集体合同内容做到“三具体”：各岗位工资标准具体、工资增长幅度具体、工资奖金分配方案具体，坚决杜绝出现虚假协商和形式化工资协议。

（四）把好职代会票决关，做到“过半数”。劳动关系双方经协商达成协议草案后，必须召开职代会审议协议草案，经职工代表投票表决过半数以上同意后方可通过。把职代会审议通过不仅作为工资集体协商的必经程序，而且作为大多数职工对协商结果是否认可的唯一检验标准。

（五）把好履约监督关，做到“两公开”。要求企业公开集体合同内容和集体合同履约情况，接受广大职工的监督，对拒不履约执行协议的，上级工会联手劳动行政部门依法对其督促整改。

二、通过民主管理构建劳动关系双方沟通交流平台，变“怀疑对抗”为“对话合作”

从提高企业对职代会的认识和加强对职工依法维权的教育两方面入手，逐步推动建全企业建立职代会等民主管理制度，实现企业与职工相互理解信任的良性互动。

（一）倡导理性维权，培育职工与企业“共建共享、互利共赢”的理念。按照“促进企业发展、维护职工权益”的工作原则，我们更加注重“双向维护”，坚持一手抓工资集体协商机制的建立，一手抓职工的引导教育，引导职工理性维权。通过基层工会对广大职工进行宣传教育，把广大职工对工资增长的诉求引导到程序和制度的轨道上来。针对供给侧改革的经济新常态，教育引导职工与企业“同舟共济”、“抱团取暖”，把职代会等民主管理制度作为优化劳动关系双方关系的黏合剂。

（二）培育法治思维，推动企业建立健全职代会等民主管理制度。一是明确职代会的法律地位。未经职代会审议通过而仅由工会与资方开展的工资集体协商结果没有法律效力。企业制定或修改规章制度、决定涉及职工切身利益的重大事项必须经职代会讨论并与工会协商这一民主程序。二是界定职代会的职权范围。明确了以非公有制企业为主的职代会哪些事项是审议建议权的范围,同时也明确了只有在集体合同草案等特定项目上职代会才有审议通过权,打消了企业的顾虑,也让职工方行使民主权利有了章法。三是拓展民主管理其他形式。在强调职代会是民主管理制度基本形式的同时,肯定部分企业现有的意见征询会、劳资恳谈会等形式,与厂务公开、职代会结合形成规范的沟通和交流方式,让职工有表达意见的合法途径,也让职工更加理解企业。

三、通过民主管理规范企业决策与职工维权,变职工“无序诉求”为“理性表达”

从推动企业建立和规范民主管理制度入手,通过建立民主协商的平台,引导职工依法理性维权。工资增长诉求通过民主协商的制度性安排依法有序解决。劳动关系双方必须遵守经职代会审议通过的工资协议条款。工资集体协商期间职工必须自觉维护正常生产秩序,达成协议签署工资集体合同后,职工如有其他意见或诉求,须通过职代会等民主管理渠道按法定程序反映问题,由工会与企业协商调处教育引导职工理性表达诉求,遇到涉及自身权益的问题首先要通过工会与企业协商解决问题,通过法律程序解决劳资矛盾。由于健全了民主协商平台,畅通了职工诉求表达渠道,大大促进了行业区域企业的和谐发展。

开展行业协商　助推电商发展

睢宁县总工会

近年来，睢宁县总工会以构建和谐劳动关系、维护职工权益为重点，围绕突破睢宁发展战略和电商发展实际，以重点推进沙集镇电子商务创业园集体协商为突破口，全面推动行业性工资集体协商，取得明显成效。截至目前，全县已有93家电商行业企业签订《工资集体协商合同》，实现电商行业建会企业100%建制，职工平均工资连续4年上涨15%以上。

一、抓要约，促启动

为确保工资集体协商工作在电商企业全面推行，每年3月，都组织各企业负责人和企业工会主席参加“集中要约行动月”启动仪式，并逐一向已建会的企业送达《工资集体协商特别提示函》和《工资集体协商要约书》。为营造推行工资集体协商工作氛围，发放了《工资集体协商工作手册》500余份，组织企业负责人、企业工会主席，对工资集体协商的协商程序、步骤、方法、要点等进行系统培训。组织企业工会主席、职工代表到部分实施工资集体协商的企业进行观摩和考察，提升了辖区企业推行工资集体协商的积极性和主动性。

二、抓基础，保建制

县总工会指导沙集镇党委、政府成立了以镇党委书记任组长，工会主席任副组长，市场监督局（电商分局）、财政所、劳保所、司法所、安监办、环保办、团委、妇联部门负责人为成员的工资集体协商领导小组。明确相关部门的工作职责和工作目标，形成了党政支持、多方协同、工会运作、企业与职工参与的工作格局。镇党委政府班子安排专门会议听取工作情况汇报，对活动开展提出的意见和建议，并将工资集体协商纳入工会及相关部门的年度绩效考核范畴，确保该项工作顺利推进、全面实施。

三、抓典型、促规范

县总工会确定了两家管理工作基础扎实，经营情况较好和行业影响力大的企业作为培育试点。镇工会协助指导认真做好前期筹备工作，积极启动要约程序，及时召开职工代表会，审议通过了《工资集体协商合同》、《女职工专项集体合同》。其中，徐州美怡家家具有限公司在合同中明确规定：2016 年职工年平均工资上涨 16%，在完成订单前提下，将获得 8000 元年终奖。睢宁县易生活家具有限公司则将职工年平均工资上涨到 18%，同时，将职工带薪休假制度、免费旅游、外出学习、培训和定期组织体检等纳入集体合同中。有了这两家单位的成功经验，镇工会确定了先易后难、先大后小的方法，按照因企制宜原则，将管理规范的企业作为切入点，以点带面，推进全行业工资集体协商工作全面规范开展。

四、抓履约、促成效

督促对企业履行合同进行监督审查，巩固协商成果。一是要求镇工资集体协商指导员在合同签订后，继续到企业去了解监督厂务公开、合同内容的执行、相关资料的备案等情况。二是建立劳动监察制约机制，责成镇劳动监察人员全程监督合同的履行过程。重点到企业了解职工加班加点工资发放和职工医疗、养老保险参保等情况，同时面向辖区公开监督电话。三是镇工会组织专门人员定期走访企业了解合同的履行情况，确保企业要约一家、协商一家、签订一家、履约一家。

近几年来，随着沙集镇电子商务行业工资集体协商不断深入，职工工资连年上涨。企业用人更加规范，劳动关系更加和谐，企业发展潜力和创新能力不断增强，沙集镇电子商务行业的发展走向了健康有序的快车道。

强化领导 多措并举
推进行业集体协商工作深入开展

丰县总工会

丰县通过“五抓、五着力”工作措施，大力推动行业集体协商工作。到目前，全县已有电动三轮车、木业加工、美发美容、餐饮等18个行业签订了集体合同，覆盖企业832家，涉及职工36106人。2016年，我县培育的丰县电动车行业集体协商典型案例，成功入选全总《集体协商案例选编2016》，并在全国推广。

一、抓组织保障，着力形成行业集体协商工作共推格局

一是强化组织领导。成立了推进集体协商工作领导小组，由副县长任组长，县总工会、人社局主要负责人任副组长，县发改委、工商局、工商联等部门负责人为小组成员，领导小组办公室设在县总工会；县人大、县政协也将工资集体协商工作列入每年执法检查和委员视察的重要内容。各镇、各系统、各单位也都成立了推进集体协商工作领导组织，全县形成了共推集体协商工作的格局。

二是强化队伍建设。县总与县人社局组成了37人的集体协商指导员队伍，分组包片，职责明确，任务到人，对各镇、各街道、各行业进行现场指导服务。

三是强化业务培训。我们坚持每年举办全县集体协商专题培训班，聘请市总民管部领导来丰授课；每年还组织工会干部参加省、市总工会举办的集体协商工作培训班；我们组织力量编印并下发《工资集体协商问答》材料，进一步提升了全县工会干部集体协商工作业务水平。

二、抓主体培育，着力夯实行业集体协商工作良好基础

一是调查摸底。组织人员深入到各镇、开发区、街道，摸清全县已建18个行业协会(商会)情况，又到县民政局社团法人登记处进行核实确认，确保企业

方协商的主体合法。

二是以建带推。通过开展“百日集中建会”活动,推进行业集体协商工作的开展。各镇、各街道根据产业情况,分别建立了行业工会组织,如常店镇成立了电动车行业工会联合会,欢口镇成立了鑫鑫特色菜种植行业工会联合会,大沙河镇成立了大沙河镇养殖行业工会联合会,宋楼镇成立了木材加工行业工会联合会等。在抓好组建行业工会的同时,认真抓好行业集体协商工作,已签订了18个行业工资集体合同。

三是选树典型。以大沙河餐饮行业集体协商为典型,召开了全县集体协商工作推进会议,又相继召开了全县电动车行业、美发美容行业、餐饮行业集体协商现场观摩会,现场观摩了各个行业集体协商会议,选树了餐饮、电动车等行业集体协商典型在全县推广,有力地推动了全县行业集体协商工作的深入开展。

三、抓重点突破,着力形成行业集体协商工作联动机制

一是建立联动机制。在推进行业集体协商工作中,实行县、镇、行业三级联动、上下配合、分级把关、规范运作,做到总体有部署、纵向有联系、层层有重点。

二是摸清行业情况。组织人员对全县行业情况进行调查摸底,找准工作突破口,大力开展行业集体协商工作。如大沙河镇利用特色乡村旅游资源的优势,率先开展了餐饮行业工资集体协商工作;孙楼镇借助木板材加工业集聚区平台,在木板材加工行业推进工资集体协商工作;范楼、欢口、首羡等镇分别在食品加工、蔬菜种植、养殖行业推进集体协商工作。

三是推进中求完善。认真总结工作经验,不断拓展行业集体协商工作领域,细化工作方案,完善合同文本,进一步抓好行业集体协商工作中的各个环节。

四、抓程序规范,着力推进行业集体协商工作有序开展

一是编印协商材料。组织工会干部和工资集体协商指导员认真学习《工资集体协商工作法》、《丰县行业工资集体协商工作指导范本》等材料,进一步明确了工作流程和操作办法,确保行业集体协商工作依法、规范、有序地开展。

二是明确工作要求。坚持八个基本程序:一是调查摸底;二是确定议题;三是确定代表；四是提出要约；五是协商签约；六是民主程序；七是备案公布；八是履约监督。注重把好“四关”：一是把好协商内容关。县工资集体协商指导员对各行业职工工资水平、分配办法、增长幅度等综合测算调研，尽量减少弹性条款，确保协商内容真实有效、操作性强；二是把好民主协商通过关。行业工资集体合同（草案）必须经职代会审议通过，确保协商合同的合法性；三是把好合同审查关。县人保局和县工会对报送的集体合同文本进行联合审查，发现问题及时处理，严把合同的质量；四是把好合同公示关。行业集体合同必须公示，让企业和职工知晓合同内容，以便对合同的监督履约。

三是坚持规范运作。坚持规范运作“三结合”、“四必须”、“五公开”。“三结合”，即集体协商与行业实际、相关政策和法律法规相结合，与集体合同中有关条款相结合，与民主管理工作相结合。“四必须”，即职工协商代表必须民主推选，协商过程必须符合程序，协议条款必须符合法规，合同文本必须提交职代会审议通过。“五公开”，即公开选举职工协商代表，公开征求和听取职工意见，公开协商程序和议题，公开对达成的协议进行表决，公开协议的履约兑现情况。

五、抓监督履约，着力推进行业集体协商工作落实到位

一是成立监督检查组织。各行业都成立了集体协商监督检查小组，认真履行监督工作职责，并及时向职工代表大会报告工作。

二是建立督导工作组。成立了四个督导工作组，由县总工会领导带队，分别督导所辖片区行业集体协商工作，听取工作汇报，召开职工座谈会，查看相关资料，确保工作落实到位。

三是建立联合检查组。县总工会与县人社局成立了联合检查组，不定期对行业集体协商工作进行检查，对发现的问题，及时下发“督办单”；对拒不开展工资集体协商、无故不履行集体合同，恶意拖欠克扣劳动者工资的企业及其经营者，分别取消各类先进参评资格，并记入企业诚信档案。

借力党政推动　协商质效提升

沛县总工会

沛县总工会在县委的领导下，在上级工会的指导下，始终把工资集体协商作为工会工作重中之重，坚持以保障职工合法权益为主线，以提高服务职工覆盖面为重点，解放思想，开拓创新，主动作为，发挥了“党政助手，职工之家，企业之友”的作用。党政主导推进的工作格局日益强化，协调劳动关系三方的相互合作日益加强，工会组织的主观能动作用日益突出，企业和职工广泛参与的工作热情日益高涨。

一、党政高度重视，发挥主导推进作用

坚持由县委统一领导，县劳动关系三方加强协调监督，同时建立健全了党委统领、政府发令、工会领跑、人大监督、企业执行的工资集体协商推进体系。在工资集体协商过程中，始终坚持以职工所盼为动力，以典型引领为重点，以劳资双赢为目的，以工会所能为己任，积极探索，规范运作，注重沟通、协商、签约、审核、监督五个环节。目前工资集体协商覆盖企业1084家，职工20万人，签约企业达97%。在普遍推动工资集体协商继续扩面的基础上，更加注重质和效，把“真谈、善谈、形成制度”作为主线，贯穿集体协商工作始终，并把工资集体协商工作与幸福企业创建活动统筹起来，协调推进以达到互促共进的效果。

二、全面强化工作力度，集聚合力加大推进

每年春季，县总工会就全面启动开展此项工作，熟悉了解当前工资集体协商法律政策，谋划工作思路和办法，深入企业调研掌握情况。我们把世界五百强驻沛企业（子公司）、百人以上企业和区域行业作为工资集体协商重点，要求各镇（区）街道分别培育2～3家高质量的行业集体协商示范点，作为全县的工资集体协商重点企业、重点行业进行网格化跟踪指导服务。同时，县总工会制

作了详细的工作统筹图，对协商主体建设、工作进度、提质增效、程序规范、文本审核等内容实时进行监控。县总民管部和集体协商指导组深入到各镇(区)街道及产业集聚区、重点企业和重点行业开展指导、培训等工作。县镇两级工会联动，实施为期三年的集体协商指导员(谈判员)培训计划，培训人数每年超过300人次。各企业及区域坚持依靠职工开展工资集体协商，建立了职工代表竞选、述职和民主评议制度，开展了“职工话工资集体协商”主题活动，探索总结出“让一线职工走上协商一线”的工作经验。

三、建设队伍提升能力，持续推进素质保证

建立集体协商指导组队伍，改变资强劳弱的协商格局是沛县工会推进集体协商实践的重要创新。沛县总工会积极沟通协调，从县教育系统和县人力资源社会保障局、人才交流中心等单位推荐名单中，择优选聘了2名精通工资政策和企业管理人员，成立了县总工会集体协商指导组，同时建立管理制度，加强工作研究提供专业指导。形成“业务垂直管理、信息每周一报、分区划片交流”三项创新规范工资集体协商指导员队伍管理机制。《工人日报》、《中国工运》、《全总工会信息》和《江苏工人报》等主流媒体给予专题报道。

四、创新思路探索实践，多措并举深化协商

坚持在实践中坚持分类施策：企业能够单独进行工资集体协商、签订工资协议的，就单独进行工资集体协商；不能单独进行工资集体协商的企业，则着重抓好区域性工资集体协商。在同行业企业较多的地方，着重抓好行业性工资集体协商。县总工会每年分别在南北两片召开工作调研会议，切实推进全县工资集体协商工作在谋划上找准着力点，在扩大覆盖面上做文章，在提升质量上下功夫，坚持在增强实效性上谋突破：一是较大幅度地提高了一线职工的工资收入；二是行业内一线职工工资标准趋于统一，稳定了同行业企业人力资源，减少了企业职工无序流动，促进了企业健康发展；三是通过行业集体协商平台，避免企业之间互挖人才、竞价倾销、恶性竞争，促进了行业内企业健康有序发展，真正做到了“当好主力军、创新促发展、民主有保障、劳动有尊严”。

探索新途径　推进集体协商工作提质增效

贾汪区总工会

贾汪区总工会认真探索新形势下集体协商工作新途径，积极稳妥地开展集体协商工作提质增效。全区集体协商工作取得了新的进展。

一、强化思想认识，找准切入点，努力营造推进集体协商工作的良好氛围

近年来，全区各级工会组织紧紧围绕党委、政府的中心工作，把开展集体协商工作作为维护职工合法权益，创新社会管理模式的重要抓手，稳妥有序地推进集体协商工作从规模以上企业向行业性、区域性中小企业发展。积极组织广大非公中小企业主和职工群众学习《江苏省工会关于加强企业协商民主制度建设的指导意见》等有关文件精神，提高广大职工和企业经营者参与民主协商工作的积极性，与此同时，区各级工会组织还充分利用节假日宣传，通过发放宣传资料、举办法律咨询服务等多种形式，积极宣传《工会法》、《劳动合同法》等有关法律法规，努力营造良好的社会氛围。

二、深入基层搞好调查研究，不断探索集体协商的有效途径

区协调劳动关系三方把企业民主协商制度作为一项调研课题，经常深入企业与企业主交流、与职工促膝谈心，了解企业与职工的思想动态，指导企业建立完善职代会制度，通过职代会让劳资双方就共同关心的问题进行平等协商。针对少数企业负责人在职工工资分配上自己说了算，片面强调生产要素中资本的作用，而忽视了职工劳动创造财富的作用的实际情况，积极推动基层依法建立正确处理劳动关系的机制。建立组织机构，完善民主协商制度，为推进企业民主协商工作提供组织保障和制度保障。依托三方协商平台，充分发挥三方协商联席会议作用，明确人社局主要负责政策指导以及对工资协议的审核等工作，区总工会负责企业工会和职工参与工资集体协商，区工商联负责加强对经营者的宣传、监督与检查工作。三方组织形成分工协作、齐抓共管的工作局面。

三、强化重点、创新载体、规范建制，确保集体协商有效推进

一是确立工作重点，先易后难开展工作。从全区企业实际和不同行业劳动关系出发，将劳动用工、劳动报酬、工作时间、休息休假、劳动安全卫生、保险福利和女职工特殊权益保护等劳动关系中较为突出的问题作为重点突破口，把解决问题的着力点放在职工普遍关心和迫切要求解决的热点难点问题上。

二是创新载体，依法推进和以情推动相结合，充分发挥工会组织的推动作用。一方面严格执行企业工资集体协商的有关政策规定和法律法规，提高企业主的法制观念；另一方面在企业广泛开展和谐劳动关系创建和幸福企业评比等活动，创新活动载体，推动集体协商不断深入开展。区总工会还将遇到暂时困难的企业职工纳入帮扶对象，帮助其解决生产和生活中的暂时困难，以体现工会组织的关爱，得到了企业和职工的广泛认可。

三是因企制宜，分类推进。要求企业根据按劳分配、同工同酬的原则，结合企业各自特点，确定企业内部分配制度、工资标准和工资分配形式，根据企业不同规模、不同经营状况，立足实际，实行“差别化协商”。生产经营正常和效益较好的企业，重点解决建立工资增长和调整机制，使广大职工共享企业发展的成果。生产经营比较困难的企业，重点就工资支付方法、职工生活费等进行协商，重在建立工资支付保障机制。在全区企业中着重规范企业工资支付行为，确保职工工资按时足额发放，并将劳动报酬分配纳入厂务公开民主管理的内容。

四是完善制度，强化监督。(1) 建立协调会议制度，相关部门研究工资集体协商事宜；(2) 建立备案管理制度，由县人力资源和社会保障局对工资协议书进行合法性审核，登记备案；(3) 建立监督检查制度，由相关部门对企业区域性工资协议履行情况进行监督检查，设立监督举报电话。这些措施的实施，增强了企业和职工双方行使和履行各自权利和义务的责任心，保证了协议的贯彻落实。

全力推进集体协商　全面促进和谐发展

铜山区总工会

铜山区各级工会认真贯彻落实上级关于做好工资集体协商工作文件精神，按照市总工会的具体部署，把开展工资集体协商作为工会重中之重的工作进行部署和落实，在各方的共同努力下，取得了显著成效。

一、因应形势，党政重视，集体协商融入大局

区委区政府始终把工资集体协商纳入全区科学发展目标综合考核，并把这项工作列为为民办实事重点项目；区政府建立了政府与工会联席会议制度，定期研究部署工资集体协商工作；区政府每年三四月份都要召开工资集体协商工作会议，启动工资集体协商春季要约行动，并与各镇（场）、街道和高新区签订工资集体协商目标责任状，大力推进工作开展。区成立了工资集体协商领导小组，加强对该项工作的领导；调整充实了区协调劳动关系三方委员会，合力推进工资集体协商工作开展；从区委组织部、总工会、人社局、工商联、高新区等单位抽调人员组成工作组，深入基层指导，初步形成了党政主导、工会运作、各方合力、劳资参与的工资集体协商工作格局。

二、因地制宜，创新举措，有序推进工作开展

区总工会结合本区实际制定推进方案和工资集体协商操作文本，指导企业依法规范开展工资集体协商工作。每年春季和秋季各级工会都要开展集中要约行动，积极推动工作开展。在做好规模以上企业工资集体协商的同时，重点通过开展区域、行业工资集体协商，实现对各类中小企业的有效覆盖，形成了铜山工资集体协商工作特色。市总工会曾先后在我区徐航科技有限公司、新区街道徐村等地召开全市集体协商现场观摩会，对我区开展工资集体协商的做法进行推广和交流。

去年以来，针对各地经济增速放缓给企业带来的不利影响，区总工会组织各镇(街道)工会干部，积极开展“进千家企业、听职工心声”活动，通过进入企业与老板、管理人员、一线职工攀谈，了解各类企业当前生产经营实际状况，听取他们对开展工资集体协商的意见和建议，同时摸排各地停产、半停产甚至倒闭企业底数，掌握第一手资料，并在此基础上制定切实可行的工资集体协商任务目标。

区总工会及时转发了市协调劳动关系三方《关于深化新时期集体协商工作的指导性意见》，成立了应对工资集体协商工作组，分赴各地，结合企业实际，加强协商分类指导。对那些效益较为稳定的企业，引导企业协商工资增幅，同时协商按时发放劳保用品和应享受的福利待遇，对老职工可根据企业实际发放工龄补贴等内容；对企业效益下滑、不能满负荷生产的企业，通过协商争取企业做到保工资、保岗位，最大限度地维护职工权益，稳定职工队伍，促进企业稳定发展。

三、广泛宣传，营造氛围，形成共同推进合力

区协调劳动关系三方委员会每年春秋两季联合制定下发《关于开展工资集体协商春(秋)季要约行动的通知》，对集中要约行动提出具体要求和推进措施，并通过网络、电视、报刊、板报等媒体进行广泛宣传；联合召开全区“工资集体协商春(秋)季要约行动动员大会”进行全面发动；各级工会、劳服所等有关部门积极开展“法律宣传日”、“咨询日”以及送法进基层、进社区、进企业等活动，为工资集体协商的开展营造了良好的社会氛围。同时，注重强化业务培训，提高谈判人员技巧。区总工会千方百计筹措资金，每年都对镇(街道)、企业工资集体协商指导员(谈判员)进行培训。通过扩大培训规模、提升培训层次不断提高大家的能力和水平。同时通过分片召开现场会、推进会，现场观摩交流，取长补短，不断提高他们的实战经验，努力培养造就一批工资集体协商谈判专家，提升全区工资集体协商工作整体水平。

四、完善制度、强化监督，推动工作规范开展

区工资集体协商领导小组建立了督办约谈制度，区协调劳动关系三方委员会联合开展执法检查活动。对不愿意开展工资集体协商的企业，由属地党政领导和工会及人社部门与企业负责人约谈，直到企业愿意开展为止。建立了人大代表视察制度，区人大每年两次组织代表视察企业开展工资集体协商情况，并将视察情况进行通报，强力促进了企业工资集体协商工作的健康开展。建立问卷调查制度，区协调劳动关系三方委员会安排人员，定期深入基层企业单位，召开座谈会，听取职工对本单位开展工资集体协商的意见和建议，并通过调查问卷测评职工对本单位开展协商民主工作的满意度，根据职工的反馈情况，及时督促企业对所存在的问题进行整改落实。

辛勤的耕耘换来累累硕果。目前我区50人以上企业工资集体协商建制率达100%；50人以下企业或单独或被区域（行业）覆盖，建制率达98%。2016年，我区工资集体协商工作提质增效和创建星级工资集体协商单位成效显著，70家企业被徐州市评为工资集体协商三星级企业。

凝心聚力　齐抓共管
积极推进工资集体协商工作

鼓楼区总工会

鼓楼区坚持以维护职工合法权益为主线，把开展集体协商工作作为工会加强维权机制建设、构建和谐劳动关系的一项重要内容，积极争取党政重视和支持，主动与人力资源和社会保障部门、企业代表组织等有关方面协调配合，积极推进和不断深化工资集体协商工作，取得了突出成效。到2016年底，全区集体协商建制率和覆盖职工数量稳定保持在98%以上。

一、党政重视，为集体协商工作开展奠定了的坚实基础

区委、区政府高度重视和谐劳动关系的创建工作，把开展集体协商作为构建和谐劳动关系的核心内容之一进行安排部署。以区委、区政府的名义制定下发了《关于全面推进工资集体协商工作的意见》，根据工作需要调整了工资集体协商工作领导小组，加强了对工资集体协商工作的领导。把工资集体协商工作列入全区科学发展观目标考核，定期召开全区工资集体协商工作推进大会，区政府与各办事处签订《年度工资集体协商目标责任状》，定期组织人大代表到企业开展工资集体协商工作专项视察。

二、资源整合，为集体协商工作开展增加了强大合力

集体协商工作是一项系统工程，需要相关部门的配合支持，区总工会积极联合相关部门进行研究推动。每年4月份，由区总工会牵头，区三方委员会召开会议，会议围绕年度全区如何推动集体协商工作展开深入讨论，明确各部门在开展集体协商工作中的职责定位。同时，三方联合组织开展集体协商“春季要约”行动。9月份，三方在全区率先开展秋季集中要约行动，把全区工资集体

协商工作引向高潮。12 月份，三方开展工资集体协商工作“回头看”活动，进行了为期一周的调研督查，并对相关业务进行培训，开展规范化建设。

三、队伍建设，为集体协商工作提供了智力支撑

区总工会把加强专职集体协商指导员队伍建设工作，作为提升集体协商工作质量水平的一项基础性工作来抓。结合我区实际研究制定了具体的工作方案，坚持做到主要领导亲自负责和列支专项经费予以保障，并从区总二线和办事处聘请具备一定的集体协商知识和实践经验、有较强的组织协调能力、协商谈判能力和研究解决问题的能力的同志，作为集体协商指导组成员。加大对工资集体协商指导员的培训力度，从集体协商技巧和职代会规范化建设等方面进行了培训，有效地保证了集体协商的质量。同时，在每个办事处培育 2～3 名谈判专家和能手，并吸收社会上对职工群众有感情，对工会组织有认识，对集体协商工作有研究的人员，担任工会的集体协商指导员，为提高工资集体协商的质量和成效提供人力资源优势和高素质的人力支撑。

四、示范引领，为集体协商工作深入开展提供了“样板”

建立工资集体协商“515”工程典型案例库和工资集体协商建制情况数据库，及时动态更新。积极选树培育工资集体协商典型。近年来相继召开了牌楼街道、九里街道区域协商推进会和铜沛街道嘉福物业工资集体协商现场会以及黄楼街道文化创意行业工资集体协商现场观摩会，其中黄楼街道也是我市首家文化行业方面的工资集体协商，受到市总领导赞赏。嘉福物业拓展协商内容的创新做法在《徐州工运》进行了宣传报道。大力开展工资集体协商宣传活动，集中宣传辖区内工资集体协商工作的典型和先进经验，提高企业经营管理者、广大职工和社会各界对工资集体协商的认知度，让更多的人支持和理解这项工作。

积极推进工资协商扩面提质增效

徐州市云龙区协调劳动关系三方委员会

在普遍深入推进工资集体协商工作中，云龙区立足城区实际，咬紧目标，自加压力，超前谋划，务实创新、全面推进、全企展开，取得积极进展。截至目前，重点企业工资集体协商常态化、制度化开展；行业和区域工资集体协商合理性、规范性推进，尤其是率先推进民营幼教和卫生行业协商取得初步成果。全区劳动关系保持了和谐稳定、协调发展的良好势头。

一、自上推进与自下参与相结合，促进工资集体协商全覆盖

让全区各类企业都能够"'坐'下来、'谈'起来"，是我们确立的工作目标。实践中，我们坚持广发动、大投入、多措并举，合力推进。

一是党政自觉主导。区委、区政府将普遍深入推进工资集体协商列入年度综合目标考核，明确工作要求，细化落实责任，确定完成时限，将每年三月确定为全区企业工资集体协商月。通过设立专项奖励基金、纳入综合评先评优等措施进行激励推动。云龙区工资集体协商工作已成为街道社区的中心工作，全局部署有要求，推进落实有措施，综合考核有项目，评奖评优有激励。

二是保障机制健全。我们在区、街道、社区、企业成立了四级工作领导小组，加强组织领导和工作统筹。建立了企业资料数据库，实行协商目标任务以企业属地管理为基础的网格化管理。完善了工资集体协商指导员、督导员和监督员相互配合的联动工作机制。

三是跟踪督导到位。区委、区政府定期听取推进工资集体协商工作汇报，协调劳动关系三方委员会成员单位定期召开部门联席会议，调度工作进展情况，协调采取相应对策措施；区总工会还建立了推进工资集体协商"日调度、周

汇报、两日一通报”的工作制度和政策咨询、经验交流、序时进度一览四级互联网信息交流平台。对工资集体协商工作开展滞后的重点、难点单位，建立了由区总工会、人社局等主要领导约谈制度，进行定向督导。四是宣传发动广泛。区总工会积极发挥推进工资集体协商的主观能动作用，给每一个企业送一封开展工资集体协商的公开信、一份指导意见和一份具体操作办法。

二、培育典型与推广经验相结合，促进工资集体协商规范化

在推进工资集体协商普遍建制的同时，我们始终重视“规范协商程序、提高协商质量”。

第一，注重培训，以提高协商能力促进工作规范。区协调劳动关系三方委员会组织开展多种形式的专题讲座，普遍培训工资集体协商指导员和工会干部，组织他们学习工资集体协商政策及相关法律法规，了解经营管理常识，看懂财务报表，掌握协商技巧，明确工作要求和操作规范，力求做到善协商、会组织、能指导。

第二，定标立杆，以培育典型促进工作规范。在每一个推进阶段，区协调劳动关系三方委员会都重点培育一个示范企业或行业，将协商全程分解，逐个环节推演，逐个问题研究探讨，确保各个法定程序都依法合规，最后形成教学片，发给基层单位作为样本参照使用。

第三，现场观摩，以推广经验促进工作规范。区协调劳动关系三方委员会在8个街道两个专业市场管理处，巡回组织召开现场观摩推进会，每个推进会都有特色研究课题和特色典型，由工资集体协商指导员现场点评，总结经验，分享体会，促进相互借鉴、共同提高。

三、统一要求与注重差异相结合，提升工资集体协商实效性

让“协商有成效、各方皆受益、综合都满意”是我们确立的评价工资集体协商工作的重要标准。为此，我们始终坚持在统一要求中兼顾差异，务求工作实效。

注重三个差异。一是协商主题注重工会组织形式的差异，做到各有侧重。独立建会企业主谈工资分配，行业工会主谈工资指导线，区域工会主谈工时、工价、劳动定额。二是工资分配注重企业效益差异，做到有保有增。效益好的企业力争保增长大增幅，效益一般的企业力争工资保现状福利有增加；效益差的企业力争保岗位稳定保基本工资。三是协商方式注重工会能力差异，做到上下结合。工会工作能力强的企业原则上自主进行协商，工会工作能力一般的企业由上级工会协助企业工会开展协商，工会工作能力弱的企业由上级工会代表企业工会直接开展协商。

坚持“三不”原则。通过深入调研，摸透职工对工资集体协商的真实意愿，摸透企业经营效益的真实状况，在协商过程中做到不伤和气、不失尊严、不丢底线，当出现较大分歧时，也坚持理性对待，真诚协商，注重以法说事、以据论理，追求劳资双方利益的统筹兼顾、合理平衡。

扩大两个辐射。一是以谈工资分配为核心，辐射带动兼谈企业健康发展，谈职工福利改善，谈民主管理加强，谈职工成长进步，以多重协商成果引导和激励职工不断提升对企业的归属感，增强发展企业的责任心。二是以加强工资集体协商工作为重要载体，辐射带动加强企业工会组织建设和工会干部能力建设，进一步完善职工诉求表达机制，健全劳资利益协调机制，完善劳资矛盾调处机制，落实劳资利益保障机制，促进企业劳动关系协调稳定、和谐发展。

（在全省工资集体协商集中要约暨经验交流会上的发言）

高度重视　提质扩面
深入开展工资集体协商工作

泉山区总工会

近几年以来，泉山区总工会高度重视工资集体协商工作，采取积极有效措施，重点抓好提质扩面，推动全区企业工资集体协商工作深入开展。

一、高度重视，加强领导，为推进工资集体协商工作打下基础

领导重视、机制完善、措施得力是工资集体协商取得成效的重要保证。为了全面推进泉山区工资集体协商工作，由区总工会牵头、多方配合，认真筹备，积极组织。每年，区总工会均召开泉山区工资集体协商推进会，要求各街道总工会主席及各有关部门相关领导参会，就全区工资集体协商工作做全面安排。每年均下发《关于开展工资集体协商“集中要约月”行动的通知》，领导小组成员分别下企业开展调查研究，了解企业生产经营情况和一线职工工资水平，并形成调研报告，明确工作目标要求，为顺利开展工资集体协商工作提供有力的组织保证。

二、分类指导，全面发动，促进工资集体协商工作向纵深发展

一是在职工中进行广泛宣传发动。区总工会充分运用各种宣传形式，在全区上规模企业中利用企业简报、宣传栏、黑板报等载体，发布《劳动法》和工资集体协商的有关内容，广泛宣传集体协商的目的和意义，引导广大企业主、员工转变观念，积极主动地开展工资集体协商工作，营造全社会关注、支持、推动工资集体协商工作的氛围。扩大职工知情范围，提高工资集体协商的社会知晓率。

二是区总牵头，由分管领导、民管部、指导员分别带街道工会深入基层企业，组织企业开展工资集体协商宣传会、座谈会，发放《企业工资集体协商指导手册》，向全区各用人单位广泛宣传《劳动法》和工资集体协商的深远意义，提高他们支持、参与工资集体协商工作的积极性和主动性，使企业法人代表和广大职工都能了解工资集体协商的目的和意义,提高认识,达成共识。

三是抓点示范,确保工资集体协商工作取得实效。专门召集相关单位举办业务培训会,通过典型经验交流发言,模拟单个企业协商过程等方式进一步指导规范协商的程序。同时,由工资集体协商指导员组成的指导组按计划分别到这些单位全程指导协商。在街道劳保所等相关部门的支持下,实行一对一的上门指导。

四是因企制宜,指导企业开展多样化的工资集体协商工作。在推进工资集体协商活动中,我们从各企业的劳动关系的特点和企业实际情况出发,针对不同行业、不同企业情况,采取适宜的方法,对生产经营效益较好的企业,重点就工资水平、补贴和福利等开展协商,使企业经营者和劳动者共享发展成果,增强企业凝聚力,提高劳动者的积极性,对生产经营困难、效益较差的企业,重点解决工资支付办法、保证就业岗位等问题。让企业职工工资随企业效益增加而相应提高,以缓解企业资金压力,帮助企业渡过难关。

五是加强指导,进一步推进和提高区域性、行业性工会联合会的工资集体协商工作实效。部分区域行业的企业由于生产经营结构的调整,资金出现了紧缺,部分企业存在一定困难,中小企业主对提高职工的人均工资有所顾虑,结合企业的实际情况,我们要求各街道工会在开展区域、行业协商时要以区域、行业最低工资、工价和年度企业实际利润相结合的方式科学合理的开展协商工作,让企业职工工资随企业效益增加而相应提高,以缓解企业资金压力,帮助企业渡过难关。

三、强化监督,巩固成果,营造工资集体协商工作的良好氛围

为巩固协商成果,我们主要采取以下四项工作措施:一是坚持深入企业,了解监督厂务公开、合同内容的执行、相关资料的备案等工作进展情况。二是建立劳动监察制约机制,全程监督合同的履行过程,重点到企业了解职工工资发放和参保等情况。三是做好试点单位的总结验收工作。广泛听取职工对工资集体协商过程和形式的意见及建议。验收结果显示,企业职工代表100%了解工资集体协商的内容,对集体合同内容的满意率达95%以上。四是抓住示范单位协商成功的有利时机,在全区范围内加大宣传推广力度,营造良好氛围。

职工得实惠　企业得发展

徐州经济技术开发区总工会

徐州经济技术开发区总工会以开发区新一轮大发展为契机，始终把工资集体协商制度作为维护职工权益、改善民生、促进发展、构建和谐的重要抓手，有力推动了全区经济社会的持续快速发展。经过几年来的不断努力，目前全区工资集体协商工作呈现良好发展态势，为深层次、全覆盖推进工资集体协商制度打下了坚实基础。

一、加强领导，完善措施

工资集体协商工作能否取得成效，关键在于领导是否高度重视、运行机制是否完善、推进措施是否得力。为此我区迅速行动，成立了企业工资集体协商工作领导小组，研究制定了推进企业工资集体协商工作方案。同时，建立了由区总工会、社会保障局、指导小组共同组成的工作网络，随时掌握企业工资集体协商进展情况。在此基础上，区总工会、社会保障局定期召开碰头会和协调会，及时解决工资集体协商工作中的突出问题，研究部署下步措施，为顺利开展工资集体协商工作提供了有力的组织和政策保证。

二、全面发动，广泛宣传

充分利用各种宣传形式，营造良好的工作氛围。第一，通过各种宣传途径，扩大群众知情范围，有效地提高了工资集体协商的社会知晓率；第二，联合各(镇)办事处、社会保障局、经济发展局等印制劳动法律、法规手册向全区各类用人单位广泛宣传《劳动法》和工资集体协商的深远意义；第三，在企业经营者和职工群众中深入开展宣传，提高他们支持、参与工资集体协商工作的积极性和主动性，使企业法人代表和广大职工都能了解工资集体协商的目的和意义，提高了认识，达成了共识。

三、健全机制，积极行动

一是完善企业工资集体协商工作台账，推进全区参加企业签约制度。要求各（镇）办事处工会主席亲自抓，摸清辖区企业底数，配备专人沟通联络，坚持以人为本、依法推进的原则，坚持因企制宜，先易后难的原则，积极协调，深入调查研究，具体分析不同企业存在的实际问题，全面掌握工作开展情况，认真总结成功经验，鼓励支持企业把握重点，突破难点，不断探索工资集体协商工作新路子。

二是把握工作节奏，细化工作措施。区总工会、社会保障局、经济发展局加强协调配合，共同推动工资集体协商制度建设，针对全区企业规模不同、经营状况不同，采取灵活多样的方法，把职工工资长期在低水平上徘徊的企业，农民工较多的企业，以及规模以上非公企业作为推进工作的重点和难点，对生产经营困难的企业，建立工资支付保障机制，对（镇）办区域内企业，针对职工劳动标准，着力提高一线职工的工资收入水平，使他们感受到企业经济发展带来的好处，切实感受到党和政府的关怀。

三是将工资集体协商目标任务，列入各（镇）办事处工会和区直各系统工会年度目标考核。对推进企业工资集体协商工作成效特别明显的（镇）办工会、系统工会予以奖励；对工作特别突出的单位负责人和工会干部表彰奖励；对工作开展不力、明显落后，达不到目标要求的单位追究其领导责任并通报批评。

四、强化督导，培植典型

一是建立了企业工资集体协商工作督导制度。区总工会、社会保障局、经济发展局三方抽调人手，采取分包负责、定点联系形式，定期不定期深入各街道办事处和规模以上企业督促指导，对全区企业开展工资集体协商工作做到底数清、情况明。建立定人定点联系制度，做到人人肩上有担子，人人工作有目标，并严格落实“三包”责任，主动为企业开展工资集体协商提供从确定协商代表、拟订协商议题到召开协商会议，起草合同文本等环节的全程指导。

二是确立工作示范点，发挥典型带动作用。在区直属企业及各（镇）办规模以上企业中选取试点单位，进行重点培植和引导，坚持典型引路，以点带面，全面铺开，从而提高了全区工资集体协商的工作水平，促进了劳动关系的和谐稳定，调动了广大职工参与的积极性，促进了企业的健康发展，给工资集体协商注入了新的内涵。

三是加大工资集体合同签订履行力度。协议的签订是基础，协议的履行是关键，要保证其切实履行，区工资集体协商领导小组定期召开会议，以便协商、检查、汇报和反馈，共同分析工资集体协商推行过程中出现的新情况、新问题，针对存在的问题及时与用人单位沟通，协商修改完善协议内容，并采取企业自查、街道办事处工会督查，区劳动关系三方机构专项检查等措施，形成集体合同落实的外部监察机制，确保集体合同的有效履行。

合作中推进共商　发展中实现共享

徐州工程机械集团有限公司

徐工集团公司认真贯彻落实全总“组织起来，切实维权”的工作方针，高度重视和谐劳动关系建设，积极探索维护职工合法权益的途径和方法，大力推进“一合同两协议”的集体协商工作。尤其是近年来将健全完善集体协商制度作为推动民主管理与和谐关系幸福企业创建的重要载体之一，推动下属各企业有效建立集体协商共决机制和工资正常增长机制，让公司干部员工共商发展之策、共享发展成果，有效地激发了员工的创造活力，为振兴徐州市老工业基地建设做出了突出贡献。

一、加强领导，纳入考核，构建规范协商工作环境

早在2002年3月，公司于第二届职工（工会会员）代表大会第四次会议上就通过了《关于工资集体协商试行办法的报告》，依法对工资集体协商的原则、内容、协商代表、协商程序等进行报告，并于2006年3月首次签订了《徐工集团工资集体协商协议》，全面铺开工资平等协商工作。此后，公司要求各所属单位建立以工会主席为主要责任人的平等协商推进机构，并将工资集体协商及签订情况纳入对各单位民主管理与和谐关系创建的重要工作内容进行考核；公司规范建立了集体合同档案管理制度，动态跟踪掌握各单位工作进度和工作质量，定期通报各单位协议协商、签订、备案情况，为全公司的集体协商工作创造了良好的推进环境。

二、注重宣传，扩大影响，积极推动平等协商建制率

工会注重向行政方和职工广泛宣传法律、法规和政策。多年来，在市总工会的领导和支持下，公司通过竞赛、培训、咨询、网络等方式，广泛宣传《劳动

法》、《劳动合同法》及徐州市《关于对全市企业推进工资集体协商工作实施考核的意见》等法律法规，提升各级领导和广大职工对这项工作的认识，提升参与的积极性，扩大工作影响面，积极推进建制率的提升。尤其是针对新成立的企业，公司会安排专门的宣传和辅导，首先从对工会主席培训入手，加大推动力度。2016年，国有全资公司中协议签订率100%，新成立并设立工会的公司协议签订率100%。

三、强化培训，提升能力，提高平等协商整体水平

集体协商代表在协商工作中起着非常关键的作用。公司首先做好对职工协商代表的选举工作，推选公司法律、人事、安全部门及重点分子公司人事部负责人作为职工方协商代表，并提请职代会通过。“一合同二协议”集体协商涉及工资分配制度、工资标准、工资分配形式、员工休假、福利待遇等问题，同时又涉及社会和企业的方方面面，这就需要协商者具备相关的专业知识。所以公司高度重视协商代表的知识和能力培训，在增加有关合同、工资、女职工保护的法律、政策知识的基础上，还强调资料收集、协商技巧、谈判策略等方面的协商能力培训，着重建立一支具有较高政治思想素养，能够较熟练运用《劳动法》、企业财务、工资待遇政策等相关法律法规和专业知识，善于协调谈判的集体协商代表队伍，通过其更好地发挥作用，以提高集体协商的工作水平。

四、民主参与，共商共决，切实保障员工共享发展成果

公司工会充分发挥职工民主参与的作用，认真组织做好要约前的准备工作，组织职工方协商代表广泛征求职工对集体合同、工资分配、女职工保护等方面的意见和建议，学习相关法规政策，了解徐州地区同行业、同工种平均工资水平，了解企业人工成本情况、政府发布的工资指导线及其他与集体协商的有关情况；召开工会委员和职工方协商代表会，根据职工所提的意见和要求，结合公司的实际情况，研究集体协商的内容、基本要求。在协商阶段，公司严格按照集体协商操作流程要求办事，确定协商要约、协议最终内容等办法做好协商前的准备，反复征求工会主席和代表意见，确保协商过程真正体现广大职工共同的意愿和诉求。

通过集体协商，增进了公司和职工的交流与理解，职工的权益和地位得到了尊重，公司的竞争力得以提升。最终收获的是人心的凝聚，劳动关系的和谐稳定，从而达到公司和职工“互利共赢”。目前，徐工集团已经进入有质量、有效益、有规模、可持续增长的发展期，外部竞争环境的复杂使得公司更加需要和谐的内部经营发展秩序。公司将继续健全完善集体协商制度这一稳定和谐的重要机制，以徐州市开展工资集体协商春季要约行动为契机，在确保国有全资公司协商工作全覆盖的同时，重点推进中外合资公司的集体合同和工资集体协商制度，使更多的职工参与到合法权益的共商共决中来，真正享受企业改革发展成果，实现员工和公司的共赢，推动公司实现科学持续发展，早日实现徐工“珠峰登顶”梦！

与时俱进　务求实效
扎实推进平等协商集体合同制度

中国石油天然气管道第二工程有限公司

中国石油天然气管道第二工程有限公司是中国石油集团公司工程建设板块上市子公司，主要从事国内外大型管道、储罐安装工程建设。1996年以来，管道二公司坚持推行平等协商和签订集体合同制度，坚持“以人为本、和谐发展”的理念，确保了职工工资随企业生产效益提高稳步增长，职工劳动保护、休息休假等生活福利待遇不断提高，企业内部和谐稳定，职工幸福感增强。荣获了“全国五一劳动奖状”、“全国用户满意施工企业”、“全国模范职工之家”、“江苏省和谐劳动关系模范企业”等荣誉称号。

一、提高认识和能力，筑牢集体合同签约基础

一是营造氛围，提高全员思想认识。管道二公司工会利用会议、网络和宣传栏等多种途径，广泛深入地宣传平等协商集体合同制度的目的、意义、内容，为推进平等协商集体合同制度营造舆论氛围。特别是集体合同生效后，管道二公司工会及时将合同内容传达给各单位，由各单位充分利用职工大会等有效途径进行广泛传达，让多数职工都能了解合同的内容，明确责任和义务。

二是开展培训，提高协商代表素质。提高协商代表素质是搞好平等协商集体合同工作的基础，为此，我们采取走出去、请进来等方式，开展多渠道多层次的培训活动。其中，先后选派多名工会干部参加省总、市总工会组织的培训，认真学习《劳动法》《劳动合同法》《劳动保护条例》和全总、省总、市总有关平等协商、签订集体合同的文件精神，吃透法律法规和有关文件精神；组织骨干工会干部到省总、市总学习推行平等协商集体合同制度的工作经验，参加平等协商集体合同专业培训;在公司内每年举办一期职工代表培训班,讲授民主管理知识,加强与地方企业的学习交流等。通过培训交流,提高各级党政工领导和职工代表的素质,为推行平等协商集体合同夯实了基础。

二、规范内容和程序,不断提高集体合同质量

一是完善文本内容。管道二公司始终把完善合同内容、量化内容指标,提高合同可操作性作为关键环节来抓。第一,《管道二公司集体合同》文本按照《劳动法》《劳动合同法》《工会法》和《江苏省企业集体合同管理规定》,结合公司实际编制而成,保证其规范性。第二,在合同条款上,尽可能使之有明确的要求和具体的量化指标,增强合同的可操作性。如逐步把产值、利润、费用等指标量化到万元,把安全、质量控制指标也改为具体的指标数额,职工的全年收入量化到人均最低标准。第三,协商之前,管道二公司工会将在工会委员、职工代表、人事和法律部门等对《管道二公司集体合同》文本进行多方意见征集,并把比较集中的意见和建议写进合同条款,为平等协商奠定群众基础和法律基础。

二是规范协商程序。管道二公司成立了由党委书记为主任,公司经理、工会主席为副主任的平等协商签订集体合同委员会,委员会成员每年在职代会上由职工代表民主选举产生,每年进行一次签约。本着"签约重在协商"原则,每年由工会邀约,组织行政和职工双方代表就职工提出的意见和建议进行协商。在协商过程中,管道二公司行政代表以职工为本,主动维护职工的合法利益。职工代表既考虑职工依法享有的待遇,也充分考虑企业的承受能力。双方代表通过换位思考,使整个协商在友好的氛围下进行。近几年,经过集体合同协商,女职工卫生保健费、职工年度体检、疗养费发放、带薪年休假等都写进了管道二公司集体合同。作为野外施工单位,管道二公司还特别将提升职工就餐、居住、健康保障、文体活动条件列为"四提升"写入合同,得到较好的落实,员工待岗工资标准也通过协商从每月 900 元提高到 1300 元。

三、强化责任和考核,积极推动集体合同履行

一是层层分解目标责任。为确保合同目标实现,公司党政领导、项目经理部和施工机组层层签订经营管理责任书;公司主管领导、中层领导和下属全体员工层层签订安全、质量、廉政目标责任书和承诺书，使公司集体合同目标形成自上而下分解和自下而上保障的责任网络。对各部门和各单位的重点措施，公司党政主要领导亲自组织，召开座谈会、专题会，提出要求，明确重点，落实责任和完成时间，并在全公司范围内予以公布。

二是认真搞好督促检查。管道二公司成立了集体合同监督检查小组，每半年对集体合同履行情况进行一次检查，发现问题及时与行政协商解决，集体合同执行情况每年在职代会上进行报告。公司审计、人事、财务等部门每年组成联合检查组，对公司各单位、各项目部进行抽检，确保经营管理和薪酬分配按规范进行。公司工会也经常深入施工一线，通过调查问卷、与职工座谈、检查等方式了解集体合同履行情况，尤其是一线职工奖金分配情况，广泛听取员工的意见和建议，能协调的协调，协调不了的向公司党委汇报。

三是严格进行履约考核。为确保合同履行，管道二公司加大了对合同执行情况的考核力度，每季度对单位、部门、机组和职工个人进行考核打分，打分结果除严格按照公司集体合同目标责任制进行兑现外，还作为公司评选各类先进的重要依据。同时，还把集体合同的履约率同公司领导干部的奖罚相结合，较好地保证了合同条款的履行。多年来，管道二公司集体合同履约率始终保持98%以上，职工对集体合同执行情况的满意率保持96%以上。

实践证明，管道二公司通过与时俱进、务求实效、扎实推行集体合同制度，有效开展平等协商，促进企业把职工普遍关心的劳动就业、收入分配、休息休假、劳保福利等加以规范执行，在维护职工劳动就业、工资待遇、休息休假、生活福利权益方面取得了明显的效果。企业内人心凝聚、施工产值、运行质量与效益不断提高。近两年，公司上下戮力同心，扭亏脱困成效显著。职工的积极性和创造性得到充分发挥，企业实现科学稳健可持续发展。

工资协商促进企业管理理念的融合与进步

圣戈班(徐州)管道有限公司

圣戈班(徐州)管道有限公司,前身为徐州钢铁总厂,2005年12月被世界500强企业法国圣戈班集团全资收购。现有职工3152人。

公司自2008年7月以来,围绕工资增长、就业岗位、劳动保护、福利待遇等涉及职工切身利益重要问题,动态地开展了13次集体协商,有效构建了调整和规范企业劳动关系的协商共决机制,职工协商工资水平年均增长10%以上。

经过多年实践,在外资企业中开展集体协商,让我们感受最多、体会最深的是,不仅具体维护了职工合法权益,协调稳定了企业劳动关系,而且更有利于促进中外双方的企业管理理念从相互碰撞到融合升华,从而在更高层面上指导和支撑劳资双方以更理性的态度合作开展集体协商。

圣戈班公司是世界上历史最悠久的制造企业之一,在350年的发展历程中,“尊重他人、遵守法制”逐渐成为其核心价值观。原徐州钢铁总厂作为老国有企业,奉行“诚信务实”理念,始终坚持以职工为本,尊重职工、善待职工。圣戈班收购徐钢后,应该说,外商独资的新公司在确立“尊重职工、以职工为本”的理念上,中外双方的管理人员是一致的,但在处理涉及切身利益的某些具体问题上,还是有较大意见分歧的。

比如,外方由于不了解中国国情,单方面取消了原徐钢总厂的职工防暑降温费的货币化发放。资方认为已经为职工提供了充足的防暑用品,同时改善了职工作业环境,不同意再发放防暑降温费,甚至提出,如果发放了,职工也不会专款用于生产过程中的防暑降温。对此职工意见较大,不少职工多次到工会反映这一问题。

我们工会始终秉承“服务发展、关爱员工、聚焦民生、双向维权”的工作原则，在劳资双方之间巧建“连心桥”，坚持劳资“有分歧必须通过沟通消弭，有矛盾必须通过协商化解”。为此，工会坚持把发放防暑降温费列为集体协商的重要议题，与资方多次交涉、反复沟通、据理力争。

我们工会认为，不断改善职工的作业环境和劳动条件，是企业必须履行的法定义务和社会责任。而为职工发放防暑降温费，是企业对职工在高温环境下提供辛勤劳动所给予的特殊补贴，国家有明确政策规定，地方政府有具体发放标准，这些政策规定和发放标准，符合法律尊重职工、保障职工身心健康的基本精神。作为崇尚“遵守法制”、倡导人文关怀的外资企业，尤其是世界500强企业，应当带头执行、做出示范。

在与资方进行艰苦协商的同时，为了让资方加深理解工会“双向维护”的目标取向，每逢夏季高温季节生产线运行困难，工会都主动开展战高温、促生产、送清凉活动，购买防暑降温物品送到生产一线，徐州市总工会领导也连续三年到圣戈班公司送清凉并邀请资方总监参加，这一系列活动的开展，赢得了资方的尊重，化解了职工的不满，促进了生产的稳定，为协商解决防暑降温费发放问题打下了良好基础。

我们工会以坚持不懈的精神，运用水滴石穿的办法，历经4年的努力，终使企业行政转变了观念，同意按照江苏省的规定为职工发放防暑降温费。2011年6月10日《工人日报》以《八次协商赢得“一席清凉”》为题进行了专题报道。

随着集体协商工作的深入开展，劳资双方的契合度越来越高。大家都充分认识到，只有尊重职工，才能赢得职工忠诚企业，只有善待职工，才能激发职工发展企业的内在积极性、创造性。

2009年下半年，受全球金融危机的影响，圣戈班公司生产经营也遭遇困难。在此情形下，职工们在异常关注自身岗位稳定的同时也对工资增长表示了强烈意愿。我们工会在深入调查研究和广泛征求意见的基础上，在当年底的集体协商要约中，谨慎地提出了“保岗位、促稳定、稳增长”的利益诉求，但是却出乎意料地得到了公司行政方的充分理解和积极支持。经过充分沟通、协商，公司承诺2010年在不减员的基础上给职工平均增资6%。

如今，在圣戈班公司，凡涉及职工切身利益的重要问题，凡调整和规范劳动关系的重要事项，都通过集体协商加以解决，已成为一项成熟稳定且有效运行的制度。职工表达合理诉求有了畅通渠道，工会履行代表维护职责有了坚实平台，行政有序经营科学管理有了机制保障。

依法、规范开展集体协商，不仅让职工得到了实惠，也使企业美誉度得到了大幅提升。最近两年，圣戈班公司凭借为员工提供良好的职业发展及培训机会，持续改善职工利益，连续获得"中国杰出雇主"认证。全国总工会集体合同部也将我们公司确定为深化集体协商工作的联系点，予以跟踪关注和重点指导。我们相信并期待，在依法治国方略进一步贯彻的大背景下，随着《徐州市企业工资集体协商条例》的加快制定和颁布实施，必将为进一步做好集体协商工作提供更具规范性、指导性和约束力的法规保障。作为外商独资企业，我们将带头认真贯彻落实，进一步提高公司集体协商的水平和质量，不断开创发展和谐劳动关系工作新局面。

（在全省工资集体协商集中要约暨经验交流会上的发言）

工资协商是促进劳资合作共赢的好机制

徐州市小拇指汽车服务中心

徐州小拇指汽车服务中心属于全国连锁服务单位，专业从事汽车美容、洗车、漆面修补、快修快保、保险理赔、车饰装潢等服务。现有员工 20 名，虽然规模不大，但也有许多劳动关系问题需要制度化地处理。为此，公司支持职工依法于 2009 年成立了工会，企业配有专职工会主席，会员入会率达到 100%。

企业于 2012 年建立集体协商制度。经过这几年的实践，不仅职工尝到了甜头，企业也得到了健康发展。

当然，有现在的认识和体会，企业也是经历了一个转变过程的。

当时，上级工会和人社部门来到我们企业，要求建立集体协商制度。作为企业经理，我感到有些茫然，甚至有些抵触。内心想，企业刚建立不久，如果开展集体协商，为增加职工工资，或者吊起了职工要求增加工资的“胃口”，就会增加企业不少负担，甚至增加企业管理的难度，就等于自己挖坑自己跳。

我把自己的困惑与我们和平街道工会办公室的孙玉珠主任进行交流。她指出企业通过集体协商能够有效改善劳资关系，合理分配工资，能够激发职工为企业创造更多效益。她还耐心介绍了许多企业开展集体协商的成功案例，使我有所启发。之后，我们企业工会主席多次参加街道工会工作会议，企业劳资人员多次参加上级举办的集体协商培训班，事后他们都及时传达上级会议精神和工作要求，并一起学习《劳动法》、《江苏省集体协商条例》等法律法规和有关集体协商资料。通过深入学习和冷静思考，我逐步认识到，开展集体协商，有利于贴近企业实际具体确定劳资双方的责、权、利，有利于使企业的生产、经营、管理更加规范。

思想通了，开展集体协商就会心平气和。为了协商出一个既符合企业实际又满足职工合理愿望的集体合同，我决定换位思考，多为职工着想，尽可能地向职工利益倾斜，让职工得到更多实惠。为此，我责成企业部门，与工会共同起草集体合同草案，凡是职工有要求、工会有建议的内容，先写进合同草案，然后召开正式协商会议，与工会代表逐条进行商量，逐项研究落实措施。这几年，我们公司围绕企业最低工资、工种工资、绩效工资、加班工资、年度工资增幅等具体内容，进行了重点协商。在确定具体条款时，始终坚持“就高不就低、就实不就虚”的原则，切实保障职工具体利益。例如，因生产工作需要加班时，除了履行民主程序和保证基本工资外，既按规定发放加班费，又加发伙食补助费。集体合同依法签订后，还要向职工公布，请职工监督合同的履行与兑现。不少职工主动对我说：“我们想到的和提出的，企业和工会都替我们写进了合同。我们没想到、没提到的，企业和工会也替我们考虑到了、落实了，在这样的企业工作，心里踏实、有劲。”

2013 年 12 月，徐州泉山区召开工资集体协商现场会，重点总结推广了我们企业的做法和经验。去年，我们通过集体协商确定，绩效工资分配按企业年度总利润的 8%作为奖励。这一协商结果更让职工感到振奋，职工代表刘文强说：“真是想不到，通过集体协商得到的实惠更大了！”社会也给予积极关注。《徐州日报》、《江苏工人报》、央视四套《中国新闻》等媒体都先后作了宣传报道。

回顾开展集体协商的实践，用民主的程序、协商的办法协调处理企业劳动关系问题，公开、公平，让职工定了心、顺了气，让工会有了地位、有了作为，也让企业经营者省了力、省了心，大大激发了企业各方面共谋发展、共享发展成果的内在活力与动力。这几年，职工的工资收入得到了稳定增长、正常增长，主动关心企业生产经营的多了，主动为企业发展出点子、提建议的多了。企业仅采纳职工合理化建议 20 多条这一项，就创直接经济效益 20 多万元。企业综合经济效益也以年均 8%的比例递增。企业没有发生一起劳动争议事件，劳动关系呈现出协调稳定、和谐发展的生动局面。

如今，在开启“中国梦”的新征程中，职工的选择空间更大，对幸福满意的追求更高，而我们企业因为规模太小、盈利能力不强，其工资报酬的增速、福利待遇的改善等方面，与职工的期望还有一定差距，这些都需要通过与工会和职工充分沟通、有效协商来达成共识、增进合力。

今后，作为企业负责人，我将带领职工团队更好更快地发展企业，同时进一步加强理论和法规政策学习，更深入地研究和支持集体协商工作，让集体协商制度真正在我们企业为劳资合作发展、分享共赢起到更多的保驾护航作用。

（在全省工资集体协商集中要约暨经验交流会上的发言）

第三部分

经典案例

行业工资集体协商成为邳州板材行业健康发展的"催化剂"

——江苏省邳州市板材行业工资集体协商案例分析

邳州板材行业工资集体协商起步于2005年，从2006年首次开展协商以来，已经经历了8年时间。在前后8次协商中，邳州板材行业工资集体协商在坚持中求发展、在发展中规范、在规范中深化，已经成为中国工会推进行业工资集体协商一个响当当的品牌，在国内外都产生了较好的影响。

【行业概况】

江苏邳州板材行业起步于20世纪90年代，先是从木材的长途贩运做起，后来逐步发展为粗加工、半成品加工、成品，经过四次裂变，在不断的摸索积累和技术创新中日益发展壮大起来。目前，江苏邳州已经成为全国"四大板材加工基地"(山东临沂、浙江嘉善、河北邢台、江苏邳州)之一，是全国最大的板材加工、出口和检测基地。全市共有各类材板材加工企业达2850余家，其中规模企业300多家，直接从业人员20多万人，板材业行年产值300亿元，占邳州市全市GDP总量的33%以上，全国板材出口量的1/3，板材业已经成为邳州市名副其实的支柱产业，享有"世界板材看中国、中国板材看邳州"的美誉。

【集体协商背景】

江苏邳州板材行业工资集体协商在2006年开展行业工资集体协商之前，无论从协商主体的逐步健全，还是政策环境的持续向好，乃至板材行业谋求长远发展的客观需要看，板材行业工资集体协商都可谓"万事俱备，只欠启动"。

(一) 开展行业工资集体协商已经具备了比较健全的组织基础

早在2003年3月，为了加强企业间的相互协作和协调发展，邳州市就筹备成立了木材流通协会，由邳州市市长任名誉会长，主管副市长任会长，会员由部分板材企业老板组成。木材流通协会成立后，对企业间联系交流及对外营销起到了重要作用。2005年10月，邳州市总工会指导成立了板材行业工会，由市总工会副主席任板材行业工会主席，部分较大规模的企业工会主席任工会委员，实现了与邳州市木材流通协会的对应。这意味着，在邳州市板材行业开展工资集体协商之前，板材行业的劳资双方协商主体都已建立，具备了启动行业工资集体协商的先决条件。

（二）开展行业工资集体协商已经获得了坚实有力的政策法律支持

开展工资集体协商，江苏省始终走在全国的前列。早在20世纪90年代末，江苏省开展工资集体协商的探索实践就已经比较深入，到2005年前后，江苏省已经在全省范围内全面推进了工资集体协商制度的实施，特别是2004年江苏省人大通过的《江苏省集体合同条例》，在全国较早以地方立法的形式，明确规定用人单位确定劳动报酬、劳动合同管理、奖惩与裁员事项，应当事先与职工进行平等协商，并且规定了出现本单位利润增长、本单位劳动生产率提高、当地人民政府发布的工资指导线提高、本地区城镇居民消费价格指数增长等4种情形之一的，用人单位或者职工方都可以在协商中提出增长工资的要求，这些都为邳州市依法开展板材行业工资集体协商提供了有力政策支撑。

（三）开展行业工资集体协商已经成为行业转型的内在要求

虽然在逐步发展过程中，邳州板材行业总量越来越大，但行业内企业小、散、弱的问题也比较突出，特别是行业内的很多企业都是家族式管理模式的民营企业，很多企业经营者先入为主地认为，我的企业我说了算，拖欠职工工资、无故解雇职工、要求职工加班加点工作的现象时有发生，加之行业内企业之间模仿性强，缺乏创新意识，互相通过抬价收购原料、降价销售产品去抢占市场，使得行业内企业间恶性竞争加剧，职工权益朝不保夕，职工的职业稳定性和归属感都不够高，职工流动率一度高达60%以上，成为制约行业长远发展的瓶颈。这些状况说明，在一定意识上讲，板材行业的规模扩张是一种无序的、不可持续的发展，属于大而不强，必须通过开展协商稳定行业秩序、规范无序竞争。

【集体协商准备】

虽然从外部条件看，邳州板材行业开展工资集体协商已经到了势在必行的地步，但由于大多数企业经营者对开展工资集体协商不了解，还存在各种各样的顾虑，贸然推进将会面临非常大的阻力。为此，邳州市总工会在启动行业工资集体协商前做了大量的基础性工作，做好了充分的准备，特别是随着协商的不断推进，相关的准备工作越来越深入和具体，也更符合当前开展工资集体协商的实际。

（一）试点先行——检验工资集体协商的可行性

在开展行业工资集体协商之前，行业内的企业经营者对这项工作普遍不了解，不少人认为自己对职工工资有决定权，没有必要开展协商，因而感觉工会开展行业工资集体协商是要跟自己过不去、对着干，思想上不理解，行动上有抵触。针对这种情况，邳州市总工会选择了“用事实说话”，通过找一些规模大的企业开展试点，以身边事来教育身边人。2005 年底，邳州市总工会首先选择板材行业中规模较大、具有一定工会工作基础的徐州盛和木业有限公司先行试点，在取得初步经验后，又将试点范围扩大到 60 多家企业，协商的主要内容是制定本企业的最低工资标准、确定职工工资年度增长比例等。当时正值年底，本应是职工流动的高峰期，这 60 多家企业职工队伍相对而言却稳定得多，这既增强了邳州市总工会推进板材行业工资集体协商的信心和决心，又引起了板材行业其他企业的高度关注，对于减轻推进过程中遇到的阻力产生了很好的示范作用。

（二）舆论造势——宣传工资集体协商的必要性

推进工资集体协商是一项系统性的社会工程，仅靠工会一家单打独斗很难奏效，必须尽可能争取党政的重视与支持、赢得企业经营者的认可配合、调动职工的参与热情。为此，邳州市总工会分门别类地做工作，不断增强宣传引导的针对性和实效性。他们主动汇报进展情况，让党政领导能够及时了解开展工资集体协商的意义、目的以及实际效果；对于企业经营者，他们反复宣传工资集体协商对于企业发展的益处，特别是充分发挥省市劳模、人大代表、政协委员中企业家的典型示范作用；对于行业内职工，他们反复进行培训宣传，使职工了解工资集体协商，掌握开展工资集体协商的方法步骤、策略技巧，逐步消除职工存在的不敢谈、谈不好的顾虑。

（三）深入调查——提升工资集体协商的科学性

充分做好协商前的各项准备工作是开展行业工资集体协商的重要前提。自2006年以来，为开好每一轮工资集体协商会议，邳州市总工会每轮的准备期都在3个月左右，主要是由邳州市总工会、木材流通协会和板材行业工会以及协调劳动关系三方相关人员深入邳州市几乎所有的板材行业，征集劳资双方的意见和建议，对上一年度确定的劳动计件工价等执行情况进行调研评估，同时向职工代表发放提案表，汇集职工的意见和建议。特别是2007年6月到11月间，邳州市总工会从板材行业产品生产整体流程中，细分出26道工序、47个工种，对每道工序、工种进行了详细、周密的调查和测算，将操作工人按其数量程序分为三组，现场操作，确定加权平均工时和工价。再按照企业效益良好、效益一般和尚能持续经营三种类型，把初步确定的工时工价放在企业中进行财务预测，力求达到效益好的企业容易执行、效益差的企业通过努力也能落实的预期效果。期间，邳州市总工会又召开了3次企业老板座谈会、3次职工代表座谈会，征集各方面的意见和建议135条，并将其中36条带有共性的问题，印制成《板材行业职工的意见和建议》，邀请30家企业老板到市总工会逐条予以沟通，使提交正式协商会议共决的工时工价标准草案具有较强的普遍适用性。

（四）多方借力——增强工资集体协商的持续性

在推进板材行业工资集体协商过程中，邳州市总工会积极主动争取党政重视，推动市委市政府把工资集体协商作为富民强市战略目标来抓，在政治上予以把关，领导上予以加强，政策上予以规范，目标上予以考核，落实上予以督导。在他们的积极争取之下，邳州市政府成立以市长任组长，市委党委、组织部长任副组长，市总工会、市人保局、市发改委主要负责人为成员的工资集体协商工作小组，对开展行业工资集体协商工作提出明确要求。在推进行业工资集体协商过程中，邳州市劳动行政部门、工会、企业三方代表组织以及木材流通协会、行业工会，思想有共识、资源有整合、落实有合力、实施有联动。特别是邳州市人保局和总工会将板材行业工资集体协议以文件形式下发全市，成为地区性的行业工资指导标准，不断放大了行业工资集体协商的阶段成果和社会影响。

（五）加强培训——增强工资集体协商的可操作性

邳州市在建立健全行业协会和行业工会的基础上，注重教育培训，提高协商能力。在推进板材行业工资集体协商过程中，邳州市总工会不断加强对企业经营者和职工协商代表的法律法规、企业知识、工会业务、职业道德、社会公德等方面的教育培训，引导企业始终坚持以职工为本、以职工全面发展推动企业健康发展；引导职工与企业同呼吸共命运、立足岗位建功立业，在促进企业健康发展中改善自己的生活；引导双方树立大局意识、责任意识、社会意识，风险共担、利益共享，共同构建和谐劳资关系。开展板材行业工资集体协商以来，邳州市总工会和行业工会共举办了 8 期职工协商代表培训班，培训职工协商代表 210 人次，为开展行业工集体协商提供了有力保障。特别是 2010 年以来，邳州市总工会促成协商双方都聘请了专业的协商顾问，对协商依法顺利开展起到了重要作用。

【具体过程】

从 2006 年起，邳州板材行业工资集体协商每年开展一轮，迄今为止已经开展了 8 轮协商，无论是协商的内容还是协商的实施，都在不断发展中逐步提高。

（一）2006 年第一轮协商：协商起步，重点解决基础问题

在开展这一轮行业工资集体协商之前，行业的基本情况如下：一是协商刚刚起步，企业经营者和职工对工资集体协商都比较陌生；二是行业内企业之间无序竞争现象突出，职工工资分配随意性大，拖欠、克扣员工工资现象时有发生，劳资关系紧张。这些基础条件决定了邳州板材首次工资集体协商有以下特点。

（1）重在培养双方协商意识。首轮协商重点针对劳资双方都缺乏开展工资集体协商特别是行业工资集体协商的经验，让劳资双方更多开展工资集体协

商的意义、目的、程序、方法等基础性内容，培养劳资双方的协商意识，为今后开展工资集体协商奠定思想基础。

（2）协商内容具有浅层次性。首轮协商的重点是行业最低工资标准、行业职工年度工资增长幅度、行业工资支付保障机制等基础性内容，对于行业协商最应当涉及的劳动定额、工时工价等核心问题均未触及。首轮协商的主要成果体现在一定程度上提高了行业最低工资标准。劳资双方协商约定，行业内凡提供正常劳动的职工最低月工资收入不低于600元，2006年度职工最低工资标准在2005年的基础上增长10%。同时，合同还约定，职工在完成定额任务后，在法定工作时间超出部分，企业方需按照企业的工时工价定额标准支付报酬，在法定工作时间外超出部分，按150%支付。应该说，劳资双方约定的这些内容，都属于基础性内容，标准也相对较低。

（二）2007年第二轮协商：渐入正轨，协商内容有所深化

经过2006年的首轮协商，2007年的第二轮协商又面临着一些新情况，主要有：一是板材行业规模继续扩大，行业内新增职工近万人，当年新增深加工板材企业13家，原深加工企业新上生产线30条，年产值超过14亿元；二是首轮协议落实情况参差不齐，据邳州市总工会的调查了解，在执行行业工资集体合同方面，板材行业内各企业之间存在较大的差异，规模较大、经营者素质高的企业落实得比较好，部分规模较小、经营者认识不到位的企业，落实得不够好；三是行业工资集体合同的覆盖面较窄，内容上也存在不完善、不严谨之处，特别是企业效益水平提升快与职工工资增长慢的矛盾比较突出，职工意见反映较多，工作积极性受挫。在这样背景下开展的板材行业第二轮工资集体协商，呈现出如下特点：

（1）协商提前启动。针对上年度板材业行业工资集体合同实效性不强、职工反映强烈、工作积极性受挫等现实问题，邳州市总工会和板材行业工会研究后决定，在行业工资集体合同期限未满一年的时候，提前4个月向木材流通协会发出新一年度行业工资集体协商的要约书。为了充分了解经营者的心理以及职工的需求与愿望，做到在谈判中突出主题、有的放矢、有理有据，邳州市总

工会会同有关部门深入协会、企业、经营者和职工中间，采取召开不同层次的座谈会，查看相关资料，问卷调查，职工代表提案等方式方法进行全面调查了解、综合分析，较为详细地弄清楚了企业现状，对行业职工状况有了一个准确客观的评估，这些都为协商顺利进行、取得实效奠定了坚实的基础。

(2) 协商内容增多。为了更加合理确定新一年度行业工资集体协商的重点，邳州市总工会会同邳州市协调劳动关系相关部门和板材行业工会，对板材行业实施上年度行业工资集体合同情况进行检查分析，指导行业工会确定新一年度的行业工资集体协商重点内容。在充分调查研究和分析论证的基础上，板材行业工会将这一年度的协商重点确定为年度职工工资涨幅、加班加点工资的兑现、职工福利待遇的提高、纠正乱罚款现象等，通过行业工资集体协商努力提高职工收入和保障职工合法权益。经过此轮协商，板材行业职工月最低工资增加 100 元，达到 700 元，2007 年度职工工资在上一年的基础上增长 16.6%。特别是合同约定，企业制定的罚款措施，要经职工代表大会或职工大会讨论通过，不得以罚代管。

(3) 参与人员扩充。在这一年度的行业工资集体协商中，相关参与人员的数量大大提高。一方面，双方协商代表由 15 人增加到 30 人，其中 15 人为主谈，15 人为辅谈；另一方面，参与旁听的职工代表由 150 人增加到 200 人。既让广大企业经营者提高了对协商工资的认识，感受到协商工资对企业的益处，又让职工感受到自己的话语权在提高，尊严得到了保障。人员参与面的扩大，带来的是行业工资集体协商影响力的扩大，对于进一步普及协商理念起到了积极的促进作用。

(三) 2008 年第三轮协商：抓住关键，协商取得明显突破

到 2008 年，邳州板材行业规模进一步扩大，全市板材行业总数达到 1080 家，其中深加工企业 319 家，年产值达 140 亿元，税收 3.8 亿元，从业人员超过了 11 万人。与此同时，经过两年的协商实践，板材行业工资集体协商在提高行业职工最低工资标准方面发挥了明显作用。但是，邳州市总工会在调查中发现，企业的利润率还是相对较高，劳动力成本占企业全部成本不足 8%，板材行

业职工工资水平仍然偏低。特别是板材行业普遍实行以计件工资为主的工资制度，若要继续提高职工的工资，必须把确定劳动定额标准、工时工价作为开展行业工资集体协商的关键环节来抓。为此，在这一轮协商中，邳州市总工会主要做了以下工作：

（1）细分工序，深入调查。为了解各企业劳动定额标准、工时工价，邳州市总工会采取抽样调查的方法获取信息，共提取了20家不同类型企业的劳动定额、工时工价，并随机抽调了部分职工日、月、年的工作产量和工资明细表，分别就46道具体生产工序向100多名职工征求对企业劳动定额、工时工价标准的意见。通过深入调查，邳州市总工会初步掌握了行业各工序的劳动定额标准、工时工价。

（2）综合分析，科学测算。邳州市总工会将获取的信息资料进行逐条梳理，在考虑行业内不同层次企业大体平衡的基础上，对行业劳动定额、工时工价标准进行了精心计算和综合分析，找准了行业内各企业间的劳动定额、工时工价的差异，得出了行业的平均水平。同时，他们还计算出不同生产岗位职工的年均收入和全行业职工平均收入水平，根据产量和平均市场价格，扣除其他各项成本，计算出每立方米板子的纯利润。在此基础上，邳州市总工会制定了行业劳动定额、工时工价的指导标准草案。

（3）征求意见，协商确定。在初步确定邳州市普通胶板劳动定额、工时工价标准后，邳州市总工会将包括46道具体生产工序的工价表，发给行业内30家重点企业的主要负责人和企业工会征求修改意见和建议。在对征求上来的意见进行汇总分析后，邳州市总工会把分歧较大的地方，再次与企业和企业工会沟通后进行修改调整，在原则上达成一致。在协商会议上，职工方就劳动定额、工时工价标准逐条进行协商，一分一厘的增减，通过历时4.5个小时的协商谈判终于达成共识。据测算，行业计件定额标准的确定让行业内员工的平均工资增长了28%，工资分配更加透明，员工的心气更顺了，积极性更高了。

（4）协议公示，普遍执行。劳资双方签订2008年度板材行业工资集体合同后，邳州市劳动和社会保障局和邳州市总工会联合下发《关于贯彻落实〈邳州市板材行业工时、工价定额指导标准工资集体合同〉的通知》，要求全行业企业都要认真贯彻落实板材行业工资集体合同，特别是通知明确提出，行业内各企业制定本企业工资集体合同，应当以《邳州市板材行业工时、工价定额指导标准工资集体合同》为指导和依据，从本企业实际出发，开展本企业工资集体协商工作，重点就劳动定额、计件单价、计时工资标准等进行协商谈判，按规定程序制定不低于《邳州市板材行业工时、工价定额指导标准工资集体合同》的合同。由于此次工资集体合同中明确约定，企业确定的劳动定额，必须是90%以上的职工能在法定工作时间内完成，这一标准的制定和全行业推广，对于企业更加科学合理确定劳动定额起到很好的规范作用。

（四）2009年第四轮协商：应对危机，协商凝聚强大合力

2008年第四季度至2009年上半年，出现了席卷全球的金融危机。受全球金融危机的冲击，邳州板材行业部分企业停产，多数企业出口订单不足，不能满负荷生产，只有少数企业生产比较正常。在这种情况下，已经坚持了3年的板材行业工资集体协商，开始展现出它的魅力。实践证明，这一年度的板材行业工资集体协商凝聚起了劳资双方共同应对危机的强大合力。其主要特点有：

（1）资方主动提出协商要约。由于板材行业的产品90%以上依赖出口，在全球金融危机的影响和冲击之下，出口订单严重不足，多数企业处于半停产状态，企业经营者要求减员、减薪的呼声很高。在这种情况下，板材行业协会主动向板材行业提出了开展行业工资集体协商的要约。工会方在收入到对方的要约书后，并没有立即书面回复，而是及时与资方沟通，搞清楚对方的主要意图是降低行业劳动定额、工时工价标准以及大幅度裁员，从而在下一步的回复和协商过程中做到有的放矢。虽然资方提出协商要约的初衷是减员降薪，维护企业的利益，但侧面说明3年来的协商已经让资方树立了协商的理念，调整工资不能由自己单方面说了算，而是应当和职工协商确定，这是一种难能可贵的进步。

（2）劳动策略技巧更加成熟。面对资方主动提出协商要约并且主张大幅裁员降薪的主张，邳州市总工会也采取更为成熟的策略技巧加以应对。一方面，深入调研了解实际情况，市总工会抽调人员，组成4个小组深入企业，认真

调查了解受金融危机影响的程度、企业的现状、经营者的意见及职工的需求，在原则同意行业协会提出协商内容的基础上，又增加了特殊情况下的行业最低工资标准、实行员工工龄工资分配制度、进一步规范企业工资分配制度和工资支付制度等3项协商内容。另一方面，做好对职工的教育引导。行业工会拟定了企业生产经营管理和职工工资等6个方面的问题，向1000名职工发放了问卷调查表，发动职工在困难时期为企业发展建言献策。同时，召开行业工会和职工方协商代表会议，通报情况、商讨对策。认真分析行业面临的困难和企业的现状以及职工的需求，确定将原则上不减员、不减薪、不减福利，坚持上一年度劳动定额、工时工价标准不变，作为金融危机影响下的行业工资集体协商的重点，并进一步明确了应对的依据及协商谈判的策略。

(3) 协商最终实现互利双赢。在协商会议上，针对资方提出的减员、减薪、减福利等协商内容，职工方代表从6个方面提出不同意见：首先，企业应当在管理上下功夫，解决"跑、冒、滴、漏"的问题，减少运营成本；其次，建议在产品出口受阻时，应在扩大国内市场做文章，并提供了已掌握的国内市场的相关信息；再次，强调企业要坚持以人为本的理念，着眼长远发展，善待员工；第四，有理有据地分析了企业的现状及承受能力；第五，提出当前订单不足，员工不能满负荷劳动的解决办法及职工最低工资标准；第六，帮助分析一遇到困难就减员、降薪对企业生存和发展的坏处。最终，经过理性的认真协商谈判，资方放弃了偏见，接受了职工方的建议。协商不仅实现了保岗位、保工资的目标，还增加了一线职工的工龄工资和特别情况下的保底工资。

(五) 2010年第五轮协商：内容深化，协商确定薪酬制度

随着金融危机影响和冲击程序的减弱，板材业的国内市场也逐步回暖，板材行业开始复苏。与此同时，受市场波动影响，板材行业主要原材料价格下降，生产自动化程度提高，为企业提供了更大的利润空间。在这种情况下，职工工资与行业发展水平、企业经济效益不相适应的矛盾日益突出，板材业再度出现了招工难、用工紧张的现象。如何适应形势变化，确保板材行业职工收入随企业效益增长而增长，成为2010年板材行业工资集体协商的核心问题。邳州市

总工会按照江苏省总工会下发的《关于在开展创新型经济中实施"协商薪酬制度激励职工创新计划"的意见》，将2010年的板材行业工资集体协商，除了继续做好调查研究、前期准备等常规性工作外，还有如下特点：

（1）先行试点，论证协商内容的可行性和实效性。为保证行业工资集体协商的顺利开展与成功，在正式协商前，邳州市总工会把初步确定的行业工资集体协商的重点内容（计件定额提高的幅度、技术等级工资、年终奖金分配）及相关内容，选择3个不同类型的板材企业进行先行协商试点。通过工会有理有据、有礼有节的辩论，企业从不理解、强烈反对转变为认为应该、予以赞同。在这3个企业试点的成功，为在全行业开展行业工资集体协商取得成功奠定了实践基础。特别是在正式协商过程中，当资方针对工会确定的3项重点协商内容均提出不妥当、不成熟的反对意见时，工会方通过详细介绍试点单位的做法和职工的积极回应，以有力的证据说服了资方，最终使双方在存在较大分歧的前提下最终达成共识。

（2）多方参与，扩大行业工资集体协商的社会影响。这一轮行业工资集体协商除坚持以往的尽可能多邀请企业经营者和职工参与旁听、观摩外，又邀请邳州市协调劳动关系三方委员会的成员单位参加观摩，双方还聘请了律师顾问团现场解难答疑，由邳州市人社局副局长主持协商会议。实践证明，就是在这种一点一滴的努力中，邳州板材行业工资集体协商的影响也在逐步扩大。5年的协商实践，5年的媒体宣传报道，劳资双方都能明显感受到，协商工资在邳州已经家喻户晓，赞同支持这项工作的人也越来越多。

（3）成效明显，行业内不同层次职工普遍受益。2010年的板材行业工资集体合同，将行业职工月最低工资标准提升至1300元，将生产普通胶合板和异型板材的工时工价定额指导标准较上年提升15%。同时，还建立了普通职工技术等级工资制度，被评定为一级的职工月工资增加30元，二级月工资增加40元，三级月工资增加50元；建立了一线职工年终奖金制度；在企业有利润的情况下，企业拿出全年利润的5%～10%，依据一线职工当年的实际业绩进行年终奖励，从而使板材行业工资集体协商从企业一次分配向二次分配延伸。

（六）2011 年第六轮协商：日益规范，协商触及深层内容

2011 年邳州市板材行业对外出口订单充足，国内市场行情稳定，主要原材料价格基本保持不变。但是板材行业发展也面临诸多挑战，诸如招工难、用工紧张，人民币升值对 80％靠出口的板材行业的冲击很大，金融政策的调整导致中小企业贷款难等。在这种情况下，板材行业工会结合实际，确定了 5 个重点协商议题。这一轮协商的特点如下：

(1) 调查研究更加专业深入。为了做好 2011 年的板材行业工资集体协商，邳州市总工会进行了 8 个方面的专题调研，包括上年度行业工资集体合同的履行情况、企业产供销情况、企业财务状况、企业的人工成本、企业的现行规章制度、经营者的意见建议、职工的意见建议和行业计件定额标准实际执行情况。围绕这 8 个方面的内容，邳州市总工会采取座谈、问卷甚至找亲戚朋友私访等形式，历时 20 多天，调查了 43 家企业的 270 人，全面掌握了企业的基本情况及工资集体协商所需的相关资料。同时，邳州市总工会还结合当地政府颁布的有关物价指数、工资指导线、最低工资标准、本地区的劳动力供求情况、劳动力价位和不同行业现行的工资状况等因素分析认为：虽然近年来板材行业职工工资持续大幅上涨，但与劳动强度、工作环境相比，工资待遇还不算高，这是造成招工难的主要原因；企业解决当前最困难的用工不足的问题，增加员工收入是解决的重要途径。这些扎实的准备工作为板材行业工资集体协商顺利取得成功奠定了基础。

(2) 协商过程更加动真碰硬。邳州市总工会将 2011 年度的板材行业工资集体协商主题确定为“改善职工待遇，缓解用工压力，稳定职工队伍，实现劳资双赢”，并确定了 5 个方面的协商内容：行业最低工资标准和计件定额标准调整幅度、职工工龄工资、非计件制技术工人技术等级工资、一线职工平时的专项奖金和福利和企业的二次分配。经过双方激烈的协商谈判，虽然有遗憾，比如非计件制技术工人技术等级工资和企业二次分配两项内容并未谈成，但在其他 3 项内容上取得了实实在在的突破，主要有：最低工资标准由 1300 元/月增加到 1600 元/月，是历年调整幅度最大的；工时工价定额标准在上年度的基础上增

长了25%，也是历年增长较高的；工龄工资的计算时间提前了半年，工作满一年的工龄工资标准从10元/月提高到20/月，以后每增加一年工龄增加10元/月；增加质量奖、安全奖以及防暑降温费，并对评奖职工的比例以及防暑降温费的具体标准做出明确规定，这也是历年协商没有涉及的。这充分说明邳州板材行业工资集体协商已经进入动真碰硬的阶段，涉及利益格局的深层次调整。

（3）社会影响更加广泛深远。这轮协商，邳州市总工会特邀了15名市政府聘用的人民评议员参加协商会议旁听、监督和现场点评。15名人民评议员多数为各部、委、办、局的现任领导，他们亲身参与和感受，既是对板材行业工资集体协商的一种监督，进一步了解了工会开展的工资集体协商工作，又有利于板材行业工资集体协商影响力的扩大。而且，随着邳州板材行业的不断深化发展，它的影响已经不限于江苏省，已扩展到了全国范围。这轮协商有12家中央主流媒体进行了现场采访报道，使邳州板材行业工资集体协商成为全国叫得响的一个协商品牌。

（七）2012年第七轮协商：常态长效，协商助推行业转型

随着板材行业工资集体协商的不断开展，板材行业规模在不断扩大的同时，也得到了谋求转变升级，实现长远健康发展的阶段。为此，邳州市总工会将2012年的协商主题确定为“保持职工队伍稳定，促进企业经济发展，加快板材转型升级”。经过6年的发展完善，板材行业工资集体协商已经相当成熟，协商的关键就落脚在对一些具体的标准如何更加科学合理确定方面，这轮协商的主要成果有：

（1）提高行业最低工资标准。本年度行业最低工资标准为每月1800元。

（2）提高工时工价定额标准。生产普通胶合板和异型板材的企业，行业工时工价定额指导标准在上年度的基础上提高15%。

（3）提高工龄工资，工龄工资标准提高为每月30元，以后工龄每增加1年，月增工龄工资10元，并随当月工资发放。

（4）防暑降温费在6～9月份发放，时间为4个月，比以前增加1个月，标准为每人每月200元；中秋节、春节两大节日补助分别为100元、200元，并于节前

发放，发放实物不低于上述标准。

(5) 实行职工奖金分配制度。继续实行质量奖、安全奖制度，评定质量奖和安全奖的数量不低于本企业职工数的 8%～10%，评比的时间为每月一次。具体评定细则、办法由企业行政和企业工会共同制定，达到质量奖和安全奖标准的每月各奖励 120 元；建立优秀员工奖的 10%，年底一次性奖励 1000 元。

(八) 2013 年第八轮协商：贵在坚持，协商在坚持中升华

2013 年 7 月 16 日，邳州市板材行业举行第八次工资集体协商会议，劳资双方围绕劳动报酬及福利待遇等相关问题进行激烈探讨，反复协商。最终达成一致，签订了包括工龄工资、最低工资标准、一线职工工资平均增幅等在内的多项协议。通过协商，双方达成的协商共识主要有：

(1) 继续提高行业最低工资标准。本年度行业最低工资标准为每月 2000 元，女职工带薪休产假期间执行最低工资标准。

(2) 生产普通胶合板和异型板材的企业，行业工时工价定额指导标准在去年的基础上提高 13%，各企业的定额标准参照板材行业的定额指导标准开展工资集体协商，企业未开展工资集体协商的，必须按照板材行业工资协议执行，一线员工工资平均增幅不低于 13%。

(3) 实行企业员工工龄工资制度。职工在本企业工作满一年的，享受工龄工资，其标准提高为每月 50 元，以后工龄每增加 1 年，月增工龄工资 10 元，并随当月工资发放。

(4) 员工的当月工资应于次月 10 日前以货币形式予以支付，如遇节假日和休息日应提前进行发放。

(5) 企业决定涉及职工切身利益的问题及制定厂规厂纪必须经过职工代表大会或职工大会通过。员工违反有关规定，给企业生产、经营和工作造成直接经济损失的，应依法承担赔偿责任。赔偿数额最高不超过有过失员工当月工资的 20%，不得连续扣除。

【协商的效果】

(1) 保障了职工权益，使职工共享发展成果有了现实基础。从 2006 年到

2013 年，通过 8 轮协商，邳州板材行业职工最低工资标准从 2006 年的 600 元/月提高到 2013 年的 2000 元/月，提高了 2.33 倍。与此同时，职工工资的按时足额支付、休息休假权益的落实、加班加点工资的合理确定等都得到充分的保障，特别是节假日福利、防暑降温费、质量奖、安全奖、工龄工资等福利待遇的落实，使得职工的收入结构更加多元、合理。这些都使得板材行业职工能够随着行业的不断发展壮大，在一定程度上共享了行业发展成果，甚至在受金融危机严重影响和冲击之下，职工权益还实现了逆势上扬。更进一步说明，邳州市总工会通过 8 年的时间，有效搭建了工资集体协商的平台，通过协商引导企业和职工寻求利益平衡点，才有了翻倍的工资，有了越来越多的福利待遇，也有了企业更好更快的发展，板材行业开展工资集体协商给职工带来了实惠，使职工更充分地分享了企业发展的成果。

(2) 规范了行业秩序，使职工安心稳定工作有了坚强依靠。邳州板材行业在开展行业工资集体协商之初，行业内规模企业职工的流动率达 60%，更多地表现为盲目流动、无序流动，企业之间相互挖"墙角"的现象比比皆是。通过这些年开展行业工资集体协商的不懈努力，行业工资标准基本实现了统一，职工在哪家企业干收入都基本差不多，这使得板材行业职工流动率大大下降，始终稳定在 10%以下。随着板材行业工资集体协商的深入开展，板材行业职工的工资和福利待遇逐年大幅度增加，板材行业的吸引力大大增强。以前邳州当地的农民很多都要到外地打工，近年来这种现象得到了明显改观，就近打工的人越来越多了，还有很多在外地打工的邳州人选择了"凤还巢"，有的迅速成长为本地企业的骨干员工；同时，邳州板材行业也吸引了周边安徽、山东、河南等省份的打工者大量涌入，使邳州由原来的劳务输出地变为输入地，形成了前所未有的就业"洼地效应"，为企业后续发展储备了丰富的劳动力资源。

(3) 助推了行业发展，使行业规范健康发展有了持久动力。邳州市总工会以实现劳资相互合作、利益相互兼顾、成果共同分享为立足点，通过开展行业工资集体协商，努力推动实现板材行业工资分配方式民主化、分配过程透明化、分配制度科学化、分配标准统一化，从而为职工谈出了收入，为经营者谈出了利润,也为行业谈出了发展,使行业工资集体协商成为促进行业规范健康发展的重要制度保证。开展行业工资集体协商的这些年,也正是邳州板材行业步入良性发展的关键期,全市板材行业经济规模和总量迅速增加,板材出口量占全国出口量的46%,在全国四大板材出口基地中名列第一,对全市GDP的贡献份额逐年提高,日益成为邳州经济社会发展的重要支柱,为壮大发展县域经济起到了积极作用。特别是行业工资集体协商的有效深入开展,“倒逼”了板材行业企业的转型升级。开展行业工资集体协商后,精确计划工时工价,使企业对人工成本有了明确的预期,提高了成本测算、薪酬管理的准确度,提升了企业科学管理的水平;同时,企业与职工通过协商,制订了以人为本的柔性管理制度,改变了过去单一“罚款”的管理模式,职工由被动接受管理到主动参与管理。

(4) 和谐了劳动关系,使职企合力共谋发展有了活力源泉。邳州板材行业通过开展行业工资集体协商,大大降低行业内劳动争议案件的发生频率,板材行业劳资纠纷发生率由原来的年均150件以上下降为现在的年均不足5件。同时,通过工资集体协商,工会在企业与职工之间架起了相互沟通、理解的桥梁,企业经营者切实感觉到企业发展离不开职工,职工也真正意识自己要靠企业致富,企业和职工之间“企业靠职工发展,职工靠企业致富”的共识日益广泛,“企业关爱职工、职工热爱企业”蔚然成风,职工的积极性、主动性、创造性得到充分发挥。仅2010年,板材行业职工提出合理化建议3210条,被采纳的重大建议238条,直接带来经济效益1300多万元。开展工资集体协商对于企业发展的益处,正如徐州富祥木业有限公司董事长所言,“不尊重职工的经理,不是好经理,不开展工资集体协商的企业,也不是一个好企业,协商能消除误解、协商能出战斗力、协商能产生效益”。

(5) 普及了协商理念,使行业工资集体协商有了浓郁氛围。8年的板材行业工资集体协商实践,使邳州市板材行业工资集体协商的氛围更加浓厚,劳资双方都将开展工资集体协商视为一种自觉行为。盛和木业公司是邳州板材行业第一家试点工资集体协商的板材企业,该公司主要负责人刚开始也有顾虑,但真的推开后发现,这对企业发展很重要。2010年协商后签订的行业工资集体合同规定，要保证职工每周的法定休息时间，过去企业总担心让职工休息会减少产量，可实行这项制度后，产量并没有减少太多。职工在休息日里把个人事情处理了，同时还可以充分休息，工作起来更专心也更有效率。板材行业从业职工表示，工资集体协商为职工解除了后顾之忧，振奋了精神，激发了积极性、创造性，职工可以为企业发展做出更多贡献。

【经验启示】

作为一个已经坚持开展了8年的协商典型，邳州板材行业工资集体协商在坚持中发展、在发展中规范、在规范中提升，为各级工会推进行业工资集体协商积累了宝贵的经验。

（一）开展行业工资集体协商应当循序渐进、由易到难，在坚持中不断深化

邳州市总工会在推进板材行业工资集体协商过程中，采取的方法是由浅入深，由易到难，循序渐进，逐步提高职工的工资福利利益。邳州板材行业协商由协商制定板材行业的工资分配制度，突出解决实行岗位计件工资制的生产一线人员的工资标准问题，到协商职工年度工资调整水平，重点协商职工年度工资增长幅度不低于邳州GDP的增长水平；由协商行业定额、计价工价等劳动基准，到非计件工资工种实行技术等级工资制度和标准；由协商职工休息休假、福利待遇，到推行工龄津贴和绩效奖励制度；由协商企业初次分配，到二次奖金分配等，逐步拓展工资集体协商内容，逐年提升职工工资薪酬待遇水平。即便面对2009年金融危机冲击，劳资双方通过协商，采取轮班工作、放长假等措施，在职工实际减少劳动时间和工作量后，相应降低其工资水平，以缓解企业经营压力，达到了劳资双方满意的预期效果。毋庸讳言，邳州板材行业工资集体协商在协商之初，协商的都是一些基础性的内容，形式重于内容，但就是这样的做法，在一点一滴地普及协商理念，让更多的企业和职工逐步了解、接受和认可了协商，才为协商最终进入实质性阶段创造了有利的基础性条件。不难想象，如果在协商伊始，工会方就提出诸多实质性的条款，不要说协商逐步深化了，就是协商进行下去都是一种奢望。无论是企业主还是职工，对工资集体协商的认识都需要一个过程，因此推进这项工作不能操之过急，必须采取由浅入深、由易到

难、循序渐进的方法，逐步达到目的。

（二）开展行业工资集体协商必须扎实做好调查研究、分析论证等基础工作

推进工资集体协商，最大的难点在于科学合理确定劳动定额、工时工价等标准，作为职工方，不能不切实际地漫天要价；作为资方，同样不能不讲情理地乱砍价，应当找准劳动关系双方利益最佳平衡点，只有把握好协商的度，才能做到加快企业发展和维护职工利益的和谐统一。要做到这一点，就应当做好深入细致的调查研究、分析论证等工作，使协商时提出的标准有理有据、有礼有节。邳州市板材行业在推进工资集体协商过程中，坚持讲数据、讲政策，以有关法律法规、企业发展状况做基础，找到企业和职工都能接受的平衡点，既坚持原则，又采取灵活务实、讲究实际的态度，并非一味追求所有工时工价的刚性增长。自2006年以来，邳州市总工会每次开展行业工资集体协商的准备期都在3个月左右，主要是征集劳资双方的意见和建议，对上一年度确定的劳动定额、计件工资等执行情况进行调研评估。每次正式协商会议的时间也在4个小时以上，正是由于彼此真协商、真争论、真议价，进退有据，才达成双方认可的方案。最具代表性的例证是2009年在全球的金融危机下，多数企业处于半停产状态，资方主动提出协商要约，企业经营者要求减员、减薪的呼声很高。其时工会方的压力是空前的，但最终使工会方压力得以缓解的，不是强制的行政命令，而是工会方脚踏实地的调研和科学的论证。工会方在收到对方的要约书后及时与资方沟通，搞清楚对方的主要意图是降低行业劳动定额、工时工价标准以及大幅度裁员。行业工会展开实地调查研究，拟定了企业生产经营管理和职工工资等6个方面的问题，同时向1000名职工发放了问卷调查表，召开行业工会和职工方协商代表会议，认真分析企业面临的困难和企业的现状以及职工的需求。以此为基础，在协商会议上，针对资方提出的减员、减薪、减福利等协商内容，职工方代表有的放矢，提出企业应当在管理上下功夫，解决“跑、冒、滴、漏”的问题，减少运营成本；建立在扩大国内市场做文章，并提供了已掌握的国内市场的相关信息；有理有据地分析了企业的现状及承受能力；提出员工不能满负荷劳动

的解决办法及职工最低工资标准；帮助分析一遇到困难就减员、降薪对企业生存和发展的坏处。最终，协商不仅实现了保岗位、保工资的目标，还增加了一线职工的工龄工资和特殊情况下的保底工资。“台上一分钟，台下十年功。”邳州板材行业工资集体协商的成功实践说明，开展行业工资集体协商，关键在做在事前，投入大量的人力、物力、财力做一些打基础、利长远的准备工作，真正把行业内的职工权益状况、企业发展水平等摸透搞清，在正式协商过程中，面对资方的敷衍推诿、软磨硬抗才会拿得出有说服力的论据，从而让资方心服口服，顺利实现工会方设定的协商目标。

（三）开展行业工资集体协商关键要科学合理确定劳动定额、工时工价标准

从邳州市总工会推进板材行业工资集体协商8年的探索实践过程看，有一个关键的时间节点就是2008年，在这一年的行业工资集体协商中，邳州市总工会通过调研发现，由于板材行业普遍实行的是计件工资为主的工资制度，泛泛协商一个笼统的工资标准已经很难满足开展协商的现实需要，如果要科学合理确定板材行业职工的工资标准，让职工权益随着行业的发展同步改善，最关键的就是要把确定劳动定额、工时工价标准作为开展行业工资集体协商的关键环节来抓。为此，邳州市总工会采取抽样调查的方法获取信息，共提取了20家不同类型的现行劳动定额、工时工价，随后他们将通过调查获取的信息资料进行逐条梳理，在考虑行业内不同层次企业大体平衡的基础上，对行业劳动定额、工时工价标准进行了精心计算和综合分析，制定了46道工序的工价表，并在充分征求行业内30家重点企业的主要负责人和企业工会修改意见建议的基础上，对劳动定额、工时工价进行合理确定，这一做法使得行业内员工的平均工资增长了28%。在此后的协商中，行业内劳动定额、工时工价标准始终是行业协商的核心内容，也成为行业协商不断深化发展的重要原因。特别是在确定行业劳动定额、工时工价标准过程中，邳州市总工会既积极推进、不懈努力，又试点先行、积累经验，坚持做到了积极和稳妥的有机统一。邳州板材行业工资集体协商的成功实践说明，开展行业工资集体协商，必须将协商的内容具体细化到不

同工种、工序的劳动定额、工时工价，只有这样协商才有针对性，才能取得实实在在的效果。

（四）开展行业工资集体协商应当从当地实际出发因地制宜创造性地加以推进

各地工会在开展行业工资集体协商过程中，遇到的一个普遍问题是，经常会有企业以自己不是行业协会会员为由，拒绝执行行业工资集体合同约定的内容。邳州市总工会在推进板材行业工资集体协商过程中，也遇到了这样的问题。为此，邳州市总工会针对在邳州近3000家大小板材企业中，直接参与协商的企业仅80家，但所签订的行业工资集体合同覆盖面约占全行业企业的80%的实际情况，通过与市劳动保障局联合发文，推广行业工资集体合同，向社会公布经协商制定的行业劳动标准，将行业协商确定的劳动基准提升为区域指导标准，引导其他未受有覆盖的板材企业参照执行，从而形成全行业相对统一的指导性劳动标准。同时，他们还从实际出发，设定浮动空间，允许行业各企业可以在行业工资集体协商确定的标准上下浮动5%～10%，让企业拥有一定程度的自主权，从而使协议能够得到更有效的落实；成立6个指导服务小组，常年深入企业进行宣传发动，指导开展工资集体协商，督导工资集体合同履行到位。正是通过这些措施，邳州板材行业工资集体的覆盖面越来越大，协商所确定标准的公信度、执行率都得到大幅度提高。在全国各地大力开展行业工资集体协商，行业工资集体协商事实上还处于起步阶段的情况下，邳州板材行业工资集体协商经验的启示是，开展行业工资集体协商，在依法合规的前提下，不能拘泥于定式和陈规，只要有利于协商共识的达成及其落实，都应当积极探索、大力提倡，只要大胆探索实践、坚持不懈努力，终会见到实效。

（五）开展行业工资集体协商可以通过试点先行的方法破解推进中的难题

万事开头难，邳州板材行业工资集体协商之前，行业内的企业经营者对这项工作普遍不了解，甚至不少人感觉工会开展行业工资集体协商是要跟自己过不去、对着干。针对这种状况，邳州市总工会没有直接“硬碰硬”，而是采取试点先行的方式加以解决。比如，2005年底，邳州市总工会首先选择板材行业中规模较大、具有一定工会工作基础的徐州盛和木业有限公司先行试点，在取得初步经验后，以将试点范围扩大到60多家企业，这引起了板材行业其他企业的高度关注，对于减轻推进过程中遇到的阻力产生了很好的示范作用。"用事实说话"，由点到面，逐步扩大的推动方式是邳州板材行业协商稳步前行的关键一环。再比如，2010年第五轮协商是邳州板材行业协商提升协商质量的关键一年。该轮协商的重点为协商薪酬制度。薪酬制度相对于最低工资标准和年度工资增幅来说，是企业更为敏感更难协商的部分。为保证行业工资集体协商的顺利开展与成功，在正式协商前，邳州市总工会把初步确定的行业工资集体协商的重点内容（计件定额提高的幅度、技术等级工资、年终奖金分配）及相关内容，选择3个不同类型的板材企业先行协商试点。实践证明，在这3个企业试点的成功，为在全行业开展行业工资集体协商取得成功奠定了实践基础。特别是在正式协商过程中，当资方针对工会确定的3项重点协商内容均提出不妥当、不成熟的反对意见时，工会方通过详细介绍试点单位的做法和职工的积极回应，以有力的证据说服了资方，最终使双方在存有较大分歧的前提下最终达成共识。这些做法充分说明，试点先行是一种行之有效的啃下硬骨头的工作方法，也是所有新生事物发展完善的必经之路。不积跬步，无以至千里。因此，工会在推进行业工资集体协商过程中，在依法合规的情况下，应当积极主动地探索实践，只要勇于探索尝试，终会见到成效。

（本案例收录在全总编写的《工资集体协商典型案例分析》）

协商促进和谐　共决实现双赢

——丰县电动车行业工资集体协商案例分析

2012年初，丰县总工会抓住全国总工会提出“两个普遍”的工作要求，依法推动企业普遍开展集体协商的有利契机，针对全县电动车行业的实际情况，将推动县电动车行业工资集体协商作为突破口来抓。通过前期调研、主动要约、规范操作、协商准备、审议审查等步骤，经过9个月的积极探索和艰辛努力，于2012年9月正式签订了丰县电动车行业工资集体协商专项合同，为全县其他行业工资集体协商进行了有益的探索、积累了宝贵的经验。在这四年的工资集体协商中，丰县电动车行业工作规范、机制健全、劳动关系和谐。

【行业概况】

目前，丰县有各类电动车生产制造和商贸配套企业520余家，其中整车生产企业100余家，车架、车厢生产企业80余家、电机生产企业25家、控制器企业7家、配套企业222家，从业人员4万余人；电动车企业主要分布在开发区、中阳里办事处、常店镇和孙楼镇等地，涉及电动三轮车的所有部件丰县均有企业专业从事生产，销售市场已扩展到全国各地，覆盖所有的省、市、自治区，网点上万个，占据国内60%以上的电动三轮车的市场份额，部分企业的产品迈出国门，出口至韩国、巴基斯坦、印度、赞比亚等国家，市场得到进一步拓展。丰县电动三轮车产业在国内同行业中发展优势明显，继续保持着全国规模最大的电动三轮车生产、研发基地和配件集散地，先后被授予了“江苏省电动专用车特色产业基地”、“江苏省电动三轮车产业集群”、“江苏省电动车科技产业园”和“中国电动三轮车产业联盟基地”等荣誉称号。

【协商背景】

丰县电动车行业工资集体协商工作的开展,源于企业和职工对解决用工和工资问题的现实需求,也源于行业发展的客观需求。

一方面,电动车行业的发展壮大和无序竞争,使企业主逐步认识到开展行业工资集体协商的必要性。2012 年初,丰县有大小电动车企业 270 余家,但大多是家庭作坊式企业,职工达到近万人,已形成了一定规模的电动车生产基地,呈现出明显的区域产业化特点。为此,县委、县政府决定在常店镇建立丰县电动车产业园,使丰县电动车产业开始走向快速发展的轨道,逐步成为丰县的支柱产业。电动车行业属于劳动密集型和技术密集型行业,由于行业运行不规范,各企业争相发展,引发企业之间互相“挖人”的现象和职工“跳槽”的事件时常发生,导致企业职工队伍不稳定,劳动争议不断,劳资矛盾突出,影响了企业的正常生产经营和发展,成为行业继续发展壮大的瓶颈。企业积极采取措施,先在几家规模企业研究确定了 11 个工种的计件工价和最高工资标准。然而,这几家规模企业在实施过程中出现了一些问题,主要是小企业依然哄抬工价,技术人员、熟练的工人被不断地挖走。行业协会认识到,只在这几家规模企业统一工价是不行的,必须统一电动车行业的工价,在全行业实行工资集体协商,才能有效解决企业之间的恶性竞争。

另一方面,地方党委及上级工会的大力支持,成为开展行业工资集体协商的有力支撑。开展行业工资集体协商的基础和前提是,要有政策法律体系作为支撑。2011 年,徐州市委、市政府首次将工资集体协商建制率,列入对县(市)区科学发展考核指标体系,有力推动了全县工资集体协商工作的开展;丰县县委、县政府出台了《关于全面推进工资集体协商工作的意见》,文件明确指出:“推行工资集体协商制度,健全企业工资分配机制,是贯彻执行劳动法律法规的内在要求,是实施居民收入倍增目标的重要载体,是构建和谐稳定劳动关系的迫切需要。要求全县各类企业依法普遍开展工资集体协商,维护职工劳动报酬权益,促进企业健康发展”等。县政府专门成立了由副县长任组长的领导小组,加强组织领导,强力推进工资集体协商工作的开展;县总工会先后制定下发了

《关于深入推进企业工资集体协商工作的意见》、《关于开展工资集体协商集中行动的实施方案》等一系列文件，又与县人保局、工商联、发改委等部门联合下发了《关于大力推进工资集体协商的实施意见》等，这些文件的出台，为推进工资集体协商营造了良好的工作氛围，提供了有力的政策依据。

【协商准备】

为确保全县电动车行业工资集体协商工作的顺利开展，县总工会与县电动车行业工会在协商前做了大量细致的准备工作。

(1) 抓好联动聚势。一是党政大力支持，汇聚行业协商外在推力。县委、县政府将推行工资集体协商纳入科学发展目标综合考核指标，并作为“富民工程”、“维稳工程”、“实事工程”的重要内容；为加强组织领导，成立了县推进工资集体协商工作领导小组，由副县长任组长；县委定期听取工资集体协商工作领导小组的工作汇报，不定期召开专题联席会议，研究全县工资集体协商工作的开展。二是县工会加强指导，增强协商内在驱力。县总工会成立四个工作组，多次深入到电动车行业，搞调研、理路子、作指导。行业工会还从各单位抽调5人，经培训后，作为工资集体协商指导员参与到协商准备、发出要约、起草合同等全程中。三是行业协会积极配合，形成协商整体合力。针对电动车行业职工队伍不稳定、恶意竞争的现象，电动车行业协会多次召集会议，征求工会和企业方的意见，查找症结、寻求突破，形成共识，开展协商。

(2) 抓好多管齐下。一是完善组织。根据《徐州市工资集体协商工作法》的规定，工资集体合同需要劳资双方签字认可才能生效。当时企业方已成立了电动车行业协会，而职工方虽然于2009年成立了行业工会，但因人员变动，工会组织不健全。为此，县总工会及时指导电动车行业工会健全了工会组织，为开展行业工资集体协商提供了组织保证；为加强组织领导，电动车行业成立了工资集体协商工作领导小组，协会会长任组长、行业工会主席任副组长，部分规模企业经营者和企业工会主席为成员；行业协会与行业工会联合下发了《关于在全县电动车行业开展工资集体协商工作的意见》，要求全县各电动车企业都要开展工资集体协商，切实保障职工和企业双方的利益。二是选好代表。选好职工协商代表，开好职工代表大会，是做好行业工资集体协商的关键。行业工会认真做好选举职工协商代表工作，经各企业民主选举，县工会与电动车行业工会根据企业规模大小、工种多少，确定提名 10 人为工资集体协商代表候选人，再经县电动车行业职工代表大会无记名投票选举，选出 7 名协商代表；职工方首席代表为行业工会主席，其他协商代表为电动车企业的工会主席。三是加强培训。协商前，县工会对职工方协商代表，就工资集体协商的内容、程序、方法、策略、技巧等法律要领进行了培训，根据协商代表的专业特长，帮助做好了协商代表的责任分工。四是摸清实情。县工会多次到企业与职工座谈交流，与企业主进行沟通，倾听职工心声，了解职工需求，掌握企业动态，达成协商共识。通过对职工收入状况的调查分析，结合电动车行业实际，确定了职工最低工资标准、职工加班加点工资、年度工资标准调整幅度、设立激励奖四个方面的协商。五是营造氛围。县工会深入到企业进行宣传发动，通过企业厂务公开栏、网站等宣传工资集体协商的法律依据，又通过 QQ、微信等宣传工资集体协商的好处，进一步营造了推进工资集体协商工作良好氛围。六是主动要约。县电动车行业工会于 2012 年 8 月 5 日，向电动车行业协会发出了《行业工资集体协商要约书》，提出了协商的时间、地点、内容等相关事宜，及时启动协商谈判程序。县电动车行业协会就行业工会提出的协商内容，进行了认真研究，于 8 月 15 日向电动车行业工会提交了《行业工资集体协商要约答复函》，双方约定于 9 月 19 日开展第一轮行业工资集体协商。

【协商过程】

从 2012 年 9 月起，丰县电动车行业在四年的工资集体协商实践中，做到了“四个坚持”：一是坚持依法合理原则，凡是有法律依据的务必坚持到底；二是坚持基本保障原则，既要保障大多数职工的物质利益，又要照顾企业的持续发展；三是坚持稳中求增原则，确保随着物价消费水平上涨，职工工资、福利待遇有同比例提高；四是坚持和谐共识原则，既要为企业工会组织维护职工合法权益搭建平台，又要有利于构建企业和谐劳动关系，实现劳资双方利益共赢。

(1) 2012 年度工资集体协商：2012 年 9 月 19 日，由丰县电动车行业企业方

7名协商代表与各企业工会推选的7名职工方协商代表进行了正式协商。协商时，除双方协商代表、会议记录员外，还有县总工会、县工资集体协商领导小组成员、各镇分管工会负责人、工会主席、部分规模企业经营者及电动车行业的职工代表150余人现场观摩了协商会议。协商会议由县总工会副主席主持。

协商会议开始后，劳资双方就《丰县电动车行业工资专项集体合同(草案)》中的"职工最低工资标准"、"一线职工年度工资平均增长幅度"、"职工劳保福利待遇"、"企业工资支付制度"等基础性的内容进行了协商。虽然事前做了大量的调查和数据分析，广泛征求了企业和职工的意见，但是，协商中双方对一线职工的最低工资标准和最低工资增长幅度等争论还是非常激烈的。因电动车行业的工种多，执行标准不一样，工种之间最低与最高工资相差几百元。企业方协商代表认为，既然是职工最低工资标准，就应该按最低工种的工资核算；而职工方认为，这样确定职工最低工资标准，对其他工种不公平，双方各持己见，争执不下，不得不暂时休会，双方代表开会各自统一意见。职工方协商代表考虑到是首轮协商，重在建立协商机制，为今后开展工资集体协商打好基础，协商不宜过僵，做出了适当让步，同意了企业方关于职工最低工资标准的意见，协商确定了职工最低月工资标准1500元。对因企业方原因造成临时停产、转换岗位或其他因素，致使职工不能正常上班，导致一线职工工资收入低于1500元的，企业方同意仍按职工最低工资标准1500元执行。

经过三轮的反复磋商，双方对部分条款又进行了补充与修改，最终达成一致意见，签订了《2012年度丰县电动车行业工资专项集体合同(草案)》；协商会议后，丰县电动车行业召开了二届二次职工代表大会，对《丰县电动车行业工资专项集体合同(草案)》进行了讨论审议，大会票决通过；丰县电动车行业协会与电动车行业工会负责人，分别在《2012年度丰县电动车行业工资专项集体合同》上签字；会后，行业协会将合同文本及相关材料报送县人保部门审查备案，县人保部门认真审查后，及时下发了审查意见书，确认了合同的法律效力。丰县电动车行业协会以文件形式将工资集体合同文本在全行业公布，要求各电动车企业认真贯彻执行。为确保工资专项集体合同履约，成立了县电动车行业工资集体协商监督检查小组，定期或不定期进行监督检查。

（2）2013 年度工资集体协商：随着丰县电动车行业的发展壮大，职工愈来愈多，2012 年度的工资合同已不适应新的发展要求。为做好 2013 年度丰县电动车行业工资集体协商工作，县总工会与电动车行业工会对上年度工资集体合同执行情况进行了调研，通过向职工发放调查问卷、召开不同层次的座谈会等形式，征求企业和职工对 2013 年度最低工资标准、工资增幅意向等方面的意见。认为 2012 年度的工资合同，虽然对职工的最低工资、福利待遇等作了具体规定，但标准相对较低。在调查了解的基础上，电动车行业工会和行业协会于 2013 年 9 月开展了第二轮工资集体协商。这次工资集体协商内容比 2012 年全面的多，工资待遇也比 2012 年增加了很多。比如，2012 年一线职工的最低工资标准单一，这次确定了喷漆工、调漆工、调试工、推车工、组装工、绕线工、车床工、装卸工、电焊工 9 个工种的最低工资标准，这些是丰县电动车行业最基本的工种。最低工资标准比上年细化，工资结构也趋于合理，最低工资标准比 2012 年增加了 300 元，达到了 1800 元，增长了 16.3%。合同内容上增加了职工工龄工资，如职工在本企业工作满 年，享受工龄工资每月 50 元，以后每增加一年工龄，每月再增加 20 元工资；在协商这一条时，企业方认为，实行工龄工资确实有利于减少员工流动率，有利于提高员工积极性，接受了职工方的建议，双方达成了共识，同意职工方的意见。

（3）2014 年度工资集体协商：丰县电动车行业的工资集体协商工作机制越来越健全，也越来越受到企业主和职工群众的认可。经过前两年的工作实践，已实行的职工最低工资标准还是偏低，特别是实行计件工资为主的单位，要想提高一线职工的工资，必须提高工时工价，确定劳动定额。为此，县工会与电动车行业工会深入企业调研，了解各企业劳动定额标准、工时工价情况，掌握了第一手资料。2014 年 9 月，丰县电动车行业进行了第三次工资集体协商，这次把劳动定额标准、工件计价作为协商重点。在协商过程中，双方协商代表对个别工种的工件计价、岗位定额标准产生了分歧，企业方认为职工方定的工件计价、岗位定额标准偏高，没有兼顾中小企业特别是效益差的企业情况。经过反复磋商，最后双方各让一步，达成了一致意见，签订了《2014 年度丰县电动车行业工资专项集体合同》。

(4) 2015 年度工资集体协商：2015 年 9 月，丰县电动车行业第 4 次工资集体协商会议如期举行，双方围绕工资标准、福利待遇、工件计价等相关问题又进行了激烈的争论，经反复商讨，最终达成一致意见，签订了《2015 年度丰县电动车行业工资集体合同》。合同主要内容有：

① 最低工资标准。普通一线职工 2100 元、喷漆工 4000 元、调漆工 4000 元、调试工 3000 元、推车工 2500 元、组装工 2500 元、绕线工 3000 元、车床工 4000 元、装卸工 3000 元。

② 工价、定额。一线职工岗位定额、工件计价，在 2014 年的基础上提高 10%。

③ 工龄工资。职工在本企业工作满一年，享受工龄工资每月 50 元，每增加一年工龄，每月再增加 20 元工资。

④ 过节费。中秋、春节两大节日，应在节前给职工各发 100 元过节费。

⑤ 工资发放。每月 10 日之前以现金支付或打卡发放，因特殊情况可顺延发放，但时间不得超 15 天，企业以法定货币形式支付全体职工工资，如遇节假、休息日应提前或推后 1 个工作日支付职工工资。

【协商效果】

(1) 规范了行业秩序。丰县电动车行业在开展工资集体协商之初，行业内规模企业职工的跳槽率达 32%，更多地为盲目跳槽、无序流动，企业之间相互挖技术人才骨干的现象比比皆是。通过这几年开展工资集体协商，行业工资标准基本实现了统一，职工在哪家企业上班收入都差不多，这使得电动车行业职工跳槽率大大降低，始终稳定在 4%左右。随着电动车行业工资集体协商工作的深入开展，电动车行业的吸引力逐年增强，职工的工资和福利待遇逐年提高，职工人数逐年增多。前几年，丰县当地的农民工很多都到外地打工，近几年来这种现象得到了明显改观，就近打工的人越来越多了，还有很多在外地打工的丰县人回到家乡工作，有的成为当地企业的技术骨干；同时，丰县电动车行业也吸引了周边地区如山东、安徽等省份的打工者涌入，使丰县由原来的劳务输出地变为输入地，为企业的后续发展储备了丰富的劳动力资源。

(2) 增强了共赢意识。开展工资集体协商，建立企业职工工资调整机制和共决机制，企业和职工根据行业发展状况，及时调整确定合理的工价。行业发展良好、企业经济效益提高时，可以调高职工工资；行业发展受挫、企业经济效益下滑时，也可以调低职工工资，使职工认识到工资收入的增长，是建立在提高企业效益的基础上，企业有了效益，职工的工资才会提高。通过建立完善职工工资与企业效益挂钩机制，进一步强化了企业和职工的合作共赢意识，将职工和企业融合在一起，形成了合作共赢、共谋发展的良好局面。

(3) 强化了工会建设。通过开展电动车行业工资集体协商，行业内工会组织体系得以不断健全完善。全县电动车企业都已建立了工会组织，职工入会率达 95.2%。通过电动车行业工资集体协商工作的带动，全县电动车行业工会组织建设和作用发挥发生了质的飞跃，工会文化示范基地、特色职工书屋等与和谐劳动关系建设相互配合，不断促进工会活力和凝聚力的增强。全行业职工对开展工资集体协商，由不认识到认识、由不理解到理解、由不相信到相信。不少职工由衷感慨地说："在今后的工作中又多了个'护身符'，有了工会为我们撑腰，事关职工切身利益的事，我们放心了。"通过工资集体协商工作的开展，增强了工会组织的影响力，提升了社会的关注度。在接受调查的企业和职工中，对建立工资集体协商制度认可率达 96%以上；92%以上的企业在制定、调整、实施涉及工资分配制度等职工权益的方案时听取了工会意见，并经所在企业职工(代表)大会审议通过，工会组织在职工的心目中，在社会生活中的影响力日益扩大。

(4) 和谐了劳动关系。丰县电动车行业通过开展工资集体协商，行业内劳动争议案件的发生频率大大降低，电动车行业劳资纠纷发生率由原来的年均 130 件左右，降为现在的年均 8 件左右。同时，通过工资集体协商，工会在企业与职工之间架起了相互沟通、相互理解的桥梁，企业方切实感到企业发展离不开职工，职工也真正意识到自己要靠企业致富，在企业和职工之间已形成"企业靠职工发展，职工靠企业致富”的共识，职工的积极性、主动性、创造性得到充分发挥。仅2015年，全县电动车行业职工提出合理化建议2236条，被采纳928条，直接带来经济3500多万元。开展工资集体协商对于企业发展的益处，正如徐州鸿利达电动车业有限公司总经理连长春说的，“不尊重职工的经理，不是好经理；不开展工资集体协商的企业，也不是一个好企业”。

【经验启示】

（一）党政重视，工会主动，这是开展好行业工资集体协商工作的前提

丰县县委、县政府制定下发了《关于开展工资集体协商工作的实施意见》，将工资集体协商工作列入年度党政目标考核体系，又成立了县推进工资集体协商领导小组；县总工会与县人保局、发改委、工商联成立了工资集体协商工作督导小组，研究制定下发了开展工资集体协商工作一系列文件，密切配合，积极督导；县总工会充分发挥自身优势，采取有力措施，全程跟踪服务、参与指导，投入了大量的人力、物力、财力；县电动车行业协会高度重视，给予了大力支持，作为全行业的一项重点工作来抓，正是由于这些实实在在的工作，才使丰县电动车行业工资集体协商工作得以顺利开展。总之，行业工资集体协商是一项政策性强、专业性高、涉及面广的工作，须有党政的支持，工会的主动作为，才能使工资集体协商工作真正取得实效。

（二）先易后难，由浅入深，这是开展好工资集体协商工作的策略

在推进电动车行业工资集体协商工作中，县行业工会采取先易后难、由浅入深、逐步规范的方法，先协商行业职工最低工资标准、福利待遇，再协商多个工种的最低工资标准、劳动定额、工种工价等内容，逐步增加协商内容，逐年提高职工的工资和福利待遇。没有贪大求全，而是结合电动车行业的实际，把保障职工最低工资收入作为突破口来抓，逐年增加协商内容，逐步拓展协商层面，这些都说明，工资集体协商，既要有重点，又要有据有理，更要注重协商策略，不能一味求全，在个别问题上可以适当做出让步，为以后的工资集体协商打好基础。

（三）掌握法规，深入调研，这是开展好工资集体协商工作的关键

工资集体协商最大的难点，在于如何科学合理地确定协商的标准，怎样才能找到双方都能接受的平衡点，就必须做好深入细致的调查研究。在开展电动车行业工资集体协商之前，县总工会与县电动车行业工会注重掌握工资集体协商相关的法律法规，认真了解职工对工资、福利的需求，在深入调查、职工座谈的基础上，确定协商谈判的议题；通过发放调查问卷、面对面交流，切实摸清行业的状况，为开展好行业工资集体协商工作打好了基础。为做好协商工作，成立了县工资集体协商指导组，由财务、法律、人力资源等方面的技术骨干、专家组成，全程参与指导工资集体协商工作，有效地提升了工资集体协商的质量。

（四）强化督查，合同履约，这是开展好工资集体协商工作的重点

工资集体合同签订不易，履约更难。为确保电动车行业工资集体合同的履约，县总工会在县城广场、行业工会在企业公示栏等，张贴工资集体协商宣传标语及丰县电动车行业工资集体合同文本，提高职工群众的知晓率；县行业工资集体协商监督检查小组，经常深入企业监督检查合同条款落实情况；为加大履约工作力度，各企业建立了职工代表反馈制度，充分发挥职工代表监督工资集体合同履约的重要作用；县电动车行业工会还研究制订了定期协商制度、工作会议制度、监督检查制度、履行情况报告制度等，确保了工资集体协商程序完善、运作规范、合同履约到位。

（本案例收录在全总集体合同部《工资集体协商典型案例分析·行业篇》）

动态协商跟大局　稳定关系促发展

徐州市总工会

针对经济社会发展去产能、去库存、去杠杆、降成本、补短板等五大任务的新要求，徐州市徐州美驰车桥有限公司（以下称美驰车桥）、圣戈班（徐州）管道有限公司（以下称圣戈班）和华润天能徐州煤电有限公司（以下称华润天能）等机械、冶金、煤炭等行业主动适应经济发展新常态，及时进行结构调整和转型升级。我们紧紧抓住当前经济社会发展“三去一降一补”的机遇和挑战，高度重视和关注职工队伍稳定和职工普遍关心的工资福利、转岗分流和经济补偿等问题，积极启动集体协商程序，尽力提高职工待遇，妥善安置分流职工，及时化解企业内部矛盾，使在职职工工资逐年稳步增长，职工幸福指数不断得到有效提升。稳定了新常态下的劳资关系，促进了企业和谐发展。

【企业概况】

美驰车桥是由美国的阿文美驰公司和徐州工程机械集团有限公司共同投资的合资公司。公司投资总额 2408.7 万美元，注册资本 1680.3 万美元。拥有员工 1300 多人，其中工程技术人员 100 多人。主要产品包括各种轮式车辆用刚性桥、从动桥、转向驱动桥、转向贯通驱动桥和贯通桥。圣戈班是法国圣戈班集团旗下的独资企业，是江苏省优质铸造生铁和球墨铸管的生产基地，也是法国圣戈班集团在亚太乃至全球最重要的球墨铸管生产基地。现有员工 3000 余人，年生产优质铸造生铁 60 万吨，生产冶金焦炭 38 万吨。华润天能是华润电力旗下全资子公司，辖 10 对生产矿井，全资、控股及参股电厂 5 座（装机总容量达 248 MW），三个事业单位的企业集团，为中国 100 家最大煤炭采选企业之一、全国首批国家质量标准化单位。三家公司先后荣获“江苏省厂务公开先进单位”、“江苏省模范劳动关系和谐企业”和“江苏省模范职工之家”等荣誉称号。

【协商背景】

美驰车桥2014财年工资总额5286万元，实现销售收入8亿元，上缴利税5000万元，利润4000万元。但2015财年至今国际订单锐减，大部分时间职工每周干3休4，公司效益每况愈下。圣戈班基于外部市场环境的客观影响，导致公司炼铁厂的生产业务量严重不足，经济效益大幅滑坡。华润天能5对矿井连年亏损，按政策要求需要关闭，涉及职工6200多人。三家公司一直处在亏损状态下工作。特别是圣戈班决定从2015年7月22日起，关闭焦化厂和炼铁厂9号高炉以及相关配套设施，涉及分流、转岗职工265人。三家公司平等协商确定的各项指标无法正常履约，公司行政主动要约工会，要求启动集体协商，召开职工代表大会，并提出初步意见。对此，三家公司工会多次征求职工意见，一直无法达成一致，职工情绪极不稳定。针对这种现象，徐州市总及时跟进，现场指导，积极推动动态协商，进一步发挥集体协商在“双维护”中的积极作用。

【协商过程】

(1) 启动集体协商程序。美驰车桥和圣戈班两家公司针对2014年年底和2015年年初行政与工会经平等协商确定工资待遇条款因受经济下行压力的影响而无法履约的实际状况，2015年4月和10月，两家公司行政要约各自公司工会，要求启动动态要约程序，协商解决公司内部矛盾。两家公司工会接到公司行政协商要约书后，按照工资集体协商的有关规定，多次召开职工方协商代表座谈会，研究确定职工方的底线和愿景，双方确定立即启动集体协商程序。

(2) 依法协商，化解争议。协商前，美驰车桥和圣戈班两家公司工会方充分进行调研，先后多次深入车间、班组广泛征求职工的意见和建议，多次召开部分职工代表和集体协商代表座谈会，结合公司实际，提出调整职工工资的基本目标。同时主动与行政方进行多次事前沟通，取得了理解，达成了共识，为集体协商的顺利进行创造了良好的条件。在协商过程中，两家公司行政充分理解工会方的意见和建议，劳资双方动之以情、晓之以理，正面当前机械加工行业和煤炭产能整体经营效益下滑的严峻形势，提出职工要从大局出发，维护企业发展，公司要尽最大可能让职工分享企业发展成果。针对公司行政提出的在岗职工的工资正常增长、待岗职工的减薪标准、分流人员的工作安排和解除劳动合同职工的利益补偿等问题，双方进行了激烈而友好的协商。通过面对面、心贴心和实打实的交流和协商，两家公司都找到了平衡点，有效地化解了企业内部矛盾。

(3) 严格程序，阳光操作。两家公司从启动要约到专项协商签订，严格按照集体协商程序进行。无论是协商代表产生、协商议题确定、协商会议召开、职代会审议以及草案文本报备等严格履行程序，确保协商主体合法、协商程序合法和协商内容合法。2015 年 4 月 12 日和 10 月 16 日，两家公司分别召开了职工代表大会，专题对协商成果进行讨论和表决，并邀请了上级工会和人保部门现场指导监督。两家公司职代会通过的决议同意票都在 92%以上，弃权票和反对票加起来不到 8%。协议通过后，两家公司行政及时向公司职工公布，让全体职工及时了解劳资双方的协商成果，切实做到了公开透明，保障了职工知情权、参与权、监督权。一些职工在公示栏前感慨地说："我们想到的和提出的，公司和工会都替我们写进了协议，没想到的和没提出的，公司和工会也替我们想到了，没说的，以后要更加努力工作回报公司。"

目前，徐州市总正在指导华润天能选举协商代表、筹备集体协商会议和科学制定职工分流（安置）草案。

【协商成果】

美驰车桥：

(1) 公司管理、专业人员，工资增长为本人上年度工资总额的 2.5%。

(2) 85 名待岗职工工资享受其本人工资总额的 50%的待遇，最低可支配收入不低于 1500 元。

(3) 置产、辅助员工工资增长为本人上年度工资总额的 8.5%。

(4) 在职员工的中、夜班费由 5～6 元调到 6～8 元，所有员工中秋、春节过节费由 300 元、800 元调到 500 元、1500 元。

圣戈班：

(1) 自愿解除劳动合同的员工，公司补偿 5 个月的补偿金（基数为员工上一年度12个月的平均工资)。

(2) 自愿变更合同的公司提供岗位进行应聘,应聘不上但自愿解除劳动合同的公司补偿5个月的补偿金。

(3) 处在医疗期并自愿解除劳动合同的员工,公司补偿8个月的补偿金和6个月的医疗补助费(符合江苏大病范围的另增3个月的医疗补助费,确认丧失劳动能力的另增6个月的医疗补助费,患绝症的另增12个月的医疗补助费)。

(4) 经鉴定为工伤10级(含)以上的员工自愿解除劳动合同的,另增加7000至35000元不等的补助费。

(5) 荣获公司级(含以上)的优秀员工自愿解除劳动合同的,另增加6000至12000元不等的补助费。

(6) 在公司连续工作满15年且距法定退休不足5年的员工自愿解除劳动合同,另增加20000元的补助费。

【协商启示】

一是强化以职工为本的理念。工会组织作为职工利益的维护者,就是时刻把维护职工合法权益放在第一位,把推动集体协商当作一种责任,一种使命,不折不扣地抓好贯彻落实。圣戈班针对产能过剩和环保要求,企业转型升级所带来的实际问题,公司工会直面焦点,勇于承担义务,同公司行政进行艰难的谈判,最终通过的《职工安置方案》对265名职工进行了妥善安置。其中,97名职工得到了分流安置,168名职工自愿解除劳动合同,得到了职工的拥护。

二是走出开展工资集体协商只谈涨不谈降的误区。工资集体协商本意有两个,一是谈涨工资,这是正常情况下的谈判,二是谈降工资,这是非正常情况下的谈判。美驰车桥针对工程机械加工行业整体经营效益下滑,国际订单锐减的大背景下,公司工会在合理维护职工合法权益的同时,又特别注重维护企业基本利益和职工利益的协调关系。在公司半停产状态下,较好地为待岗回家休息的85名职工争取了最大的权益。

三是工会要做化解企业矛盾,维护职工队伍的稳定的基石。美驰车桥和圣戈班两家公司工会组织能主动适应企业发展新形势的要求，坚持从党委和行政的重大部署中找准工作的结合点，从支持公司改革发展、加强企业民主管理、维护职工合法权益中找准工作的切入点，把解决职工群众最关心、最直接、最现实的利益问题，帮助职工解决实际困难作为工作的着力点，把全心全意依靠职工办好企业，作为工作的落脚点，维护企业共同利益和职工合法权益，积极创建劳动关系和谐企业。

（本案例为全省交流案例）

工资协商:改变着国企行政主导的分配格局

徐矿集团张集煤矿工会

【企业概况】

张集煤矿是大型国有企业徐州矿务集团的下属单位,现有职工 4019 名。近两年来,我们以促进企业发展、维护职工的合法权益为目的,以强化企业民主政治建设为基础,推动工资集体协商制度的顺利执行,实现了职工与企业的共赢。被集团公司授予三星级(最高级)文明矿,被徐州市授予"创建和谐企业成绩特别突出单位"荣誉称号。

【协商过程】

工会按照按劳分配与按要素分配相结合,职工工资水平与企业发展业绩相结合的要求,以上一年的生产效率、工资总额为参考,结合政府当年工资指导性文件,广泛调查研究,听取反映,征求意见,核定今年的工资总额标准,形成协商预案,主动向企业发出协商要约。

但长期以来,国有企业客观存在着行政在利益分配上的主导地位,不可能因一次协商就使主体双方平等。工会采取"软化"方式,把协调过程"艺术化",避免"针尖对麦芒"式的协商。以企业负责人的思想转变为重点,主动多次与其接触,反复沟通,开展思想交锋,阐明观点立场,使其认识到开展工资集体协商,是对党全心全意依靠工人阶级方针的具体落实,维护职工的合法权益,是对企业利益最根本的维护。由此逐渐变被动为主动,为协商成功奠定了基础。

以 2008 年和 2009 年为例,协商要约中工资增长分别为 10%和 12%,通过密切关注企业经营状况,对工资合同的即时监督,确保企业发展与职工收入增长保持同步,实际增长为 15%和 13%。同时,我们将协商向基层深化,开展二级协商。我矿下属31个部门(单位),工种岗位各异,因此,在进行工资总额分包切块基础上,各单位结合实际,制定了工资二次分配方案。另外,明确民管会研究工资分配、工会主席担任民管会主任、民管会吸收部分职工代表参加、分配结果公示等做法,基本上制止了工资分配的暗箱操作和少数人说了算的现象,使协商结果更加科学公平。

通过工资集体协商,维护了职工的切身利益,拉近了企业与职工的距离,企业满意、职工更满意,实现了"双赢"目标。

【协商效果】

一是维护了职工的合法权益。通过工资集体协商,职工对自己的工资有了发言权,企业效益在不断提高,职工工资奖金也在不断提高。去年,是企业调整转型的关键年,企业遇到了前所未有的困难,职工收入不仅没有下降,而且同比增长了12%。

二是协调了劳资关系。企业依法为职工办理各类保险,在采掘单位推行集中休息,完善定时生产模式,对全矿在岗职工进行全面体检。实施重特大疾病(工伤)职工生活保障制度,实行了带薪休假制度,职工与企业之间的关系变得稳定和谐。

三是促进了企业和谐。职工的合法权益保障了,生活安定了,杜绝了集访和越级上访事件,全年民主接待日实现了6次零接待,职工工作热情更加高涨。去年企业超额3100万元完成全年经营指标。

(本案例收录在江苏省总工会编写的《协商工资在江苏》2010年第一期)

行业工资协商:促进支柱产业创辉煌

邳州市板材行业工会联合会

【企业概况】

邳州是全国四大板材生产基地之一,现有板材企业1000多家,其中深加工企业319家,直接从业职工达10万多人。2008年板材企业年产值为120亿元人民币,占全市GDP的36.80%,占全国板材出口量的46%,因此享有“世界板材看中国、中国板材看邳州”的美誉。

【协商背景】

以往,板材企业各自为政、互设壁垒,用工相互挖人、无序竞争,工资水平参差不齐,效益好的企业职工平均工资在2000元左右,而效益差的企业职工只能拿到600元左右。结果,职工之间的无序流动、企业之间的不良竞争,导致劳动争议频发,而且制约了全行业的协调发展。2005年,邳州市板材协会成立后,对企业间交流与协作及对外营销等方面起到了重要作用。但是由于企业间发展不均衡,许多老板是从农家子弟成长起来的,在维护职工权益方面缺乏思想认识,认为我是老板我说了算,拖欠职工工资、超时加班加点、无故解除工人的现象时有发生。尽管不少企业建立了工会组织,但维权的力度很难到位。

【协商过程】

2005年10月,由板材行业工会联合会首先选择行业中规模较大、具有一定工会工作基础的徐州盛和木业有限公司先行试点,在取得初步经验的基础上,再将试点范围扩大到60多家企业。协商的主要内容是制定本企业的最低工资标准、确定职工工资年度增长比例等。

2006年10月,首次将企业层面的工资集体协商提升到全市行业层面,由市行业工会与木材流通协会进行对等协商，主要内容涉及行业最低工资标准、行业工资增长比例等。经协商签订的行业工资集体合同覆盖企业 234 家，覆盖职工 41670 人。

2007 年 8 月，首次邀请正式协商代表以外的企业主代表、职工代表等 250 人现场观摩行业工资集体协商。协商内容突出了行业劳动定额、计价工价等劳动基准，经协商签订的行业工资集体合同覆盖企业数达 432 家，覆盖职工数达 56800 人。

2008 年 2 月，新一年度行业工资集体协商如期进行。协商内容继续突出了行业劳动定额、计价工价等劳动基准。

2009 年 3 月，木材流通协会首次向板材行业工会提出开展行业工资集体协商的书面要约。协商内容突出了应对金融危机挑战，保企业、保岗位、保工资等重点内容，并对行业最低工资、劳动定额、计价工价等劳动标准进行了调整。

【协商成效】

(1) 助推行业发展，使支柱产业变优变强。开展行业工资集体协商，有效促进了行业内职工有序流动、企业规范竞争、行业良性发展。全市板材行业经济规模和总量迅速增加，板材出口量占全国出口量的 40%以上，在全国四大板材出口基地中名列第一；对 GDP 的贡献份额逐步上升，从 2005 年的 35%发展到 2008 年的 38%，为壮大发展县域经济起到了积极作用。

(2) 倡导有序流动，使职工稳岗安心。通过 5 年的行业工资集体协商，现在的职工流动率由原来的 60%下降到 10%以下。由于板材企业职工工资和福利待遇每年增幅达到 20%以上，使邳州由原来的劳务输出地变为输入地，形成了前所未有的就业“洼地效应”，为企业后继发展储备了丰富的劳动力资源。

(3) 保障合法权益，使职工分享发展成果。2005 年至 2008 年板材行业效益年平均增长 15%，而企业职工工资年平均增长率则高达 20%。即使在 2009 年受金融危机影响的背景下，经协商约定的行业工资水平也基本与去年持平。

【协商启示】

(1) 施展工会作为，找准服务全向着力点。邳州市总工会从职工最多、对地方经济贡献份额最多的支柱产业入手，以助推行业健康发展为目标开展协商，找准了工会围绕中心、服务全局的着力点，彰显了工会组织的地位与作用。

(2) 建立协商机制，确立协调劳动关系新取向。行业内企业的不良竞争、劳动力的无序流动是制约行业发展的两大因素，也是引发行业劳动关系矛盾的焦点所在。市总工会以工资分配民主化、分配过程透明化、分配制度科学化、分配标准统一化，作为开展行业工资集体协商的主要目标取向。

(3) 坚持求同存异，注重行业工资集体协商的真实性。邳州市开展行业工资集体协商，一是坚持不空谈。注重突出行业内工资分配在某一阶段的突出问题，内容指向性很明确。二是坚持不虚谈。每次进行工资集体协商，劳资双方只闻"火药味"，不闻"枪炮声"。双方的协商是认真的，也是平等的；争议是激烈的，也是理性的。三是坚持不违心谈。劳资双方在协商中都有各自的原则底线，也都有求同存异的合作意愿。

（本案例收录在江苏省总工会编写的《协商工资在江苏》2010 年第一期）

协商留住了职工人　分享赢得了群众心

徐州东大钢构有限公司

【企业概况】

徐州东大钢构有限公司是一家股份制民营企业，创建于 1996 年，现有职工 1200 多人。

【协商背景】

工资分配政策是职工关注的焦点，同时也是关系企业稳定、影响职工积极性的重要因素。2009 年以来，公司职工的工资定额一直没有明显的调整，随着公司经济效益的不断提高和物价总体水平的上涨，加之目前开发区兴起了很多电动三轮车企业，这些企业的用工，大部分为电焊工、喷漆工等特殊工种，与公司的用工种类差不多，而且他们的特殊工种的职工工资待遇要比我们高，如果再按照老的工资定额执行下去，对我们公司的电焊工、装配工、油漆工等特殊岗位从业人员的积极性有所挫伤，且不利于公司职工的稳定。在这种背景下，公司工会向企业行政方提出关于工资集体协商的要约。2011 年 5 月，通过平等协商，行政方与职工方签订企业工资专项集体合同书，同时就企业女职工的部分福利保障签订了专项集体合同。

【协商过程】

公司工会要约发出后，公司行政方非常重视。行政方产生了 7 名代表，与职工代表方进行了第一次工资集体协商。公司行政方准备了大量的财务报表和资料，并最终形成了书面的由双方首席代表签字的会议纪要和工资单项协议书。协议规定了该公司的工资分配制度、最低工资标准、生产车间特殊岗位工资定额的调整、项目部安装定额单价的调整及公司职工的各项福利保障规定。

【协商结果】

(1) 企业最低工资标准由 900 元/月提高到 1300 元/月,年度工资增长作为全市 20 强企业标准,有大幅度的提高。

(2) 提高工龄工资标准,将工龄工资标准由每年 4 元调整为 10 元。

(3) 明确了工资发放时间和方式,以工资卡形式将现金于每月 30 日前打至卡里。

(4) 对职工病假、丧假、婚假等,按有关规定发放相应工资。

【协商启示】

开展工资集体协商以来,公司职工队伍稳定,既留住了职工的人,更赢得了职工的心,企业劳动关系和谐稳定,没有发生任何劳动争议案件,企业生产经营稳步发展。

(本案例收录在江苏省总工会编写的《协商工资在江苏》2011 年第二期)

协商制度得坚持　协商内容能拓展

徐州徐航压铸有限公司

【企业概况】

徐州徐航压铸有限公司，前身为“徐州航空压铸厂”，是一家军工企业，于2006年底改制。自改制以来，每年一次工资集体协商已经形成一种制度，职工工资平均以每年12%的幅度增长。目前，该公司有员工530余人，年人均收入已达3万元左右。

【协商背景】

2010年，公司工会通过调查发现，职工的收入已经高于本地区和周边同行业工资收入水平，而且以往每年开展的工资集体协商，只是在岗位工资和计件工资上来回的谈，既显得工作上的单调，又显得职工方每年似乎都要“为难”企业。久而久之，双方每年就只是走走这个程式化的过程，没有真正把职工工资的增长同企业效益的增长很好地挂起钩来。今年工会做了大量细致的调查和准备工作，提出了职工工资的增长，既要同企业效益的增长挂起钩来，又要确保实现省委、省政府提出的七年倍增计划的要求。职工方在工资的增长幅度、福利待遇、休息休假，以及女职工特殊保护等方面向企业提出了要约。同时向企业行政保证，每年至少组织职工开展一次劳动竞赛和召开一次职工运动会，以提高职工的整体素质、增强企业的凝聚力。

【协商过程】

协商过程中，既有激烈的争论，又有共识和言欢。最后确定下来：① 2011年度职工工资增长14%；② 职工当班就餐补助由100元增加到120元；③ 女职工免费体检由原来每年一次增加到每年两次；④ 职工每月休息时间在原来的基础上增加 2 天。同时，企业方还向职工表示，要进一步改善工作环境和生活条件，为职工提供一个安全、舒适的工作、生活场所。

【协商成效】

今年第一季度徐航压铸有限公司职工工资平均增长达到 15%，职工对公司的工资集体协商满意率达 95%以上。职工收入高了、待遇好了，企业的吸引力、凝聚力得到了增强，大大激发了职工的积极性和创造性。年初，职工在企业模具轻量化、节能减排、环保等方面贡献突出，科技研发、技术创新突飞猛进，其中，模具结构、压铸工艺等技术方面的发明革新达 100 多项，企业效益增长了 20%。

（本案例收录在江苏省总工会编写的《协商工资在江苏》2011 年第二期）

进退有度　协商有成

青岛啤酒(徐州)有限公司

【企业概况】

青岛啤酒(徐州)有限公司是一家大型啤酒生产企业,于 2000 年 3 月 28 日正式挂牌成立,现有职工 412 人。

【协商背景】

啤酒制造企业淡旺季明显差异。为确保职工队伍的稳定,最大限度地调动职工积极性,促进企业健康发展,保持和谐稳定的企业劳资关系,公司工会于 2007 年 4 月向公司行政发出了第一份工资集体协商的建议函。通过开展工资集体协商,正确处理股东与职工、管理干部与一线职工在分配上的利益关系,确保了年终分配真正做到企业满意、管理人员满意、一线职工满意。

【协商过程】

工资是绝大部分职工唯一的生活来源,也是企业吸引和激励员工最重要的手段。今年工会方提出了增资 20%的建议,行政方只同意增资 10%经过三轮协商,行政与工会均作了妥协,工资增资幅度达到了 15%,但是工会在做出让步的同时,十分中肯地反映了淡旺季,中、夜班和特殊岗位员工的辛劳,提出了增加福利费额度和中、夜班津贴,提高全体员工工作餐标准等建议。工会顾全大局的姿态和实事求是的建议得到了行政方的理解,行政方同意将福利费计提比例较 2010 年提高 1%的比例;淡旺季中班津贴由 3 元/班增加到 4 元/班;夜班津贴由 4 元/班增加到 6 元/班;员工工作餐费由每餐 5 元调到 6 元。本次协商最大成果是关于增加一线职工激励额度。工会方基于 2010 年的问题与 2011 年现状,提出了人均激励额度由 1500 元增加到 2500 元的意见,此意见得到了行政方的理解与支持。公司总经理在衡量了2010年工资总额预算与青啤公司总部相关激励政策后，在工资总额预算外，增加设立了质量改进专项奖37万元与过程激励奖20万元，使一线职工的激励额度达到了近4000元，得到了职工方代表热烈掌声的和赞扬。

【协商启示】

（1）青岛啤酒和青啤（徐州）公司，作为世界500强之一的大型啤酒生产企业，开展工资集体协商前要吃透国家相关法律法规和条例的精神实质，协商前期做好精心准备十分重要，准备不但包括收集企业的有关经营情况和财务数据资料，更应包括和企业老总的感情沟通。

（2）协商内容不能单纯是为职工增加工资或其他福利要求（当然这也是协商的主要内容和目的），可同时增加一些要求职工承担的非硬性责任，让企业老总看了更容易接受协议，又不实质增加职工的负担。

（3）在提出各种要求时，尽量说对劳资双方有利的话，找准双方有利双赢的结果。使企业认识到即使是增加工资，也是为了企业留住人才，稳定职工队伍，调动职工的积极性。同时增强职工对企业信任度和今后发展的关心度，促进企业长期发展。

（本案例收录在江苏省总工会编写的《协商工资在江苏》2011年第二期）

协商争论而不诡辩　谋求双赢而不独享

江苏盛达商业有限公司(徐州市)

【企业概况】

盛达商业有限公司现下辖2个子公司,职工就业人数连年增加,由原改制前300余人,增加至现在960人。

【协商过程】

2011年3月16日,由盛达公司工会向盛达公司发出工资专项要约书。2011年3月23日,盛达公司法人代表孙成群积极予以回复,定于2011年4月15日,由行政方派出包括董事长、副总经理、公司办公室、财务室和企管科主要负责人在内的6名代表与工会主席领衔的6名职工代表进行面对面的协商。协商中,由职工方代表逐一向行政方提出协商事项,由企业方代表逐一答辩。协商双方充分体现出了“合作而不对立、双赢而不独享、融洽而不僵硬争论而不诡辩”真诚态度。

通过协商,就2011年职工平均工资标准,职工工龄年度补助,歇业期间生活费发放标准,职工病假、产假、探亲假生活费标准及其他事宜达成了共识。此外,双方还共同确定:今后,工资专项协商每年定期举行。

【协商效果】

(1) 建立工资集体协商制度,从机制上保证了在企业参加正常劳动的职工工资都能得到稳步增长,营造了内部和谐的氛围,稳定了企业经营骨干与一线员工队伍。

(2) 明确了职工平均工资收入提高标准:人民商场平均工资水平由原1250元/月增到1500元/月,上浮20%;康乐大世界平均工资水平由原1209元/月增到1400元/月，上浮16%。

(3) 协商确定正常经营情况每年职工工资增幅不低于10%。

(4) 职工产假、探亲假、病假工资由原来的670元增加至800元。

(5) 提高与增加职工工龄补贴。工龄满3年每年补助600元，工龄满8年每年补助200元。

(6) 为女职工争取一定保障，每两年为女职工组织一次妇科检查，增加女职工卫生费6元/月。

（本案例收录在江苏省总工会编写的《协商工资在江苏》2011年第二期）

整合区域管理资源　破解行业协商难题

泉山区翟山街道汽车销售服务行业工会

【行业概况】

翟山街道位于徐州市南郊外环，汽车销售 4S 店和汽修服务行业较多，现有汽车销售服务企业 25 家，职工近 400 人，是全市汽车销售服务行业较为集中的区域。

【协商背景】

在 2012 年度推进区域(行业)工资集体协商工作中，街道工会通过调研，选定汽车销售服务行业作为工作的突破口，开展行业工资集体协商试点。由于行业内企业规模不一，发展情况不同，存在着对工资集体协商认识不到位、协商主体缺位、协商机制不健全等突出问题。街道工会在街道党工委和街道工商联的支持帮助下，进一步整合管理资源，积极培育协商主体，创造性地开展工作，在全市率先开展了汽车销售服务行业工资集体协商，收到了较好的效果。

【协商过程】

(1) 2012 年 8 月，街道工会筹备组建了翟山街道汽车销售服务行业工会，由街道工会副主席担任翟山街道汽车销售服务行业工会主席，召开了翟山街道汽车销售服务行业第一届一次职代会，推选产生了职工方协商代表。

(2) 街道党工委指示街道工商联，组织辖区内 25 家汽车销售服务行业企业老板，协商推选了 5 名企业方协商代表，并组织学习宣传了相关文件和政策，得到了企业的理解和支持。

(3) 2012 年 9 月 5 日，翟山街道汽车销售服务行业工会代表全行业 378 名职工，与辖区内 25 家汽车销售服务企业的代表就 2012 年度职工工资待遇等问题进行了协商。召开职工代表大会通过了协议草案。市、区总工会召开了现场推进会，协商过程氛围浓厚、讨论激烈、成效显著。

【协商成效】

协商双方通过协商，达成了翟山街道汽车销售服务行业 2012 年度最低工资标准为 1200 元；汽修行业钣金、喷漆、电工、机修等四大特殊工种最低工资标准不低于 1800 元；整个行业年度工资增长幅度为 10%以上。

【专家点评】

开展行业工资集体协商，协商主体地位难以确定，特别是企业方协商主体的确定，仍然是一个难点。如何充分利用现有资源或行政手段，积极培育企业方协商主体，是能否顺利开展行业工资集体协商的关键和前提。翟山街道汽车销售服务行业在开展行业工资集体协商过程中，能充分利用所在区域工商联组织，把非公企业组织起来，值得探讨和借鉴。各级工会组织更应当主动配合培育企业方协商主体，这对于下一步重点推进行业工资集体协商，将起到事半功倍的积极效果。

（本案例收录在江苏省总工会编写的《协商工资在江苏》2013 年第四期）

协商成果向一线职工倾斜

江苏星星家电科技有限公司

【企业概况】

江苏星星家电科技有限公司是国家白色家电行业前十强企业，位于徐州市睢宁经济开发区，现有职工3000余人，职工入会达100%。

【协商背景】

近年来，随着国际国内经济形势持续疲软，对家电行业影响也十分明显，加之市场竞争激烈，效益明显下降。尽管如此，公司一线职工工资虽然年年有增长，但是一线职工在工资福利待遇方面知情权、参与度不够，职工分享企业发展成果的利益渴求不断增长，公开公正开展好工资集体协商工作迫在眉睫。

【协商过程】

一是生产淡季提出要约。2012年8月，工会根据公司生产特点，紧紧抓住生产淡季这一契机，及时向公司行政方提出协商要约：一方面书面送达行政方，按照法定程序告知行政方；另一方面约见行政方主要负责人，工会负责人当面将协商时间地点及可能涉及议题与行政方负责人进行充分沟通，使双方达成共识，有利于在协商中达成步调一致。

二是切实保障代表广泛性。公司职工工作岗位不同，诉求也有所不同，针对这一实际情况，工会主动摸底，将代表名额分成若干个小组，安排到车间、班组，征求意见和建议，特别是生产一线班组的意见和建议。组织工会委员会委员对基层推举代表人选进行逐一梳理，对代表构成、代表名额分配形成一致意见，最后按程序选举产生职工代表150名，从而保障了代表的广泛性。

三是福利待遇向生产一线倾斜。在参与谈判5名职工代表中，其中生产一线代表3名。协商达成公司最低劳动工资标准是1400元，比法定950元增加450元，公司一线职工平均工资水平为1900元，比上年提高10%。针对一线职工，设置一线职工特岗津贴，通过协商，特岗津贴为150～260元不等。在协商中，对工资岗位系数逐个细化，让职工清楚自己岗位性质、相应工资组成和标准。

【协商成果】

通过开展工资集体协商，公司初步建立了规范有序、公正合理、互利共赢的企业内部分配共决机制和正常增长机制，企业工资支付制度得到完善，职工得到利益实惠，促进了企业与职工共同发展。职工知情权、参与热情明显提升，激发了职工的干劲，让广大职工心中有目标，工作有奔头，外地职工在企业扎根不走，本地职工“家门口”就业不愿跳槽，职工队伍稳定率由原70%提升到85%左右，工作效率提高了20%以上，真正实现了企业与职工和谐发展，互利共赢。

（本案例收录在江苏省总工会编写的《协商工资在江苏》2013年第四期）

加强指导培育主体　规范幼教行业协商

云龙区民营幼教行业工会

【行业概况】

全区有资质民办幼儿园17家、教职员工463人，加上无资质民办幼儿园33家，教指员工达1000多人。

【协商背景】

经调查了解，在民营幼教行业，员工权益保护方面存在的突出问题：一是工会组织不健全。大多数幼儿园未建立工会组织。二是工资分配不公开、不民主，多是园长开价，员工同意就留下，双方很少协商。三是教职员工素质和幼教水平的提升制度不健全，员工发展空间不足。四是由于以上不足造成员工思想不稳定，工作不安心，流动量大。因此，在民营幼教行业开展工资集体协商为园所所愿、员工所盼，涉及促进辖区民营幼教事业的健康发展的重要问题。

【协商过程】

一是成立组织，培育主体。区总工会、区教育工会主动联系区文教体局，成立开展行业工资集体协商工作班子。成立民营幼教行业工会联合会。对于符合独立建会条件的幼儿园，建立工会委员会。尚不具备独立建会条件或员工较少的园所，分别成立工会小组。民主推荐员工（会员）代表，召开云龙区民营幼教行业第一届员工（工会）代表大会，选举产生第一届工会联合会委员会和5名员工方工资集体协商代表。区文教体局组织辖区所有幼儿园和经营者共同推选出5名园方代表，作为行政方的协商代表。

二是确定议题，层层深入。先后召开园长、教职员工座谈会，深入调研、全面了解和掌握民营幼儿园的管理特点，收入状况、收费标准及教职员工的工资福利等基本情况，对收集到的百余条意见进行梳理、分析，确定本次工资集体协商重点内容：确定行业最低工资标准及2012年度工资增长幅度；关于教职员工的素质及育教水平的提升；幼教行业女员工的特殊权益保障。

三是抓住要点，推进协商。2012年5月15日，召开了云龙区民营幼教行业工资集体协商会议，双方代表就前期确定的协商议题进行平等协商。协商现场增设旁听席，特邀辖区民办幼儿园的法人代表、员工代表，街道、社区和规模企业的工会主席参与旁听。经过充分沟通协商，达成了几点共识：① 教师工资每月不低于1200元，2012年度工资增幅不低于10%，其他人员工资不低于同行同岗工资水平。② 提升员工素质，做到有计划、有基金、有措施、有落实。③ 各园应签订女员工专项保护集体合同。

四是推行"行业协商二元化"。按照全区民营幼教行业工资集体合同的要求，17个独立建会的园所开展二次协商，分别形成各自的工资专项集体合同。

【协商启示】

一是在培育双方协商主体上，教育行政主管充分发挥对民营幼教行业的管理职能，对培育企业方协商主体，起到了企业代表组织的积极推动作用。二是开展行业工资集体协商，着重把握四条原则：第一，协商内容要有普适性。即行业内所有单位都要适用；第二，代表要有广泛性。即员工（工会）代表通过民主程序推荐、经职代会选举产生；第三，决议要有可行性。即着眼全面，兼顾差异。第四，协商要有推动性，建立健全稳定的用人机制、工资增长机制、素质提升机制和社会保障机制。

【专家点评】

开展行业工资集体协商，培育双方协商主体是开展协商的前提，同时又是工作的难点。没有企业代表组织，行业内企业由谁来组织，云龙区在民营幼教行业中开展行业工资集体协商，充分发挥教育主管机构对民营幼教行业的教学业务管理职能，充当起企业代表组织角色，把辖区内松散的幼教企业组织起来，推动了行业工资集体协商。

（本案例收录在江苏省总工会编写的《协商工资在江苏》2013年第四期）

行业协商效果好　企业内斗变协调

贾汪区大吴镇家具行业工会

【行业概况】

徐州市贾汪区有近百家松木家具企业、近320万平方米连片的家具生产基地，分布在贾汪区多个镇和工业园区，已成为“地方名片”和经济支柱，生产规模居全国第一。大吴镇是贾汪家具行业的集中地，仅规模以上家具企业就有25家，职工4000余人，占据了贾汪区家具行业的半壁江山，是大吴镇的支柱产业。

【协商背景】

贾汪区总工会和大吴镇工会在全面推进工资集体协商的过程中，深入企业走访调研，并和贾汪区家具协会协调沟通，发现除了存在价格不规范、产品同质化、无序竞争现象外，各企业各做各的生意，暗地里互相较劲，互挖职工，造成了各企业之间的工人流动性很强，职工队伍不稳定。不仅导致企业发展受到限制，职工更没有充分享受到企业不断发展所带来的成果。因此，通过开展行业工资集体协商，协商确定行业内主要工种的工时工价，建立正常的工资增长机制，构建和谐的劳动关系，是稳定职工队伍，使行业跳出内斗的主要举措之一。对此，贾汪区总工会决定对家具行业较为集中的大吴镇先行试点行业工资集体协商，待条件成熟后再在全区推广。贾汪区家具协会表示认同，并表示将大力支持。

【协商过程】

为使行业协商顺利开展，在区、镇协调劳动关系三方的协调指导下，贾汪区家具行业协会全程参与了大吴镇家具行业工资集体协商。大吴镇工会专门成立了大吴镇家具行业工会，组织召开了大吴镇家具行业一届一次职工代表大会，推选出了职工方5名协商代表。并召开了家具行业工资集体协商筹备会，由贾汪区家具行业协会会长组织25家会员家具企业老板代表，现场推选了5名企业方协商代表。大吴镇家具行业一届一次职工代表大会的80多名职工代表，见证了企业方协商代表的产生过程。大吴镇工会在对行业发展、职工收入、工时工价进行调查摸底的情况下，组织了行业双方协商代表开展工资集体协商，拟定了《大吴镇家具行业工资专项集体合同》，并得到了职代会的一致通过。贾汪区协调劳动关系三方结合这次协商现场，召开了贾汪区行业工资集体协商推进会，收到了较好的效果。

【协商效果】

通过家具行业工资集体协商，确定了家具行业12道工序的用工标准，确定最低工资标准及年度增幅。稳定了职工队伍，有效制约了行业内各企业用工无序竞争，赢得了职工的满意，促进了行业的发展。

【专家点评】

这个案例的成功之处在于企业代表组织实行"上带下"。开展行业工资集体协商，只要条件成熟、认可度一致，上一级企业代表组织就应该代表这一部分企业与工会组织代表的职工方开展协商，达成相关协议。贾汪区家具行业协会代表大吴镇的25家家具企业，与行业工会开展工资集体协商，并取得积极的成果，给了我们很好的答案。

（本案例收录在江苏省总工会编写的《协商工资在江苏》2013年第四期）

医疗行业协商　人大代表监证

泉山区和平街道民营医疗行业工会

【行业概况】

徐州市和平街道于2011年8月成立社区卫生服务行业商会，与此相对应，成立和平街道民营医疗卫生行业工会，覆盖12家企业工会，现有会员人数154人。

【协商背景】

和平街道民营医疗行业共有12家民营医疗卫生中心（站），因企业规模小、人员少、流动性大。各单位工资标准不统一，收入分配差距大，互挖熟练技工的现象时有发生，劳资纠纷和企业间的摩擦日趋增多。

【协商过程】

2012年9月，在上级工会指导下，成功开展行业工资集体协商。经过3个月的调研分析和对行业内12家企业及154名行业在岗职工年工资收入水平进行了抽样调查，街道人保所形成了2012年和平街道民营医疗卫生行业3个主要职业（工种）的工资指导价位。在严格执行年度政府发布的最低工资标准基础上，保证民营医疗行业2012年度职工最低工资标准高于政府发布的最低工资标准12%，年度工资增长幅度不低于当年政府发布的工资增长指导下线标准。针对行业的特点和实际情况，选择有代表性的职工，由街道人保所组织测试，确定各职业（工种）的劳动定额。

【协商成效】

（1）2012年度行业职工的最低工资标准不低于1200元/月。

（2）行业主要岗位最低月工资标准：医疗人员初级最低1500元/月，护理工最低1300元/月，工勤人员最低1200元/月。

(3) 2012年度行业职工工资最低增长幅度为12%。

【案例启示】

职业(工种)工价不明确、不统一是行业职工无序流动和劳资矛盾的主要原因，通过开展行业工资集体协商，使劳动中突出的职业(工种)工价得到解决，规范了企业工资分配行为，企业也较好地摆脱了劳资纠纷的困扰，职工的切身利益通过平等协商也得到了的效维护，真正体现了劳资双赢。为确保协商质量，街道大胆创新邀请了12名人大代表对协商全过程进行监督，并发表意见建议，确保了协商工作公平、公正、民主、依法进行，单位和职工均表示满意。

(本案例收录在江苏省总工会编写的《协商工资在江苏》2013年第四期)

开展行业集体协商　助推产业快速发展

丰县大沙河餐饮行业工会

【行业概况】

丰县大沙河镇是闻名全国的“中华果都”，是丰县的旅游名镇。大沙河镇有13家餐饮企业，规模小，人数少，个别企业职工人数最多时有11人，大部分企业只有6人左右。2012年7月建立餐饮行业工资集体协商制度。

【协商背景】

为处理好劳资关系，稳定职工队伍，构建和谐乡镇，县、镇工会决定以开展餐饮行业工资集体协商为突破口，推动大沙河镇经济和生态观光旅游业快速发展。

【协商过程】

镇党委、政府将推行工资集体协商纳入科学发展目标综合考核内容，成立领导小组，下发推进意见，召开专题会议。县总多次深入大沙河镇餐饮行业搞调研、理路子、作指导。镇工会从下乡大学生中抽调5人全程参与工资集体协商工作，针对13家餐饮企业职工队伍不稳定、服务质量跟不上的情况，多次找镇行业协会协商，争得配合，共同查找症结，形成共识。

通过召开职代会，无记名投票选出5名职工方协商代表，并与行业协会商定就职工最低工资标准、职工加班加点工资、年度工资标准调整幅度、设立激励奖四个方面进行协商。在协商中坚持依法合理、基本保障、稳中求增、和谐共识四原则，实现劳资双方利益共赢。坚持做到宣传到位，提高职工群众的知晓率；坚持做到履行到位，严格监督企业对协商条款的落实；坚持做到反馈到位，及时反馈协商后职工评价和企业意见。研究制订了定期协商、工作会议、监督检查、履行情况报告制度等，保证协商程序完善，运作规范。

县总在大沙河镇召开全县餐饮行业工资集体协商现场观摩推进会，之后，全县电动三轮车、木业加工等 18 个行业工资集体协商相继实施，覆盖企业 621 家，职工 19870 人。

【协商成效】

一是为职工改善劳资关系提供了制度载体，架起了业主与职工相互沟通、理解的桥梁。二是为工会扩大了社会影响，赢得了各级党政领导的支持和社会的关注。三是为构建和谐社会提供了机制保障，形成了餐饮行业与职工利益双赢的和谐劳资格局。四是为促进企业健康发展奠定了基础，推动了大沙河镇生态观光旅游业快速发展。

【专家点评】

丰县开展餐饮业行业工资集体协商的成功所在，就是把“党、政、工”联动聚势，“情、理、法”多管齐下，作为开展行业工资集体协商的基础工作来抓，首先解决了不能谈、不敢谈、不会谈的问题。其次是通过提升员工素质、强化服务品牌和引领观摩学习等，延展放大了效果，提升了协商的质量，带动了其他行业的集体协商。

（本案例收录在江苏省总工会编写的《协商工资在江苏》2014 年第五期）

突出共性强化标准　建章立制协商共决

沛县纺织行业工会

【行业概况】

纺织业是沛县重要支柱产业之一，也是县域经济发展的传统产业。目前全县已建成投产的纺织企业140多家，环锭纺生产规模130多万锭，气流纺400多台，布机3000多台，年产各种规格的纱线50万吨，是全国重要的人棉纱生产基地。全县纺织业年销售收入近百亿元，从业人员3万余人。

【协商背景】

有效化解劳资矛盾，促进纺织行业的快速发展，制订具有行业共性的工资标准，是开展行业性工资集体协商工作的关键问题，也是难点问题。

【协商过程】

纺织行业工种虽然多达几十种，但经过我们深入调研分析后发现，行业内都有轻花、梳棉、并条、粗纱、细纱、自落等多个共有工种，而行业内共有工种的工资标准都由各企业自行制定，工资差异较大。因此，我们从共有工种的最低工资保障线入手，打开该行业工资集体协商工作的突破口。

成立了由工会、人社局等相关部门和人员组成的劳动定额（工资标准）指导委员会。通过行业协会调出技术工人的工资表，并对共有工种工资进行测算。测算方法是：将每个工种的月工资总额除以每个工种的职工总数，得出该工种的月平均工资。为使初步测算的月平均工资更加科学合理，选择具有代表性共性工种的工时、工价、定额等情况进行综合分析和比较。

召开行业协会、行业工会、工资集体协商专家指导组参加的联席会议，针对测算出的共有工种工资进行预商，双方代表就共有工种的月最低工资保障线进行协商，最后确定共有工种月最低工资保障标准。由行业协会和行业工会选出对等的职工代表，彼此真协商、真争论、真议价，进退有据，通过协商确定行业工资支付形式、增长幅度、休息休假、保险缴纳、福利待遇、劳动保护等方面的协商议题，最后达成双方认可的方案。为使行业工资集体协商协议具有权威和法律效力，行业协会与行业工会及时召开职代会对集体协议进行充分讨论，在统一思想，达成共识的情况下，表决通过集体协议。

为提升行业工资集体协商的实效性，建立了行业工会主席和双方谈判代表为协商工作监督员制度，对行业工资集体协商履约情况进行监督，每季度召开一次例会，发现问题及时向上级工会反映，督促整改。行业协会每月向行业工会提供各企业职工工资报表、经济指标完成情况等方面的信息，为完善协商内容、推进协商工作经常化、制度化、规范化提供依据。县总根据日常检查监督情况进行考评，对履约不好的企业在土地申报、贷款资格、评先创优等方面报请党政给予制约，确保行业工资集体协议履约到位。

【协商成效】

行业内企业效益同比增长了30%以上，职工月平均收入同比增长300元，困惑已久的工人“留不住”、“招工难”的问题得到彻底解决。促进了企业发展和职工权益维护双赢局面的形成，有效地化解了劳资双方的矛盾，改善了行业内企业用工无序竞争的状态。实现了职工工资分配的参与权，稳定了职工队伍，为行业发展奠定了人才基础。

（本案例收录在江苏省总工会编写的《协商工资在江苏》2014年第五期）

建制协商有序开展　和谐发展共享成果

徐州中意食品有限公司

【企业概况】

徐州中意食品有限公司，是一家大型省级农牧业产业化龙头企业，旗下以饲料加工、种鸭养殖、鸭苗孵化、肉鸭养殖、肉鸭屠宰、羽绒加工、熟食加工为主，公司注册资本2000万元，生产加工区总占地1000余亩、建筑总面积约90000平方米，拥有员工3200余人。

【协商背景】

随着企业不断发展壮大，企业效益不断增长，加上当前消费水平持续增高的现状，职工期盼增加工资，实现体面劳动，公司为和谐劳动关系，稳定人力资源，调动职工积极性、主动性和创造性，积极开展工资集体协商。

【协商过程】

（一）培训协商代表。为使协商达到最佳效果，在协商前期，职工方和公司方做了大量准备工作，争取了县总工会工资集体协商专家组的指导，咨询工资集体协商的流程和协商过程中的重点难点问题，向取得工资集体协商显著成果的纺织行业学习经验，培训谈判人员，努力使集体协商合理合法。

（二）调查研究。公司方组织有关人员认真调研、分析测算产品的市场行情及销售利润等情况，工会多次召开协商代表、职工代表、女工代表以及不同岗位、性别、年龄的职工座谈会，深入车间班组征求职工的意见和建议，并将收集的意见和建议进行整理评估，做好正式协商的准备工作。

（三）规范有序。根据前期测算、评估和综合职工意见，职工协商代表与公司代表进行多次沟通协商，在条件基本成熟的情况下，依法按照程序开展集体协商，职工方提出了最低工资标准为1960元，2014年职工工资增长线为15%，午餐补助为从4元增加到6元。公司方感到有压力，仅工资增长幅度一项公司每月就要增加投入96万元。公司表示对职工代表提出的要求能够理解，但同时从公司经营状况等方面分析了自身的压力，提出再协商的建议。职工方灵活应变，用事实、数据说话，以理服人引导公司方接受了本方意见。最终达成共识，形成集体协商草案，并通过职代会审议，形成了工资专项集体合同。

【协商成效】

职工最低工资标准定为1960元，2014年职工工资增长线为12%，午餐补助从4元增加到6元。职工得到了合理的劳动收入，保障了劳动者的主人翁地位和基本利益，增强了职工的归属感、自尊心，同时激发了职工的积极性、主动性和创造性，为企业发展提供了有力的保障和支持。

（本案例收录在江苏省总工会编写的《协商工资在江苏》2014年第五期）

准备工作做得细　工资协商出成绩

徐州千百度鞋业有限公司

【企业概况】

徐州千百度鞋业有限公司是千百度国际控股有限公司于2009年底在睢宁投资兴建的集研发、生产、销售于一体的制鞋企业。“千百度”是集团公司旗下主要经营的品牌，在全国各地有2300多家专卖店。公司位于睢宁经济开发区内，现有员工2500余人。

【协商背景】

职工收入偏低，收入分配不公等问题，如果处置不当、解决不好，就会导致人才流失，不仅影响到职工队伍的稳定，而且影响到企业经济效益，也必然影响到社会稳定。建立有效的工资集体协商机制，合理确定和调整工资水平，共享企业发展成果，是广大职工普遍要求和共同愿望。广大职工对工会切实维护自身的经济权益，逐步提高工资收入充满了期待。

【协商过程】

(1) 精选协商代表。协商效果的好坏与职工方协商代表的谈判能力有很大的关联。首先要精选职工方协商代表，职工方首席代表由工会主席担任，其余四名协商代表由工会组织先推出10名候选人，再经职代会表决通过最终选出4名敢谈判、会谈判的正式协商代表。企业方代表由企业法人确定，双方各5名协商代表。

(2) 组织会前培训。公司聘请开发区工会主席给双方协商代表进行协商前培训，主要内容是工资集体协商面临的形势与任务、工会在开展工资集体协商中的职能作用、集体协商的基本知识与法规政策、集体协商的内容和程序、开展集体协商的策略技巧、典型案例分析和模拟集体协商等。

(3) 协商前准备。协商前一周,职工方协商代表一方面收集职工征求意见表,整理归纳,确定要协商的具体事项,另一方面收集企业经营状况,利益分析等数据,形成书面初步协商方案,并提前与企业方沟通,力争协商重点趋于一致,为下一步成功协商打下坚实基础。

(4) 召开协商会议。双方经过三轮激烈的讨价还价,最后将工资分配制度、工资标准、工资分配形式、职工福利及奖金分配、年度工资的调整幅度等都落到了实处,形成了协议草案,经职代会审议通过,形成工资集体协商专项合同。

【协商成效】

工资集体协商促进了职工实现体面劳动。通过工资集体协商,保证了职工获得体面工资和福利,凝聚职工团结奋进、共担责任,把体面劳动与企业共同发展整合,实现双方的互利共赢。职工队伍稳定了,招工难的问题解决了,公司的经济效益逐步上升,公司进入一个良性循环状态。

【协商启示】

(1) 企业的发展与职工利益的保障息息相关,两者互为基础,互为前提。只有按照实现双方互利共赢的目标来开展集体协商,才能实现劳动者利益最大化。

(2) 开展集体协商只有在实践中不断探索和创新,积累更多更好的经验,才能开创集体协商的新局面,推动集体协商工作不断迈上新台阶。

(本案例收录在江苏省总工会编写的《协商工资在江苏》2014 年第五期)

顺势而上抓协商　老板主动把薪涨

徐州伟天化工有限公司

【企业概况】

徐州伟天化工有限公司始建于2007年，是一家集洗煤、炼焦、化产回收及深加工为一体的大型中外合资企业。目前已有年产冶金焦炭160万吨、焦油8万吨、粗苯3万吨、硫铵1.9万吨及甲醇15万吨配套燃机电站年发电1亿度的生产规模，现有职工1300多名，主营业务产品实现销售收入32亿元，上缴税收近4000万元。公司于2011年8月成立工会，2011年12月分别签订了首期《集体合同书》和《工资集体协议》，为深入创建幸福企业打下了坚实的基础。

【协商背景】

徐州伟天化工有限公司是由4名外籍华人和1家中资企业投资建设的一座大型煤化工企业，期初由于企业新上项目增多，规模不断扩大，职工人数越来越多，内部管理未能及时跟上。加上企业工会组织不健全、厂务公开民主管理和工资分配制度不完善，致使许多职工在工资增长、劳保福利、业余生活等多方面意见很大，劳资矛盾节节攀升。一段时期内，公司的外方老总成了铜山区劳动仲裁庭的座上客，一定程度上影响了公司的正常生产经营和企业声誉。

【协商过程】

区总工会领导带领镇工会主席先后多次深入公司，向外方管理人员宣传我国的《工会法》、《劳动法》等法律法规，反复申明中国工会与西方工会的本质区别，并列举区其他外资企业建立工会和开展集体协商对企业规范发展的好处，让外方老总充分认识到中国工会是为企业和职工服务的，消除他的疑虑，外方老总终于被说服，于2011年建立了工会组织。区总工会乘势帮助企业分析公司内劳资矛盾多发的根本原因，及时指导该企业建立完善职代会和厂务公开制度，开展工资集体协商。

2011年10月，徐州伟天化工有限公司第一届一次职工代表大会隆重召开，会议邀请了区、镇工会领导参加。公司外方董事亲自列席大会，庄重承诺在公司建立职代会、厂务公开和工资集体协商制度，以后职工的工资确定和增长，都实行平等协商。

本次协商主要焦点是职工工资的实际增长幅度。公司一般情况下是在每年的第四季度开始做下一年度的整体预算，因自2011年以来，受大的环境影响，焦炭行情一直低迷不振，连年亏损。2013年9月，甲醇投产给公司提升了很大的效益空间，但整体利润基本持平，所以近两年职工工资增长不是太大。在做预算伊始，公司董事长主动提出2014年全体车间员工工资增长10%，特殊岗位可适当提高到12%。随后，总经理组织各车间逐级召开座谈会，大家都很理解和满意。而几个月过后，市场瞬息发生较大变化，加之公司又要征地快上新的项目，资金短缺。涨还是不涨，工会和人力资源部经过深入基层及时了解大家思想动态，以防出现职工不理解，以及年终跳槽等问题。

【协商结果】

经过多次协商谈判，职工方提出暂不增长工资，董事长于心不忍，决定预算仍是照样做，待效益稍微有好转就一次性补齐，同时召开董事会研究决定，在春节来临之际，想方设法挤出一部分资金，先多发给大家年终奖，以调动员工的劳动生产积极性。2014年6月，公司一线员工均一次性拿到了工资增长补发，同时对低工资的员工进行倾斜，员工的满意度大大提高，在和谐的氛围当中将协商达到最好的效果。几年来，公司坚持每年开展一次工资集体协商，职工工资和福利待遇逐年提高，劳资矛盾纠纷逐年递减，职企关系和谐，企业步入了依法规范经营的轨道。

【专家点评】

“老板主动把薪涨”听起来很新鲜，但这其中应当是上级工会主动工作、主动作为得到的结果。

长期以来，在外资企业开展工资集体协商一直是这项工作的难点和盲点。外资企业职工力量相对薄弱，在外资企业建立工会困难，经营方在劳动关系中处于优势地位，一些地方政府对外资企业的保护成了外资企业不开展工资集体协商的护身符，等等，成为外资企业开展工资集体协商最大的困难。如何突破当前外资企业建制难这个瓶颈，铜山区总工会的做法给了我们答案。那就是找准企业劳资矛盾，主动上门宣传，帮助企业分析，指导企业建立民主管理制度和开展工资集体协商，让企业老板真正认识到加强企业民主管理和开展工资集体协商是解决劳资矛盾的唯一出路。企业思想通了，愿意配合做这项工作，开展工资集体协商才有意义。否则，即使开展协商了，协议也签了，落实也无从谈起。

（本案例收录在江苏省总工会编写的《协商工资在江苏》2014 年第五期）

谱写协商“三步曲” 促进协商增实效

新沂经济开发区总工会

【区域概况】

新沂经济开发区距市区 5 千米，总面积 43.37 平方千米，目前有企业 136 家，职工 5624 人。开发区建立于 2004 年，同年成立工会，2006 年升级为省级开发区，开发区工会改建为开发区总工会，2007 年开始在企业中逐步推进工资集体协商建制。

【协商背景】

自 2012 年以来，受大环境影响，开发区园区内不少企业停产、破产，新入驻企业较少，原有企业减少。尤其在 2012 年至 2013 年，民间信贷危机对园区内企业是一次大规模的冲击，企业出现无序竞争，工人无序流动现象严重。劳动力市场相对紧张，影响了企业职工工资的正常增长，也影响了企业的正常生产经营秩序和职工队伍的稳定，企业工会开展工资集体协商遇到了极大地阻力。开发区党政工领导班子反复研究，最终同意区总工会意见，决定采取区域、行业、企业的三个层次协商，为职工寻求工资保障。

【协商过程】

区总工会制定开展工资集体协商的筹备方案，及时向新沂市总工会进行汇报，取得了新沂市总工会的大力支持和帮助，被列入协商指导的重点区域，派协商指导员全程予以指导。为了使工资集体协商在企业中有序推进，区总工会首先做好区域协商，在区内企业和职工中广泛进行宣传动员，召开区域职代会推选职工方协商代表，并组织代表学习《工资集体协商试行办法》、《集体合同规定》、《劳动合同法》等法律法规，了解协商的程序和掌握协商的技巧。其次，区总工会向职工发放工资集体协商征求意见表、职工工资收入情况调查表，了解企业生产经营情况、职工收入和福利待遇情况，掌握第一手资料，从而明确协商内容，向区内企业发出协商要约，并由区经贸局指导和督促企业推选协商代表，及时向区总工会应约。最后，区域协商双方代表对确定下来的协商内容展开协商，达成协议，并提交区域职代会表决通过。

协商第一步是开展区域协商，区总工会重点是确保职工最低工资标准有保障、工资能按时足额发放，避免职工收入过低、企业拖欠工资的情况出现。协商第二步是开展行业协商，对企业进行分门别类，把经营类型相对集中、职工平均收入高于一般企业的纺织企业和机械企业挑选出来，开展行业协商，行业协商以区域协商达成的协议为底线，适当进行提高，并明确行业企业平均工资调整幅度、平均工资应达到的标准。协商第三步是开展企业协商，指导 50 人以上企业结合区域、行业协商协议情况，根据企业实际，把协商内容进一步细化，把加班加点工资核算、津贴、补贴等列入协商内容。

【协商效果】

目前，工资集体协商“三步曲”已经成为新沂经济开发区企业每年的曲目，通过协商“三步曲”，企业工资调整机制得到完善，职工收入更有保障。今年，纺织行业不景气，企业经营困难，在协商中，企业与职工双方互相谅解，使企业的经营保持了稳定，企业劳动关系越发和谐，实现了企业与职工的双赢。

（本案例收录在江苏省总工会编写的《协商工资在江苏》2014 年第五期）

倾听职工诉求　开展二次协商

徐州小拇指汽车美容中心

【企业概况】

徐州小拇指汽车服务中心位于徐州二环西路138号，现有职工26人，是一家全国连锁专注于汽车美容、洗车、漆面修补、快修快保，保险理赔，车饰装潢等专业化服务的门店。自2009年成立以来，全体员工本着全心全意为客户服务的宗旨，赢得客户的信任。

【协商背景】

2010年以来，作为泉山区和平街道汽车美容行业中的一个企业，连续3年参加了该行业工资集体协商，最大限度维护职工合法权益。2013年6月，和平街道总工会组织辖区内汽车美容行业开展了行业工资集体协商，协商确定了本年度行业内职工最低工资标准1350元/月，职工工资平均增长幅度为10%。小拇指汽车服务中心在按行业协商标准实际执行中，职工普遍认为行业标准与企业实际收入分配存在着明显差距。为此，小拇指汽车服务中心工会根据广大职工的要求和本年度企业经营绩效的实际，在行业开展工资集体协商的基础上，向企业方提出了针对本企业二次工资集体协商得要求，从而更好地调动全体员工的工作积极性，促进企业和谐发展。

【协商过程】

企业按照规范程序召开全体职工大会对职工方协商代表进行推荐选举；对协商的内容进行初步审核，对工资专项集体合同进行把关，在协商过程中行政方和职工方分别安排专人对协商过程和内容进行详细记录；协商达成的协议草案及时召开全体职工大会进行投票表决，工资专项集体合同在经人保部门审核备案后，严格按要求和程序进行公示。

为进一步提升工资集体协商质量成效，在上级工会指导和帮助下，企业于在徐州市海天假日酒店召开了本年度二次工资集体协商现场会，市、区领导及相关企业工会代表100余人参加了会议。会议由泉山区总工会主席韩修德主持，会上还邀请泉山区人大代表、政协委员现场进行监督观摩。此次平等协商成效显著，受到社会各界广泛关注，央视四套《中文国际》、《江苏工人报》、《新华日报》、《徐州日报》等媒体都进行了宣传报道。

企业工会把履约监督作为重要职责，组织双方协商代表或者职工代表对工资集体协议的履行情况进行检查监督。上级工会和人保局联合定期或不定期到企业组织调查研究和执法检查，及时解决工资集体协议履行过程中出现的各种问题，为企业工资集体协议履行提供保障。

【协商成果】

2013年度徐州小拇指汽车服务中心职工最低工资标准1500元/月。2013年徐州小拇指汽车服务中心绩效工资按年度总利润的8%作为奖励。2013年度徐州小拇指汽车服务中心职工工资平均增长幅度为12%。

【协商启示】

一是要围绕行业集体协商整体框架，因企因地制宜。小拇指汽车服务中心在和平街道汽车美容行业工资集体协商的基础上，企业工会根据企业经营的实际情况，就机修、钣金、喷漆、美容等最低工资标准开展二次协商，进一步明确企业工资分配方案，最大限度地满足职工对切身利益的诉求，避免了因行业发展不均衡，企业实力大小不一而出现的大锅饭、一锅端的现象。

二是要充分发挥“一代表一委员”的监督作用，确保公平公正。协商现场特邀了泉山区人大代表、政协委员进行监督检查，并就工资集体协商工作开展提出意见和建议，确保了协商的公平公正性，对维护职工权益，促进了民生改善与社会和谐，发挥了积极的作用。

三是要结合企业生产经营状况和特点，完善分配机制。在协商内容上，根据企业实际生产情况和利润提出了绩效奖励办法，这是一个创新，职工既有固定增加的工资，又有激励增加的奖励，既可调动职工的劳动积极性，又能提高企业经济效益，是一项双赢举措。

【专家点评】

开展行业工资集体协商不能一个协议一签了之，要把协议内容真正落到实处。应当在行业工资协议的基础上，选择部分或个别效益较好的企业，或者职工认为协商工资或其他福利还应有上升空间的企业，引导工会组织劳资双方进行二次协商甚至是多次协商。也就是我们所说的一次协商是基础，二次协商是深入。同时，还应坚持一个前提，就是其确定的劳动报酬标准不应低于行业工资集体合同规定的标准，否则将失去意义。

（本案例收录在江苏省总工会编写的《协商工资在江苏》2014年第五期）

开展工资集体协商　提高职工工资水平

泉山区段庄街道矿东社区工会

【单位概况】

段庄街道矿东社区于2003年5月成立社区工会，辖区内现有电子、机械配件、工程机械大小企业27家，工会会员155人。

【协商背景】

矿东社区辖区企业类型不一，大多是一些规模小，科技含量低的小微型企业，企业职工工资待遇标准存在较大差异，企业职工在工资分配上少有发言权。

【协商过程】

为规范企业依法用工，同时唤醒员工维护自身权益的自觉意识，矿东社区工会召开了矿东社区区域性工资集体协商工作推进会，成立了专门的工作班子。通过开展专题讲座等方式，在企业和职工中广泛宣传工资集体协商。同时召开所属企业工会小组会、企业老板座谈会、职工座谈会，同时进行问卷调查，掌握职工的意愿，广泛收集职工和企业的意见和建议。

社区工会多次深入到辖区各企业，了解企业的生产、经营状况，了解职工对工资收入的愿望和诉求。通过对辖区内的企业职工实际工资水平的调查，制定了合理的协商方案。2015年8月12日召开了矿东社区联合基层工会（区域）三届三次会员（职工）代表大会，选举产生了5名矿东社区联合基层工会职工方工资集体协商代表。社区工会根据职工的要求和企业的生产经营实际，结合当前政府对企业最低工资标准和工资增长指导线的有关规定，提出了年度工资集体协商的初步意见，并向企业方发出了要约。工会方的要约得到了企业方的回应和大力支持。社区也组织区域内企业协商推选了5名行政方协商体表。

双方协商代表确定后，正式展开了工资集体协商。由于立场不同，在一些焦点问题上双方发生分歧。面对这种情况，社区工会主要领导出面协调，引导双方寻找利益平衡点，提出双方可以妥协的方案。在上级工会的指导下，又经过多次协商，最后双方达成共识。

【协商结果】

矿东社区辖区企业 2015 年最低工资标准为 1500 元，年度工资增长幅度为 10%。

【协商成效】

区域内 27 家企业全部签订了区域职工工资集体协商专项集体合同，区域工资集体协商的覆盖率达 100%，有效解决了辖区内小微型企业开展工资集体协商难的问题。通过推进区域工资集体协商，进一步保障了职工权益，从而让职工充分享受到企业发展成果。

【专家点评】

开展区域工资集体协商主要是针对企业规模小，科技含量低，企业之间经营范围不同，职工工资待遇标准差异大的小微型企业，其中最大的难点是如何把职工和企业组织起来。泉山区矿东社区依靠社区建立的“救助、维权、服务”三位一体的服务体系，通过建会把职工组织起来。再通过深入企业，广泛宣传把企业组织起来，确定了两个合法的协商主体。同时，通过开展专题讲座、板报宣传、问卷调查、走访职工、走访企业等多种形式，广泛收集职工和企业的意见、建议，制定出符合企业意愿和职工诉求的工资集体协商方案。矿东社区形成的一整套开展区域工资集体协商的流程和工作方法，应当成为主城区小微企业开展区域工资集体协商的样本。

（本案例收录在江苏省总工会编写的《协商工资在江苏》2016 年第六期）

开展行业协商　保障农民工合法权益

睢宁县沙集镇电子商务商会

【行业概况】

沙集镇电子商务商会成立于2013年，由300余家会员单位组成，分布在全镇17个村，从业职工3000余名，负责实木和板式家具生产。

【协商背景】

现有各家具企业存在职工工资发放标准、发放时间上不统一，导致职工无序流动，企业生产数量、质量不稳定，客服服务水平参差不齐，劳资矛盾突显。

【协商过程】

一是成立工会组织。2013年2月，在镇总工会指导下，建立沙集镇电子商务工会组织，选举魏国义为工会主席。

二是推选协商代表。2015年7月，各村家具企业推荐选举产生各行业职工代表，同时，推荐魏国义等5人为工会方首席协商代表，孙寒等5人为商会方首席代表。

三是议定协商议题。主要协商行业内职工最低工资标准，平均工资标准，行业内技术工人平均工资标准以及工资发放时间。

四是开展工资集体协商。2015年7月28日，在镇政府4楼会议室召开商会工资集体协商会议，劳资双方协商代表就行业职工最低工资标准、年度行业职工增长幅度、技术职工最低工资标准和工资发放时间进行了协商，通过近2个小时的“短兵相接”，最终达成三项协议：① 电子商务行业职工最低月工资为1600元，比上年1400元增加200元；② 电子商务行业普通职工平均工资不低于2200元，比上年增加300元；技术工人平均工资不低于2800元，比上年增加

300元;③职工工资当月发放时间为每月15日前。

五是审议协议草案。2015年7月29日召开沙集镇电子商务行业一届五次职工代表会议,应到代表105名,实到103名,对《沙集镇电子商务行业工资集体协商协议草案》进行审议表决,同意101票,反对1票,弃权1票,通过了《沙集镇电子商务行业工资集体协商协议》。

【协商成效】

(1)电子商务行业职工最低工资标准的确立,让行业一线职工掌握了本行业用工的工资底线,增强了依法维权意识。

(2)电子商务行业普通职工和技术工人的月平均工资水平分别不低于2200元和2800元,超过了睢宁县2015年度职工月平均工资的标准近一倍,增强了职工爱岗敬业热情。

(3)职工队伍得到稳定,职工安心工作,企业稳定运转,企业竞争力得到加强。

(4)为吸引更多农民工投身电子商务行业就业营造良好氛围,促进了电子商务行业健康发展,维护了广大农民工的合法权益。

【专家点评】

(1)本行业工资集体协商劳资双方主体健全,双方力量大致均衡,利于协商。工资专项合同规范,工资集体协商监督检查小组严格监督合同履约情况,每半年向行业职代会报告一次合同履行情况,行业工资集体协商效果明显。

(2)通过行业工资集体协商,统一了行业工资标准,提高了工资增长的透明度,避免互挖墙脚,哄抬工价,减少了企业间的无序竞争和职工的无序流动。职工频繁"跳槽"现象得到明显缓解,职工队伍趋于稳定,企业劳动关系趋于和谐。

(本案例收录在江苏省总工会编写的《协商工资在江苏》2016年第六期)

全员参与接地气　职企双赢增实效

徐州金鹰人民广场购物中心有限公司

【企业概况】

徐州金鹰人民广场购物中心有限公司位于徐州市西部商圈核心位置，建筑面积超过3.6万平方米，为淮海经济区一家集“新、特、悦、全”四个特色为一体的综合性时尚百货商场，集百货、超市、餐饮、影院、休闲于一体的时尚购物模式，为消费者打造了一个全方位、便利型、综合性的消费空间。公司于2012年1月19日开业，目前现有员工219人。2013年6月成立了徐州金鹰人民广场购物中心有限公司工会委员会，会员数219人。公司长期坚持扎实开展厂务公开、民主管理工作，开业至今先后荣获“江苏省五一劳动奖状”、“徐州市职代会制度规范化建设先进单位”、“泉山区模范职工之家”等多项荣誉称号。

【协商背景】

随着企业“以人为本，结合优秀人才与企业共同发展”的经营管理理念和企业文化的确立，公司工会把开展工资集体协商作为和谐劳动关系建设的重点内容。为了解决受经济大环境的影响，许多商家出现小规模的裁员和自主招聘的员工流动性大的问题。公司行政把商场内引进的200多家品牌代理商聚集一起，主动向他们宣传开展工资集体协商的意义和要求，争取理解和支持，公司工会把品牌自主招聘的员工全部吸纳为金鹰工会会员。改变了以往仅对公司自有员工的开展的工资集体协商，实现了按品牌分类开展工资最低标准、工资发放形式和时间、提成比例为主要内容的全员参与式工资集体协商。为进一步稳定职工队伍，保障职工的合法权益，促进企业良性发展提供了良好的基础。

【协商过程】

（1）确定协商主体。该店从对外形象上看是一家独立的实体商店，应当作为单独协商的类型开展工资集体协商。但从职工的构成看，员工是店内200多家品牌代理商独立自主招聘的，与整个商场没有劳动关系，劳动定额、薪酬分配都是有各品牌代理商决定，不受商场的支配。商场只是收取租金，对单个的品牌商职工收入没有决定性的作用。因此，开展单个的集体协商显然起不到约束作用，如何确定好双方的协商主体，是该店做好工资集体协商的前提和关键。根据现状采取了建实体店工会，把所有员工吸收到工会组织，形成职工方主体，代表全体职工与企业方进行协商。然后由实体店行政把所有的品牌代理商组织起来，按照经营楼层和经营品种相似的范围，分别选出有代表性和有相应权威的经营者代表，组成企业方协商主体，按照区域或行业协商的相关规定和程序开展工资集体协商。

（2）发出要约书。由金鹰购物中心公司工会代表全体职工向企业行政递交了工资集体协商要约书，其主要内容包括工资集体协商的时间、地点、主要内容、开展协商的方式及企业的经营情况等诸项内容。

（3）工资集体协商双方代表的产生。企业方组织品牌代理商按照商场楼层经理中选出5名代理商代表，作为企业方工资集体协商代表；职工方通过职工代表大会选举产生5名职工方协商代表。在协商代表的产生上，充分考虑到代表既要有广泛性又要有代表性，有工会干部、中层管理人员和一线员工，确保代表的广泛性。

（4）召开协商现场会。2015年10月20日，双方代表开展了2015年度自有员工职工年度工资增长幅度、最低工资标准协商，各品牌自主招聘员工的最低工资标准（标杆品牌、重点品牌）、工资发放形式和时间、提成比例等内容的工资集体性协商，实现了工资集体协商的全员覆盖。

【协商成效】

徐州金鹰人民广场购物中心有限公司自有员工：

（1）2015年度职工年度工资增长幅度为7%。

（2）2015年度职工最低工资的标准1650元/月。

徐州金鹰人民广场购物中心有限公司品牌自主招聘员工：

(1) 2015 年，徐州金鹰人民广场购物有限公司标杆品牌店员工最低工资 1800 元/月，重点品牌店员工最低工资标准 1650 元/月。

(2) 2015 年，徐州金鹰人民广场购物有限公司工资发放形式和时间为每月于 15 日之前以人民币形式进行发放。

(3) 2015 年，徐州金鹰人民广场购物有限公司提成比例标准为经营总额的 0.3%，各品牌店还可以根据自身的盈利能力，对提成标准进行二次协商。

【案例启示】

一个商场 200 多个品牌，各品牌营业员自主招聘自我管理，特别是各品牌之间员工薪资待遇差距大，如果没有一个现对稳定的基础工资做保证，员工心理不平衡、员工队伍不稳定是肯定的。这次开展全员工资集体协商，保证了各品牌之间最基本的工资收入水平，对稳定一个队伍起到了积极的作用。本次工资集体协商中，将各品牌下的职工全部纳入公司工会会员，为这些员工提供了一个全新的维权途径。而把企业方协商主体确定为各品牌自营商，对协商过程和协议落实的有效性和起到了至关重要的作用。通过工资集体协商谈判，员工代表提出了许多关于最低工资、提成分配上的意见，品牌商都能本着共谋发展的原则对职工的要求做出一一回应，双方很快达成了共识，体现了金鹰购物中心关注品牌自聘员工利益的人性化管理理念，说明了只有建立公平合理的工资分配制度和协商平台，才能留住员工、稳定员工队伍，实现企业、品牌商和员工利益的共赢。

【专家点评】

徐州金鹰购物中心按照区域、行业协商的程序和规定开展单个企业工资集体协商，是进一步明确双方主体，切实协商增强实效性的有益尝试，改变了过去那种为了追求覆盖面，不分员工的用工结构，不分企业的经营性质和经营模式，只要是单个企业，一个合同模式量到底做法；改变了工资集体协商只是少数固定员工的协商，实实在在地为各个层次的员工谈工资的局面，让各个层次的员工在集体协商工作中享受了“谈的权利”，参与了“谈的过程”，看到了“谈的结果”，形成了凝聚共谋企业发展、共享发展成果的共识与合力。

（本案例收录在江苏省总工会编写的《协商工资在江苏》2016 年第六期）

注重集体协商 构建和谐行业

丰县餐饮行业工会

【行业概况】

丰县餐饮行业共有企业 640 多家，从业人员 6800 多人，既有一定规模的酒店，也有三四张桌子的小店，小餐饮店占餐饮业的 85%以上。

【协商背景】

丰县餐饮业以大众化经营为主，特别是一些餐饮店粗放式管理和增长模式，在受到成本上涨等因素制约后经营出现困境；餐饮从业人员整体素质不高，流动频繁，劳资矛盾时有发生，全县餐饮行业经营陷入困境。为维护职工权益，稳定人员队伍，帮助餐饮业走出经营困境，行业工会主动向行业协会提出集体协商要约，开展了行业成立以来的第三次集体协商工作。

【协商过程】

一是选好协商代表。行业工会认真做好选举职工协商代表工作，经各酒店民主选举，确定了职工协商代表候选人，再经县餐饮行业一届三次职工代表大会无记名投票，选出 7 名职工协商代表。协商前，行业工会就集体协商的内容、程序、方法、策略、技巧等内容进行了培训，并根据协商代表的专业特长，明确了协商代表的职责。

二是确立协商内容。行业工会多次深入到酒店与职工进行座谈，与业主进行沟通，了解职工意愿，掌握业主心态。通过调查分析，结合丰县餐饮行业实际，确定了职工最低工资标准、增幅、工龄工资三个方面的协商内容。

三是形成初步共识。首次集体协商会议学习了上级工会有关集体协商文件要求，对职工最低工资标准、工资增幅和工龄工资三个议题进行协商，决定职工最低工资标准高于政府规定的标准,其他两个议题没有形成共识。

四是力争职工待遇。集体协商会议是在深入调查了解后进行的,业主们一方面诉说受大环境的影响经营困难,另一方面诉说肉鱼、蔬菜涨价使经营成本增加,再提高职工工资有些困难。职工方根据市场调查,摆事实讲道理,认为职工工资增幅和工龄工资有上调空间,进行据理力争,经过积极协商,双方对工资增幅和工龄工资达成共识。

【协商成效】

今年,丰县餐饮行业集体协商就厨师长、热菜师、凉菜师、配菜师、面点师、服务领班、服务员、洗碗工、清洁工九类人员的最低工资标准、工资增幅和工龄工资进行了积极协商,在上年度的基础上,协商确定职工最低工资标准增加100元/月,年工资增幅7%,工龄工资增加50元/月,职工过节费增加100元。

通过开展行业工资集体协商工作,一是调动了员工工作积极性。开展行业工资集体协商工作,使职工认识到酒店发展与自身利益的关系,形成了“我靠酒店生存,酒店靠我发展”的共识,从而调动了员工的积极性,增强了职工的凝聚力。二是提高了企业的经济效益。开展行业集体协商工作,使职工认识到工资收入的增长是建立在提高企业效益的基础上,企业有了效益,职工的收入才会增加,调动了职工的积极性,促进了企业经济效益增长。三是构建了和谐餐饮业格局。通过建立集体协商制度,淡化了劳资矛盾,稳定了职工队伍,扩大了工会组织的影响力,帮助企业走出了困境,促进了全县餐饮行业健康发展。

【协商启示】

行业工会主动向行业协会提出集体协商要约,形成共识是集体协商的前提。行业工会深入基层调查了解,掌握实情是集体协商的基础。行业工会谈判中据理力争,切实维护职工权益是集体协商的重点。行业工会从大局出发,着力实现双赢是集体协商的目的。

【专家点评】

丰县餐饮行业集体协商是在丰县大沙河镇餐饮行业集体协商取得基本经验的基础上的又一成果典型。有两点值得推广和借鉴。一是面对面广量大的众多中小餐饮业，广泛宣传做通企业方的工作是基础，特别是小吃早点部等小餐饮。丰县餐饮行业工会能从大局出发，在餐饮业经营出现困境、人员流动频繁的情况下，主动深入基层调查，了解职工意愿，掌握业主心态，摸清市场行情，协商中据理力争，实现了全县范围的行业集体协商。二是把握职工最关心和最有直接利益的协商主题，稳定了厨师长、热菜师、凉菜师、配菜师、面点师、服务领班、服务员、洗碗工、清洁工九类人员的最低工资标准、工资增幅和工龄工资，是协商成功的关键。今后，如能在工时制度、加班加点办法、周休息日安排等方面，多增加一些协商内容，将会从更高层次提升行业集体协商的内涵，更好地维护职工合法权益和餐饮行业稳定发展。

（本案例收录在江苏省总工会编写的《协商工资在江苏》2017年第七期）

试点部门专题协商　提高集体协商实效

江苏利民化工股份有限公司

【企业概况】

江苏利民化工股份有限公司是国家定点农药制造骨干企业、上市公司，主要致力于农用杀菌剂的研发、生产与销售，拥有职工 1200 名。

【协商背景】

近年来受全球经济影响，农药市场需求不振，整体呈现下滑趋势。同时，公司发展目标以及产品结构调整带来的产品技改、扩大产能、环保改造、新设备添置等成本增长的压力，迫切需要更好的销售业绩来转化。如何在企业整体工资集体协商协议的基础上，专门对销售人员工资结构进行调整，充分调动市场营销部人员工作积极性，新沂市总工会尝试了在企业内部专门对部分部门和职工的工资调整，进行专题工资集体协商。

【协商过程】

2016 年 7 月，利民化工公司行政向公司工会提出了市场营销部销售员绩效工资分配改革的建议和进行专题协商的要约。公司工会接到要约后高度重视，工会主席在了解公司改革意图和现行分配情况后，带领了几名同志利用近两个月时间重点收集营销部职工关于薪酬福利待遇方面的意见、建议，并多次和公司领导进行沟通，经工会委员会讨论形成了市场营销部销售员绩效工资分配协商工作草案。

2016 年 9 月 6 日，召开了“利民化工公司市场营销部销售员绩效工资分配集体协商会议”，这也是新沂市企业首次以企业部门为单位开展的协商会议。重点就利民化工公司市场营销部销售员比较突出的工资问题进行协商，市场营销部全体职工 50 余人参加了会议，此次会议以部门为单位、分别协商的方法，建立了公司工资集体协商新的机制。协商会议主要就市场营销部销售员的基本工资、绩效工资、出差补助、新产品奖励薪资、工资发放形式和时间等几项议题进行协商，最后劳资双方达成共识。总体绩效工资考核分为两个层次，即销售任务考核基数和销售激励点。任务考核基数参照上年完成的销售数字，激励点在考核基数的基础上增加 15%。为了切实起到激励的作用，完成对应考核点的销售提成系数采取递进的方式，即完成激励点的提成系数高于前一点。完成基数点的绩效工资平均在 3 万～3.5 万元/年，完成激励点的绩效工资平均在 5 万元/年左右，销售超过激励点的提成系数按激励点系数提成，不再增加。销售基数越大，绩效工资定位越高，具体要根据年终销售完成数字再定。确定了新产品奖励薪资数额和工资发放形式和时间。

【协商成效】

经协商，利民化工公司市场营销部人员基本工资在去年的 1500 元/月基础上提高到 2500 元/月；出差补助确定为 120 元/天；绩效工资也在去年的基础上增加了提成系数，确定了新产品奖励薪资数额和工资发放形式和时间。

【协商启示】

工资集体协商的目的是在保障职工合法收入的基础上，最大限度的激发职工的积极性。针对销售人员工资改革开展专题工资集体协商，既体现员工价值、多劳多得，更能有效地促进企业销售工作的开展，实现真正的双赢。

【专家点评】

新沂市试点在企业内部对部分部门员工薪酬开展专题工资集体协商，应当说在当前经济形势放缓和企业经济结构调整的大背景下，是一个很好的尝试。工资集体协商不能流于形式，要真正切合企业实际，通过协商达到企业与职工互利双赢。利民化工销售人员的工资专题协商，解决了当前困扰职工分配利益的困扰，解决了当前企业销售瓶颈对公司发展的阻碍，平衡了销售业绩与员工贡献之间的关系。显然，通过协商职工工资待遇提高了，职工得到了真正的实惠，职工的积极性得到充分调动，企业的发展的基础也就坚实了。同时，新沂市总的做法，在彰显工会组织在维护职工权益重要作用的同时，体现了工资集体协商工作积极务实的工作作风。

（本案例收录在江苏省总工会编写的《协商工资在江苏》2017年第七期）

开展工资集体协商　维护职工队伍稳定

江苏大族粤铭激光科技有限公司

【企业概况】

江苏大族粤铭激光科技有限公司，成立于2006年，是深圳大族激光旗下的高新技术企业，专业从事工业激光设备的研发、生产与销售。

【协商背景】

企业地处睢宁县八里工业园内，周围有充裕劳动力资源，但近年来受经济下行的影响，企业效益日渐下滑，职工收入增长幅度较小，职工队伍出现不稳定现象。因此，通过开展集体协商稳定职工队伍迫在眉睫。一方面，职工面对工资收入的不确定以及就业风险的压力，期待通过工资集体协商方式，来维护自己的劳动权益。另一方面，企业面临效益下滑、成本上升等债务负担，也希望通过集体协商的形式，让职工理解企业经营现状，通过工资集体协商等方式来缓解劳动关系的紧张，以增强企业凝聚力，共担风险，共渡难关。

【协商过程】

2016年8月2日公司方主动向工会方提出了工资集体协商要约，要求双方密切配合，在开展好调查研究、掌握职工合理诉求基础上，公司行政经科学测算和社会调查，初步制定出以职工工资福利具体分配为重点内容的《工资集体协商实施细则（草案）》，主动提交工会方组织职工代表协商讨论。8月10日，公司和工会各自依法推选出双方协商代表各5人，8月15日邀请八里金属机电产业园工会工资集体协商指导员前来企业进行工资集体协商培训指导。8月18日，双方代表在公司会议室，就《工资集体协商实施细则（草案）》进行面对面协商讨论。通过双方艰苦协商，对《工资集体协商实施细则（草案）》进行多处修改，初步形成了符合本公司企业和职工利益的工资专项集体合同草案。2016年8月20日，公司工会召开一届八次职工代表会议，应到职工代表45人，实到职工代表43人，对工资专项集体合同草案进行讨论和票决。结果为同意41票，反对1票，弃权1票，通过了工资专项集体合同草案。

【协商成效】

协商达成的《2016年江苏大族粤铭激光科技有限公司工资专项集体合同》规定：公司职工最低劳动工资标准为2250元，增幅与去年基本持平；公司职工的平均工资由上年度的2350元/月，调整为2450元/月；工资于每月15号前打卡发放。在协商会议上，公司还采纳了10条职工代表提出的合理化建议。

通过集体协商确定，企业在生产淡季时，组织职工待岗培训，培训期间职工基本待遇不减，既提高了职工的素质，又让职工“安心”留下来；在企业生产旺季，加强对职工劳动保护和安全卫生管理，适当提高工资福利待遇，激发职工积极性和创造性，真正从利益上维护职工，从生活上关心职工，提高了职工幸福指数。

本次工资集体协商，虽然职工工资没有大的增长，但调动了企业职工和企业经营者的积极性和创造性，促进了企业生产发展和生产效益的提高。

【专家点评】

（1）工资集体协商制度改变了以往企业与职工简单的雇佣与被雇佣关系，让职工利益与企业发展紧密联系起来，突出职工的主人翁地位，让其真正融入企业，劳资关系更加和谐。

（2）经过工资集体协商，职工的合法权益在平等、公平协商机制上得到保障，工作积极性明显提高，促进了企业效益的提升。

（本案例收录在江苏省总工会编写的《协商工资在江苏》2017年第七期）

动态协商跟大局　稳定关系促发展

圣戈班(徐州)管道有限公司

【企业概况】

圣戈班(徐州)管道有限公司是世界500强法国圣戈班集团全资收购原徐州钢铁总厂,于2005年底成立的外商独资企业,在册员工2350名。

【协商背景】

伴随经济下行,扩张期掩盖的产能过剩矛盾逐渐显现。2015年7月22日起,公司响应市政府号召,决定关闭焦化厂和炼铁厂9号高炉以及相关配套设施,涉及分流、转岗职工265人。公司工会就行政提出的职工分流、转岗和解除劳动关系的方案多次征求职工意见,一直无法达成一致,职工情绪极不稳定。公司工会在市总工会的帮助下,积极推动动态协商,发挥集体协商在“双维护”中的积极作用。

【协商过程】

(1) 启动集体协商程序。针对2015年年初行政与工会经平等协商确定工资待遇条款因受供给侧改革的影响而无法履约的实际状况,2015年10月,公司行政要约公司工会,要求启动动态要约程序,协商解决公司内部矛盾。公司工会接到公司行政协商要约书后,按照工资集体协商的有关规定,多次召开职工方协商代表座谈会,研究确定职工方的底线和愿景,双方确定立即启动集体协商程序。

(2) 依法协商,化解争议。协商前,公司工会充分进行调研,先后多次深入车间、班组广泛征求职工的意见和建议,多次召开部分职工代表和集体协商代表座谈会,结合公司实际,提出调整职工工资的基本目标。同时主动与行政方进行多次事前沟通，取得了理解，达成了共识，为集体协商的顺利进行创造了良好的条件。针对公司行政提出的在岗职工的工资正常增长、待岗职工的减薪标准、分流人员的工作安排和解除劳动合同职工的利益补偿等问题，双方进行了激烈而友好的协商。通过面对面、心贴心、实打实的交流和协商，最终公司双方找到了平衡点，有效化解了企业内部矛盾。

(3) 严格程序，阳光操作。公司从启动要约到专项协商签订，严格按照集体协商程序进行。无论是协商代表产生、协商议题确定、协商会议召开、职代会审议以及草案文本报备等严格履行程序，确保协商主体合法、协商程序合法和协商内容合法。2015 年 10 月 16 日，公司分别召开职工代表大会，专题对协商成果进行讨论和表决，并邀请了上级工会和人保部门现场指导监督。协议通过后，公司行政及时向公司职工公布，让全体职工及时了解劳资双方的协商成果，切实做到了公开透明，保障了职工知情权、参与权、监督权。

【协商结果】

(1) 自愿解除劳动合同的员工，公司补偿 5 个月的补偿金(基数为员工上一年度 12 个月的平均工资)。

(2) 自愿变更合同的公司提供岗位进行应聘，应聘不上但自愿解除劳动合同的公司补偿 5 个月的补偿金。

(3) 处在医疗期并自愿解除劳动合同的员工，公司补偿 8 个月的补偿金和 6 个月的医疗补助费(符合江苏大病范围的另增 3 个月的医疗补助费，确认丧失劳动能力的另增 6 个月的医疗补助费，患绝症的另增 12 个月的医疗补助费)。

(4) 经鉴定为工伤 10 级(含)以上的员工自愿解除劳动合同的，另增加 7000 至 35000 元不等的补助费。

(5) 荣获公司级(含以上)的优秀员工自愿解除劳动合同的，另增加 6000 至 12000 元不等的补助费。

(6) 在公司连续工作满 15 年且距法定退休不足 5 年的员工自愿解除劳动合同，另增加 20000 元的补助费。

【协商启示】

一是强化以职工为本的理念。工会组织作为职工利益的维护者,时刻要把维护职工合法权益放在第一位,把推动集体协商当作一种责任,一种使命,不折不扣地贯彻落实。

二是走出开展工资集体协商只谈涨不谈降的误区。工资集体协商本意有两个,一个是谈涨工资,这是正常情况下的谈判,另一个是谈降工资,这是非正常情况下的谈判。公司工会在合理维护职工合法权益的同时,又特别注重维护企业基本利益和职工利益的协调关系。在此次集体协商中为涉及 265 名职工争取了最大的权益。

三是工会要做化解企业矛盾,维护职工队伍的稳定的基石。公司工会组织要主动适应企业发展新形势的要求,坚持从党委和行政的重大部署中找准工作的结合点,从支持公司改革发展、加强企业民主管理、维护职工合法权益中找准工作的切入点,把解决职工群众最关心、最直接、最现实的利益问题,帮助职工解决实际困难作为工作的着力点,把全心全意依靠职工办好企业,作为工作的落脚点,维护企业共同利益和职工合法权益,积极创建劳动关系和谐企业。

四是工会的辛勤劳动得到了职工的认可。一些职工在看到协商成果感慨地说"我们想到的和提出的,公司和工会都替我们写进了协议,没想到的和没提出的,公司和工会也替我们想到了,没说的,以后要更加努力工作回报公司"。

【专家点评】

运作规范,效果明显,是对本案例的基本评价。圣戈班(徐州)管道有限公司是徐州少有的世界 500 强在徐投资的外商独资企业。能在这样的企业开展工资集体协商本身就不易,能做到规范运作就更不易了。从案例本身看,协商过程更加规范主要得益于以下三点:

一是企业十分重视履行中国的法律。多年来,无论是在劳动法律执行还是在对工会工作的支持力度上,都是外资企业中少有的。

二是企业工会起到了积极主动的作用。多年来,无论是企业正常发展,还是遇到困难，企业工会都能站在职工利益和企业发展的角度，积极主动地开展工作，有效履行工会的职能。

三是市总工会有效的指导支持。市总民管部多年来一直密切联系和积极关注该企业工资集体协商工作，帮助企业从基础工作做起，逐步规范集体协商工作，使该企业始终成为单个企业集体协商的典型。在这个企业不存在企业工会“不会谈”、“不敢谈”、企业主“不愿谈”的现象。

（本案例收录在江苏省总工会编写的《协商工资在江苏》2017年第七期）

同舟共济渡难关　和谐共赢促发展

徐州黑白龙工程尼龙有限公司

【企业概况】

徐州黑白龙工程尼龙有限公司坐落在徐州市贾汪区东郊，占地面积10000平方米，公司有工程师10余名，职工近百名，主要生产SMC工程尼龙及铸造ZA27－2－C系列锌基高强度合金材料。

【协商背景】

近年来，公司由于受外部环境的影响，生产不景气，经营遇到前所未有的困难，在贾汪区总工会的指导下，2016年10月31日，公司召开了工资集体协商现场推进会。这次协商会议的主要内容也是针对企业当前实际遇到的困难，确定围绕企业保岗位、保就业、保工资等当前经济结构性改革的热点问题展开。

【协商过程】

双方代表平心静气，共聚一堂，发言开诚布公，从当今物价水平、原材料供应、产品销售、企业经营状况等多方面问题，共同探讨和协商了职工方代表提出的保岗位、保就业、保工资，生产一线职工工资不减等要求。企业方代表对职工方代表提出的要求表示理解，同时从企业经营状况等多方面分析了企业经营面临的压力。近年来，受外部大气候的影响，企业生产不景气，承受着巨大的压力，伴随而来的是物价的普遍上涨，消费成本水涨船高，企业生产经营遇到前所未有的困难。为在市场竞争中立于不败之地，企业方代表提出了“为生存而发展，为超越而努力”的口号，同时，企业方代表还提出在不断扩大产业规模的同时不断研制开发高科技含量和高附加值的产品，对现有厂房和生产设备进行升级改造，逐步满足发展和创造更高的效益的需要，同意在企业可承受范围内职工工资适度上涨的要求。经过两轮的协商，在工会指导员的调解下，双方最终达成了企业和职工同舟共济，依靠科技进步和市场开拓，扩大销售，保岗位、保就业、保工资，生产一线职工工资不减和人均工资有一定的增幅的共识。

【协商成效】

本次集体协商促进了公司工资集体协商与民主管理进程的进一步提升。通过这次企业与职工代表面对面的交流、沟通，公司进一步了解了广大职工的需求，职工也了解了企业当前面临的实际困难，消除了职工和企业间的隔阂，增进了干群关系，进一步提升了企业的向心力和凝聚力，为企业下一步发展积蓄了力量。

【协商启示】

本次集体协商使广大职工认识到，职工工资的收入增长是建立在提高企业效益的基础上，企业有了效益，职工的工资收入才会有提高；企业和职工是同一利益上的共同体，一荣俱荣，一损俱损，只有同舟共济，齐心协力搞好生产经营活动，才能增强企业的凝聚力和向心力，营造和谐发展的良好氛围，促进企业可持续发展。

（本案例收录在江苏省总工会编写的《协商工资在江苏》2017 年第七期）

第四部分

文件资料

中共徐州市委办公室文件

徐委办〔2012〕135号

关于2012年县(市)区科学发展考核评价的意见

各县(市)区委、县(市)区人民政府,徐州经济技术开发区,市委各部委办,市各委办局(公司),市各直属单位,驻徐各部省属单位:

为做好2012年县(市)区科学发展考核评价工作,更好地发挥目标考核的导向和激励作用,促进全市经济社会又好又快发展,在不断总结经验的基础上,经研究,现提出如下考核意见。

一、指导思想

坚持以科学发展观为指导,按照市委、市政府工作部署,做到与省科学发展目标考核、全面小康建设目标、市县年度经济社会发展计划、市委市政府中心工作"四个紧密衔接",按照导向性、简洁性、可行性和客观公正的原则,进一步优化指标体系,完善考核办法,规范管理制度,力求客观、全面反映县(市)区经济发展状况,形成你追我赶、竞相发展的良好局面,努力实现全市在全省科学发展中争先、在苏北跨越发展中领先、在苏北全面小康建设中率先目标。

二、考核内容

考核内容主要包括指标考核、加减分项两部分,其中指标考核分成五县(市)及铜山区和贾汪区、三城区、徐州经济技术开发区、新城区和高铁商务区四个指标体系，实行差别化分类考核。考核目标按市委、市政府当年下达给各地的目标任务执行。

三、考核依据

对有法定数据来源渠道的指标，以市相关权威部门统计数据为考核评价依据；对无法定数据来源渠道的指标，以市考核组检查认定的结果为考核评价依据。

（一）经济发展类（略）

（二）科技创新类（略）

（三）社会进步类（略）

（四）生态文明类（略）

（五）民生改善类

……

工资集体协商建制率。指50人以上规模的企业按法定程序开展工资集体协商，形成工资专项集体协议，并提交职代会审议通过，经上级工会复核后报当地人保部门审查备案的企业占应建制企业数的比率，以市考核组现场抽查认定的结果为考核依据。

（六）人民群众对科学发展成果的满意度（略）

（七）加分项（略）

（八）减分项（略）

四、计分办法（略）

五、奖项设置

原则上按徐委发〔2003〕15号、徐委办〔2010〕61号文件规定执行，具体由市委、市政府研究确定。

（1）对未完成指标小于3项，总分达到60分以上，无一票否决的获优秀奖资格。

（2）优秀奖设一、二、三等奖，原则上同等次分差在1分以内，若分差相差较大时，按相似相近原则确定奖次，具体由市目标考核领导小组研究决定。

六、工作要求

（一）明确考核责任。考核工作在市目标考核领导小组领导下，由市目标办、市相关责任部门和考核组共同组织实施。市目标办负责考核的组织协调，对责任部门在考核过程各阶段，提出明确的工作任务及要求，加大对考核指标结果的审核力度；市委督察室负责对考核全过程督查，对违规责任单位进行批评通报。各考核责任单位及考核组要严格按照考核要求、标准和程序进行考核评价认定，并将考核结果在规定时间内报送，无特殊情况而推迟不报的，该项考核分值不再计入总分。将责任部门对县（市）区科学发展目标考核工作纳入市级机关绩效考核，对责任部门在考核中的时效性、真实性、纪律性等方面进行考核。

（二）强化日常管理。各责任单位应明确职能处室负责目标考核日常管理工作，建立目标管理考核档案，定期调度目标落实进展情况，未经市目标办同意平时及年终不得擅自下去检查。各县（市）区要加强对考核目标的过程管理，落实工作措施，努力完成序时进度，同时认真组织自查，并将自查情况书面上报市目标办。

（三）严肃考核纪律。实行考核工作责任追究制，对年度考核结果打和牌、打人情分的责任单位，对责任单位进行通报批评，主要负责人要说明情况。对在考核中坚持原则，按时上报考评结果，严守考核纪律的责任单位予以通报表扬。坚持“公开、公正、公平”原则，考核结果公布后，适时接受调档查分，增强考核工作透明度。

中共徐州市委办公室

徐州市人民政府办公室

2013 年 1 月 4 日

中共徐州市委办公室文件

徐委办〔2012〕117号

市委办公室市政府办公室
转发市总工会等六部门《关于进一步
推进企业工资集体协商工作的意见》的通知

各县(市)区委、县(市)区人民政府,徐州经济技术开发区,市委各部委办,市各委办局(公司),市各直属单位,驻徐各部省属单位:

为进一步推进我市工资集体协商工作,扎实开展、全面建立企业工资集体协商制度,市总工会、市人力资源和社会保障局、市经济和信息化委员会、市企业联合会/企业家协会、市工商业联合会联合制定了《关于进一步推进企业工资集体协商工作的意见》,现转发给你们,请结合实际,认真贯彻落实。

中共徐州市委办公室

徐州市人民政府办公室

2012年11月9日

关于进一步推进企业工资集体协商工作的意见

为深入贯彻落实科学发展观，坚持以人为本，构建社会主义和谐社会，积极建立适应社会主义市场经济要求的企业工资分配和正常增长机制，努力提高职工工资水平，保持职工队伍稳定，实现“十二五”规划的目标，根据法律法规和规定，徐州市协调劳动关系三方委员会现就全面推进我市企业工资集体协商工作提出如下意见：

一、充分认识全面推进企业工资集体协商工作的重要意义

企业工资集体协商是指工会代表职工与企业法人代表依法就企业内部工资分配制度、工资分配形式、工资收入水平等事项进行平等协商，在协商一致的基础上签订工资协议的行为。推进企业工资集体协商工作，建立适应社会主义市场经济要求的企业职工工资正常增长机制，是贯彻落实科学发展观的具体体现；是建立和谐稳定的社会主义新型劳动关系，构建社会主义和谐社会的重要内容；是建立现代企业制度，理顺企业分配关系，增强企业凝聚力和竞争力的内在要求。切实做好这项工作，是实施民生工程的重要内容，对于切实维护职工合法权益，促进企业发展，推动职工在共建的基础上共享经济社会发展成果具有十分重要的意义。各级党委、政府和工会组织要充分认识新形势下全面推进企业工资集体协商工作的重要性和必要性，增强工作的紧迫感和责任感，采取切实有效措施，积极推动企业工资集体协商工作的全面深入开展。

二、全面推进企业工资集体协商工作的总体要求和工作目标

总体要求：以科学发展观为指导，坚持以人为本，进一步完善按劳分配为主体、多种分配方式并存的分配制度，健全劳动、资本、技术、管理等生产要素按贡献参与分配的制度，逐步提高居民收入在国民收入分配中的比重和劳动报酬在初次分配中的比重；建立“市场机制调节、企业自主分配、职工民主参与、国家监控指导”的企业工资分配新机制。

工作目标:所有企业都应当依法开展工资集体协商。对小型企业比较集中或同行业相对集中的,要积极推行区域性、行业性工资集体协商,签订区域性或行业性工资集体协议。已建立工会的企业,应当全面实行工资集体协商制度;未建立工会的企业应当通过区域、行业工资集体协商制度进行覆盖。构建和完善三个机制:一是建立工资分配共决机制。由工会组织代表职工与企业法人代表就工资分配问题进行协商,工资协议形成后要经职工代表大会审议通过。二是建立工资正常增长机制。通过工资集体协商,使职工工资随着企业经济效益的增长而增长。随着企业劳动生产率、政府发布的工资指导线和城镇居民消费价格指数等因素的变化而调整。三是建立工资分配监督机制。企业工资分配、支付和工资集体协议履行情况等应向职工代表大会报告,并通过厂务公开等形式公开,接受职工群众的民主监督。

三、全面推进企业工资集体协商制度的具体措施

全面推进企业工资集体协商工作,是涉及企业与职工切身利益和分配格局调整的一项崭新工作,任务繁重,难度较大,必须采取有力措施加以保证。

(1) 高度重视,创造有利于推进工资集体协商制度的工作环境。各级党委、政府要将工资集体协商摆上重要议事日程,采取有效措施积极推进工资集体协商制度的落实。从2010年起,要研究制定职工工资正常增长与经济发展相适应的考核指标,纳入国民经济和社会发展规划,作为对各级党委、政府的考核内容,层层分解任务,明确责任。

(2) 开展"要约行动",全面推进工资集体协商制度。各级工会要加强对企业工会和区域、行业工会的指导,帮助他们依法主动行使要约权,规范启动要约程序。要在政府有关部门的支持下,整合各方力量,推动形成"工会主动要约—提出整改建议—责令改正—执法追究"的工作链,即工会提出协商要约后,企业方不按期回应或拒绝进行集体协商的,上级工会应依法提出整改建议;对逾期不改的企业,工会要提请人力资源和社会保障部门责令其限期改正,直至追究其行政或法律责任。各地企业与企业家协会、工商联等企业代表组织,要引导企业积极响应职工的协商要约,无正当理由不得拒绝工会方的协商要求。对于开展工资集体协商产生的争议，各级劳动保障部门要及时组织协调处理。

（3）因企制宜，加强工资集体协商工作的分类指导。各地要从实际出发，因企制宜指导企业开展工资集体协商工作。生产经营正常的企业，应参考经济发展水平、工资指导线、劳动力市场价位、城镇居民消费价格指数、上年度职工平均工资等因素，重点就职工工资增长问题进行集体协商。生产经营困难的企业，重点就职工工资支付保障、工资来源筹措、生活费发放标准等问题进行集体协商。实行计件、计时工资制的企业，重点就劳动定额、计件工价、计时工资标准等进行集体协商。职工人数较少的企业，要通过开展区域、行业工资集体协商制度进行有效覆盖。对区域内行业集中度较高、产业特色明显的企业，可通过开展行业性工资集体协商，确定行业劳动定额、计件工价、工资水平和分配形式等。

（4）建立工资集体协商指导员队伍，提高工资集体协商工作质量。工资集体协商制度专业性和政策性强、涉及面广，各地要建立工资集体协商指导员队伍，选聘一批熟悉法律法规规章和政策规定、具有较强的组织协调能力和社会责任感、工作认真、办事公道的社会各界人士，具体承担业务培训、政策咨询、工作指导或直接作为职工方代表参与工资集体协商工作。

四、切实加强全面推进企业工资集体协商制度的组织领导

（1）各级党委、政府要从本地区实际出发，组织有关部门制定切实可行的工作规划和目标措施，对工资集体协商工作做出具体安排和部署，有计划、有步骤地积极推进，努力构建党委领导、政府主导、工会推动、各方协同、职工参与的工作格局。

（2）各级人力资源和社会保障部门要强化对企业工资分配的宏观监控，完善有关政策。进一步建立健全以最低工资制度、工资指导线制度、劳动力市场工资指导价位和人工成本预测预警制度为主要内容的工资调控体系，为企业开展工资集体协商工作提供依据。

（3）各级工会要在大力加强工会组织建设的同时，全面履行职责，在维护职工权益机制中发挥工会的职能和优势，促进劳动关系和谐发展。要以开展创建劳动关系和谐单位活动为载体，切实维护职工的收入分配权益。要加强有关工资分配理论和政策研究，提高指导和参与工资集体协商的能力，扩大职工群众的参与程度，加强对工资集体协议履行情况的监督，推动企业建立公平合理的分配制度。

（4）充分发挥各级协调劳动关系三方会议的作用，加强对推行工资集体协商制度的宣传，提高企业经营管理者、广大职工和社会各界对工资集体协商制度的认识，及时研究和解决企业工资集体协商中出现的问题，推动工资集体协商工作健康发展。

徐州市总工会
徐州市人力资源和社会保障局 文件

徐工发〔2011〕97号

徐州市工资集体协商工作考核办法

为认真贯彻落实市委办公室、市政府办公室《关于2011年县(市)区科学发展考核评价的意见》精神,全面促进我市工资集体协商工作扎实有效推进,依据考核评价意见的要求,制定徐州市工资集体协商工作考核办法。

一、指导思想

坚持以"三个代表"重要思想和科学发展观为指导,紧紧围绕振兴徐州老工业基地和建设全面小康社会目标任务,围绕我市实施促进居民收入六年倍增计划,按照市场机制调节、企业自主分配、平等协商确定、政府监督指导的分配原则,进一步扩大企业工资集体协商制度覆盖面,提高工资集体合同履约率,推动企业建立健全工资分配决定机制、正常增长机制和支付保障机制,切实提高企业职工尤其是一线职工工资水平,让广大职工分享企业发展和经济发展成果,促进企业发展和开创全市经济社会又好又快发展新局面。

二、组织领导

成立徐州市工资集体协商工作考核领导小组。

组　长:陈新生　徐州市总工会党组书记

副组长：刘洪印　徐州市总工会副主席
　　　　赵忠德　徐州市人力资源和社会保障局副局长
成　员：王兴国　徐州市总工会民主管理部部长
　　　　王小军　徐州市人力资源和社会保障局劳动关系处处长
　　　　李龙江　徐州市总工会民主管理部副部长
　　　　唐江宝　徐州市总工会民主管理部副部长
　　　　潘林凯　徐州市人力资源和社会保障局劳动关系处副处长

考核领导小组办公室设在徐州市总工会民主管理部。刘洪印兼任考核领导小组办公室主任，负责全市工资集体协商目标责任考核的具体工作。

三、考核对象

五县(市)及铜山区、贾汪区；三城区；徐州经济技术开发区为工资集体协商工作目标责任考核对象。

四、考核内容

(1) 工资集体协商建制率。各县(市)区 2011 年 50 人以上规模企业工资集体协商建制率应达到 85%以上。

(2) 50 人以上规模企业按法定程序开展工资集体协商，工资专项集体合同草案提交职代会审议通过，并经上级工会复核后报当地人保部门审查备案。

建制率是指工资集体协商已建制企业数与应建制企业数的比例，以市考核组现场抽查认定的结果为考核依据。

工资集体协商应建制企业数依据市总工会组织部统计备案的 50 人以上建会企业数为基础，参考当地地税部门提供的正常纳税的规模企业数、市人保局提供的企业劳动用工年检企业数和各地实际落实的正常生产经营企业数综合核定，采取随机抽查企业的方法进行考核。

五、考核办法

(一) 考核分工。考核工作在市目标考核领导小组领导下组织实施。市总工会主要负责对工资集体协商建制率及召开职代会等履行法定程序情况等进行现场抽查认定；市人力资源和社会保障局主要负责工资集体协商协议报批备案情况进行检查考核。

（二）考核依据。工资集体协商建制率及履行职代会法定程序情况以县(市)区总工会提供的企业建制数据为考核评价依据;工资专项集体合同报批备案率以县(市)区人力资源和社会保障局认定的审查备案数据为考核评价依据。

（三）计分办法。

(1) 工资集体协商建制率为单项定量指标,按基本完成分计分。主要依据目标完成程度确定,最高得分为基本分。

即:单项目标基本完成分=目标基本分×目标完成程度

目标完成程度=(目标实际完成值/目标值)×100%。

(2) 目标完成程度以百分制量化考核为主,结合实地检查和依据目标完成程度,分别对目标任务和推进措施两块内容进行考核和综合评定。同时每个县(市)区随机抽查10家正常生产经营的企业进行单独考核。被抽查企业应纳入建制考核而未建制的,其考核结果按照应抽查比例相应扣减县(市)区综合目标考核分值。

（四）考核方法。考核分五县(市)及铜山区、贾汪区,三城区,徐州经济技术开发区三个考核小组,采取现场考核打分,考核资料当场封存的方法进行。考核分数出现相同时,有国家、省、市创新项目的排名列前。

六、工作要求

（一）加强领导。各县(市)、区要抓住工资集体协商工作纳入全市科学发展整体考核的有利时机,把工资集体协商纳入各级党政工作目标和绩效考核内容,明确目标任务、工作措施和责任要求,切实加强组织领导。使推进工资集体协商工作在全局部署中有位置,目标考核中有指标,责任分解中有要求,巩固和创新“党委统一领导、政府依法推进、人大政协督办、三方协调联动、企业全面实施、职工民主参与”的工作格局。

（二）精心筹划。各县(市)、区要按照市委、市政府确定的目标任务和要求,积极落实市委、市政府下达的目标任务,对照考核标准查找不足,分析原因,研究对策,明确责任,落实措施,推动工资集体协商工作扎实开展。做到坚持以考核促推进,以考核促提升,确保顺利完成我市工资集体协商工作建制目标任务。

（三）积极指导。各级协调劳动关系三方组织要充分认识当前推进工资集体协商工作的重要意义，进一步增强责任感和紧迫感，切实把这项工作纳入自身工作的重要议事日程。要按照共同协调、分头落实、合力推进的原则，各负其责，密切配合。人力资源社会保障部门要充分发挥主导作用，切实抓好组织协调、政策制定、审查管理、争议调处和监督检查工作；工会组织要积极开展工资集体协商要约行动，支持职工依法提出的权利诉求，旗帜鲜明地维护职工合法权益，有效提升基层工会和职工代表的协商能力水平。各级企业组织要切实做好企业经营者的宣传引导工作，提高经营管理人员对工资集体协商制度的认识，引导广大企业牢固树立平等协商、共享成果、和谐发展的经营理念，积极支持并主动参与工资集体协商工作。

（四）务求实效。要进一步加强考核的日常管理和目标落实的跟进。市总工会、市人力资源和社会保障局建立工资集体协商工作目标管理考核档案，定期调度落实目标落实进展情况，按季向市考核组上报考核指标完成情况。各县（市）区总工会、人保部门也要健全台账资料，加强对考核目标的过程管理，积极落实工作措施，努力完成序时进度，按季组织自查，并将自查情况书面上报市总工会、市人力资源和社会保障局。

（五）严肃纪律。实行考核工作责任追究制，各项考核结果必须拉开差距，如在考核中出现"打和牌"、弄虚作假和徇私舞弊，严格追究考核部门责任。坚持"公开、公正、公平"原则，考核结果公布后，接受调档查分，增强考核工作的透明度。

附：1. 县（市）区工资集体协商工作目标任务考核标准。

2. 企业工资集体协商工作考核标准。

3. 企业工资集体协商职工评价表。

二〇一一年十一月二十一日

主题词：工资协商 考核 办法

发：各县（市）、区总工会、人力资源和社会保障局，徐州经济开发区总工会

徐州市总工会办公室　　2011年11月　日印发

附1：县(市)区工资集体协商工作目标任务考核标准

总目标	分解目标	分值	评分标准
目标任务落实	1. 完成50人以上企业工资集体协商建制率85%和报批备案率100%指标，数据真实	60	1. 依据市总和市人保局确认的应建制企业数和实际完成数，达标按20分计算，少一个百分点扣2分，少5个百分点以上不得分
	2. 企业工资集体协商工作程序规范。（包括代表产生、要约、协商过程、工资集体合同草案经职代会讨论并经过三分之二的多数通过后形成决议，向全体职工公示等程序）		2. 根据抽查结果，有1家不合格企业扣10分
	3. 工资协议履约率达95%以上		3. 按照抽查企业综合履约率计算，未达标扣10分
	4. 开展工资协商企业职工工资良性增长，劳动关系和谐		4. 抽样企业职工工资增长幅度达到政府工资增长指导线，劳动关系无不良记录。有一项不达标扣5分
	5. 职工满意率达90%以上		5. 按照抽查企业职工评价综合满意率计算，未达标扣10分

总目标	分解目标	分值	评分标准
推进机制完善	1. 党政重视，成立领导机构，有安排部署工资协商工作的文件、会议记录等资料	40	1. 看文件，无相关文件资料扣 4 分
	2. 层层实行工资集体协商工作目标责任管理，落实年度工作目标		2. 看有关文件，无相关文件资料扣 4 分
	3. 每年至少召开一次推进会、现场会或经验交流会		3. 有通知、有资料，缺一项扣 4 分
	4. 建立三方协调机制，形成齐抓共推的合力。每季联合对工资集体协商进行专项检查，按季向市考核组上报考核指标完成情况		4. 查资料，建立制度、下发文件、检查报告、上报情况通报缺一项扣 2 分
	5. 工资协商工作年初有计划，年中有小结，年终有总结；有具体的工资协商操作办法、奖惩办法		5. 看资料文件，查资料、缺一项扣 2 分
	6. 积极组织开展集中要约行动月活动，效果明显		6. 未开展集中要约活动的扣 10 分
	7. 建立 515 工程动态数据库，按照市总要求积极培育相关典型		7. 看文件、典型资料，未完成市总要求扣 4 分
	8. 建立工资协商指导员队伍，完成市总年度规定培训任务		8. 看文件、资料，缺一项扣 2 分
	9. 建立健全企业工资集体协商台账，按时上报工资集体协商报表		9. 查资料，报表报送不及时一次扣 2 分，上报不符合要求不得分
	10. 积极推进行业（区域）工资协商		10. 未完成市总下达目标任务的扣 10 分

附 2: 抽查企业工资集体协商工作考核标准

总目标	分解目标	分值	评分标准
组织机构健全	1. 企业成立工资集体协商工作领导小组,有工资协商工作制度、定期会议制度和建立企业职工工资正常增长机制,开展工作正常 2. 协商代表民主推选产生,并根据人事变动及时调整	20	1. 看文件资料,组织、制度、记录缺 1 项扣 3 分 2. 查资料,不规范或不及时调整各扣 5 分
工作机制完善	1. 工资协商"要约"规范,企业行政答复及时,协商过程协商过程完整、资料齐全 2. 工资协商每年至少一次;协商过程完整、记录完备 3. 工资集体合同草案经职代会或职工大会讨论修改,并经过三分之二的多数通过后形成决议。工资集体协商合同经劳动行政部门审查并生效后,向全体职工公示 4. 有工资集体协商监督小组,履约情况督查有力	40	1. 看资料、记录、要约书答复不及时扣 5 分;答复书、协议书、协商记录缺一项扣 5 分 2. 未协商扣 40 分未开展协商扣 40 分,资料不全扣 10 分 3. 看资料,查职代会审议情况、人保部门行政部门审核意见、公开栏公示,缺一项扣 5 分 4. 看资料,无监督小组扣 5 分,无督查资料扣 5 分

总目标	分解目标	分值	评分标准
协商效果明显	1. 工资专项集体合同工资协议履约率达95%以上 2. 职工满意率达90%以上 3. 企业近年来职工工资增长幅度达到或超过市和各县(市)、区工资增长指导线 4. 企业劳动关系和谐,无工资方面的投诉举报,无违法或违背工资集体合同的行为	40	1. 抽查企业数据资料,工资协议履约率不达标10分 2. 抽查企业数据资料,职工满意率不达标各10分 3. 抽查企业数据资料,差1个百分点扣2分 4. 查人保部门档案及其他资料,有投诉记录扣10分

附3： 企业工资集体协商工作考核职工评价表

被抽查企业名称：

序号	评价内容	职工满意度		
		满意	比较满意	不满意
1	您对企业在开展工资协商前征求职工意见建议情况			
2	您对本企业民主推选的职工方协商代表的方式			
3	您对本企业工资协商效果的评价			
4	您对本企业工资专项集体合同职代会讨论通过情况			
5	您对本企业工资专项集体合同履行情况			
6	您对本企业基本工资分配制度及职工工资增长机制			
7	您对本企业工资专项集体合同向职工公示情况			
8	您对本企业行政方在工资协商中的态度			
9	您对本企业工会在工资协商中所起的作用			
10	您对本企业工资协商工作的综合评价			

注：1. 该评价表为无记名，请在评价栏“满意”、“比较满意”、“不满意”中选择一项画“√”，多选无效。

2. 每个企业随机抽取20名职工进行评价，其中一线职工不低于50%。

深入学习贯彻党的十八届三中全会精神 坚持务实创新推进工资集体协商

——在全市工资集体协商工作会议上的讲话

徐州市人大常委会副主任、市总工会主席、党组书记

束志明

（2013 年 12 月 2 日　铜山区徐村）

同志们：

今天，我们在铜山区徐村召开全市工资集体协商会议暨铜山区徐村食用菌行业工资集体协商现场观摩会。这是在当前全市上下深入学习贯彻党的十八届三中全会和省、市关于大力推进工资集体协商一系列指示精神，谋划安排和重点部署近期深入开展工资集体协商工作的一次重要会议。主要任务是：以党的十八届三中全会精神为指导，通过选树新典型，推广新经验，进一步加强分类指导和典型示范，为更加坚定地深入推进工资集体协商工作提供借鉴、开阔眼界、理清思路，在积极推动我市加快转型升级步伐实现跨越发展、创新发展，科学发展的伟大进程中，充分发挥工会组织的独特作用。

刚才，我们观摩了新区街道徐村食用菌行业工资集体协商的全过程，这是铜山区今年培育的又一个工资集体协商新典型。从协商内容看，既有保障性内容，又有调整性内容和激励性内容；从协商过程看，劳资双方博弈也比较激烈，双方都能从“双维护”出发，相互谅解，最终达成共识。这个典型是新区开展工资集体协商的一个突出代表，直观、形象地向我们展示了新区，乃至整个铜山区开展工资集体协商工作的丰富实践。这次观摩会，也集中反映了铜山区在推进行业工资集体协商中的有益探索，并体现了实践中奠定推进行业工资集体协商“三个基础”的特色：一是党政高度重视，奠定领导基础。铜山区委、区政府成立了推进工资协商领导小组，将工资集体协商列入年度党政目标考核体系，印发

了工资协商工作考核奖励办法，定期对企业、行业推进工资协商情况进行督查和通报，区劳动关系三方紧密配合，积极指导、强化保障，全区工资集体协商工作得到有效推进。今天，铜山区委领导亲自到会并作了热情洋溢的欢迎辞，进一步表明了区委对这项工作的高度重视和鼎力支持。二是健全协商主体，奠定组织基础。由于目前区域行业内职企协商代表组织缺位，很难界定职企代表组织是谁。徐村工会在上级工会指导帮助下，通过村级职代会民主产生职工方协商代表，徐村食用菌合作社召集区域内所有企业主推荐产生企业方协商代表，健全了劳资双方协商主体，为开展行业工资集体协商奠定了组织基础。三是上下紧密联动，奠定力量基础。铜山区结合本地实际，在区、街道、园区不同层面，整合多方资源，合力推进工资集体协商。特别是重点利用区域行业工资集体协商有效覆盖小微企业，方法灵活，效果明显，进一步扩大了工资集体协商制度对各类中小企业的覆盖面。这些是铜山区推进行业工资集体协商的实践升华，是搞好工资集体协的关键所在，也凝聚了铜山区各级领导的心血和职工群众的智慧。为此，我们将这次会议选择在铜山区召开，目的是组织大家现场学习借鉴铜山区充分发挥政府主导作用，集聚社会各方合力，深入推进工资协商的经验。借此机会，我代表市总工会，向长期以来一贯高度重视和支持工会工作的铜山区各级党委、政府表示衷心的感谢！向出席今天劳资双方协商代表和广大职工表示亲切的问候！

下面，结合这次会议，我就做好今年和明年工资集体协商工作，讲四点意见，供大家参考。

一、坚持以党的十八届三中全会精神为指导，进一步提高推进工资协商的自觉性

党的十八届三中全会通过了《中共中央关于全面深化改革若干重大问题的决定》，为全面推进党的建设新的伟大工程指明了前进方向，同时也为包括深入推进工资协商等在内的各项工作提供了行动指南。

（1）深入推进工资集体协商，是实现党的执政使命的客观需要。十八届三中全会《公报》提出，实现发展成果更多更公平惠及全体人民，必须加快社会事业改革，解决好人民最关心最直接最现实的利益问题，更好满足人民需求。联系我们的工作实际，工资是职工群众最关心、最现实、最直接的经济利益，深入推进工资协商，在微观层面上，为实现职工群众经济利益提供了有效制度保障，在宏观层面上，则为推动落实"劳有所得"、保障和改善民生提供了有效实现路径。做好做实这项工作，有利于巩固党的阶级基础，扩大党的群众基础，使党始终赢得包括广大职工在内的人民群众的坚定支持和衷心拥护。

(2) 深入推进工资集体协商，是丰富和发展社会主义民主政治的客观需要。三中全会强调了更加注重健全民主制度、丰富民主形式的极端重要性。实行人民民主，是党执政的最高政治原则。在基层企事业单位，开展工资协商，则是人民民主的重要内容和具体实现形式。工资协商的实质，是以尊重和保障职工的民主权利来实现职工的经济利益。其过程须以保障职工群众对企事业单位重大决策、经营管理和工资分配等知情权为基本前提，以保障职工群众行使协商共决权为基本程序，以落实职工群众共享发展成果为基本要求，以履行职工群众民主监督权为基本保障。

(3) 深入推进工资集体协商，是推动科学发展、促进社会和谐的客观需要。党的三中全会《公报》提出，创新社会管理，必须着眼于维护最广大人民根本利益，最大限度增加和谐因素。深入开展工资协商，是党在基层企事业单位进一步加强群众工作、完善公共服务、实施社会管理的具体抓手。通过工资协商有效保障职工的工资权益，既能够充分调动职工群众的积极性、创造性，为积极落实发展第一要务提供充分的人力资源支撑，又能够健全以工资为核心的利益协调机制，最大限度地增加企业和社会的和谐因素，从而为推动科学发展、统筹发展、和谐发展提供基础性保障。

深入学习贯彻党的十八届三中全会精神，是当前最重要的政治任务。我们应紧密联系思想和工作实际，坚持以三中全会精神为指导，不断增强推进工资协商的坚定性和自觉性。

二、坚持以指导企业实施工资集体协商提质增效工程为载体，进一步扩大工资集体协商质量

10月18日，在中国工会第十六次全国代表大会的开幕式上，中央政治局委员、全国人大常委会副委员长、全国总工会主席李建国指出：要继续普遍开展工资集体协商，扩大覆盖面，提高协商质量，健全完善企业职工工资协商共决、正常增长、支付保障机制，督促企业解决欠薪问题，提高劳动报酬在初次分配中的比重。中央领导同志的讲话为我们推进工资集体协商工作指明了方向。当前，指导企业实施工资集体协商提质增效工程，要始终坚持“三个导向”：一是以需求为导向，注重激发劳资双方内在需求，推动健全企业工资分配协商共决机制；二是以问题为导向，着力解决工资集体协商中“主体不够健全、程序不够规范、协商不够充分、内容不够实在、履行不够到位、作用不够明显”等问题，积极推进“精细化协商”；三是以满意为导向，不断扩大职工知晓率和参与度，提高劳资双方对工资集体协商工作的综合满意度。各级工会组织要继续扩大工资集体协商建制面，以更大力度改善建制“弱点”、放大建制“亮点”，提高建制质量，彰显建制成效。

(1) 进一步激发职工参与协商的积极性创造性，引导职工以理性和有序的方式表达合理的利益诉求。职工是企业发展的主人，是工资集体协商的参与者、受益者。要积极引导职工以理性和有序的方式，表达合理的利益诉求，实现依法维权、理性维权、科学维权；要教育职工顾大局、识大体，将自身权益的改善建立在促进企业、行业健康发展的基础上，不断推进企业、行业可持续发展；要培育职工的敬业态度和职业操守，激发职工自觉学习、提升素质，立足企业成长成才，立足岗位创新创优，为积极发展企业、构建和谐的劳动关系做出新的贡献。

(2) 进一步坚持依靠职工开展工资集体协商，注重突出职工的主体地位和主体作用。在10月18日中国工会第十六次全国代表大会的开幕式上，习近平总书记等党和国家领导人出席，刘云山代表党中央致辞。刘云山指出：工会的一切工作，都要把实现好、维护好、发展好职工群众的根本利益作为出发点和落

脚点。要坚持以职工为本，尊重职工主体地位，落实职工各项权益，让广大职工体面劳动、舒心工作、全面发展。开展工资集体协商就是突出职工的主体地位和主体作用的具体体现。我们要始终坚持“依靠职工开展协商、协商成果普惠职工”。指导企业工会围绕“工资集体协商是什么、工会为开展工资集体协商做了什么、通过开展工资集体协商职工和企业得到了什么、对工资集体协商的主观感受是什么、完善工资集体协商的具体建议是什么”等内容，坚持开展“职工话工资集体协商”活动，使职工的关注、参与、受益、监督、评价、建议等，成为促进工资集体协商提质增效的内在动力和目标指引。

三、坚持以创优争先为突破口，进一步开创工资集体协商工作新局面

近年来，我市推进工资集体协商工作，工作力度较大，建制较高，社会影响较广，整体工作一直位于全省前列。把工资集体协商工作纳入“民生幸福工程”提请党政主导推进，列入党政工作大局，实现全市科学发展目标考核，继续确立“工资集体协商争优”的目标取向等，都是徐州工会在推进工资集体协商工作中的“创新创造”，受到了全总、省总和市委主要领导同志的充分肯定。这些成绩的取得，靠的就是徐州工会组织和徐州工会人抢抓机遇的敏捷、敢为人先的精神和探索创新的实践。

在深入推进工资集体协商工作的新阶段，我们要把努力实现“全国一流、全省领先”目标定位为激励，坚持创新思路、创新举措、创新办法，继续擦亮以前工资集体协商中的“特色品牌”，更要多出新的“原创品牌”，不断推动全市工资集体协商工作可持续发展。

(1) 要努力培育先进的协商理念。开展工资集体协商，为职工增加一些工资固然可喜，既具体又实在，但更具有基础性意义和长远性目标影响的目标，是致力于倡导企业、行业行政和社会进一步尊重职工、尊重劳动、尊重职工利益，培育劳资平等的理念，塑造民主沟通的文化，搭建协商共决的平台，努力促使劳资双方以相互促进合作、相互交流促共识、共谋发展促增长、共享成果促和谐。

(2) 要注重加大行业的协商力度。继续坚持以非公企业、中小企业、世界500强在徐投资企业为重点，在企业、行业、区域等不同层面开展工资集体协商。要通过大力推进行业工资集体协商,充分发挥行业工会、行业协会的组织优势、地位优势、职能优势,有效克服中小企业在协商时的“不敢谈”、“不会谈”甚至“不能谈”现象,努力降低企业劳动关系双方协商沟通的社会成本,增强行业协商内容的针对性和调整工资利益分配的有效性,促进行业自律和协调发展。

(3) 要注重通过协商解决突出问题。坚持把解决企业、行业工资分配、工资支付中的突出问题,作为工资集体协商的重点内容。通过工资集体协商,确定工资水平和调整幅度,明确最低工资、劳动定额、计件工价和加班加点工资计算基数等劳动工资标准,防止产生新的压低、拖欠、克扣工资等问题。秉承“先小后大、先易后难、先轻后重”策略,做到一次工资集体协商侧重解决一两个工资过程中的重点、难点问题,让职工看得见工资集体协商的成果,让企业经营者逐步接受工资集体协商的理念、原则与要求。积小胜为大胜,逐步规范企业、行业工资分配秩序,完善分配制度,实现工资分配结果的相对公正与公平。

四、坚持以加强组织领导和工作统筹为依托,进一步提高工资协商的推动力、落实力

(1) 要进一步坚持党政主导推进与工会主动抓落实相结合。各级工会要积极加强宏观协调和源头参与,主动争取地方党政对工资集体协商工作由阶段性重视变成常态性主导推进。积极提请地方党政进一步完善厂务公开、幸福企业创建、工资集体协商等专门领导小组或协调机构,不断加强对工资集体协商工作的组织领导和统筹谋划;提请政府部门通过制订推进工资协商的专项工作规划、明确建制目标和落实责任、实施目标考核等措施,使政府主导推进工资协商的意识清晰、角色到位、责任落实和作用发挥。

(2) 要进一步融入幸福企业创建活动深化工资集体协商。开展幸福企业创建活动,是我们在全国的首创,是工会工作的“纲”,同时也是提升工会工作整体水平的“牛鼻子”。要坚持纲举目张的思维方式和工作方法,将深化工资协商有机融入幸福创建活动之中,作为推动企业提升职工幸福指数、承担对职工社会责任的重要抓手来实施,作为企业利益协调的重要机制来运行,作为衡量企业劳动关系和谐程度的重要指标来考核，实现幸福企业创建与工资集体协商工作相互促进、相得益彰。

(3) 要进一步融入企业民主管理制度体系化建设深化工资集体协商。工资集体协商是企业民主管理的重要制度，与职代会、厂务公开等民主管理制度有机融合、联动实施，构成了具有企业民主管理制度体系。我们要进一步将职代会、厂务公开，作为深化工资协商的制度资源，加以有机整合、有效配置，为开展工资协商奠定职工民主参与基础，畅通职工民主参与渠道，提供职工民主监督载体。同时，通过做实、做优工资集体协商，也为深化职代会、厂务公开制度建设，充实新内容、赋予新生机。从而为全面实现职工民主政治权利和经济利益提供体系化的制度保障，为构建与发展和谐劳动关系提供体系化的制度支撑。

同志们，时令已届年底，各项工作千头万绪、任务繁重。今天县(市)、区工会主要领导也来了，拜托各位回去后，要加强调研，拾缺补漏，认真查摆当地企业、行业还有无建制的盲点，按照市工会十四大提出的“全国一流、全省领先”的目标要求，及早谋划和认真安排明年推进工资集体协商的工作思路和具体措施，推动实现我市工资集体协商工作的可持续发展、规范化发展，为助推市委、市政府确定的“八项工程”和居民收入倍增计划，实现全市经济社会又好又快发展做出新贡献。

谢谢大家！

徐州市总工会文件

徐工发〔2011〕77号

关于下发《徐州市国有(控股)企业工资二次分配集体协商操作指南》的通知

各县(市)、区总工会,徐州经济开发区总工会,各局(公司)、市相关企业工会,

现将《徐州市国有(控股)企业工资二次分配集体协商操作指南》下发给你们,请认真参照执行,并将实践中遇到的新情况、新问题及时报告我们。

附件:《徐州市国有(控股)企业工资二次分配集体协商操作指南》

二〇一一年八月十六日

主题词:工资协商　指南　通知

抄送:省总工会民主管理部

徐州市总工会办公室　　2011年8月17日印

附件：

徐州市国有（控股）企业
工资二次分配集体协商操作指南

为深化全市国有（控股）企业职工工资二次分配集体协商工作，规范协商程序、提升协商质量、保证协商时效，依据有关法律法规，制定徐州市国有（控股）企业工资二次分配集体协商操作指南。

一、指导思想

深入贯彻落实科学发展观，以“市场机制调节、企业自主分配、平等协商确定、政府监督指导”为原则，以保障企业和职工合法权益、构建和谐劳动关系为目标，以扩面建制、质量提升和履约兑现为重点，大力推进我市国有（控股）企业建立工资二次分配集体协商制度，促进企业健全工资分配决定机制、正常增长机制和支付保障机制，提高企业职工尤其是一线职工工资水平，实现职工工资收入与经济发展水平、劳动生产率同步提高。

二、机制建立

国有（控股）企业职工工资二次分配集体协商，是指职工代表和企业代表依法平等协商，经职工代表大会或者其他企业民主管理形式通过，确定企业内部和基层单位为确保多劳多得，真正按绩效分配工资的具体细化做法和工资分配形式等劳动报酬事项的行为。工资二次分配集体协商工资专项集体合同，是指职工代表与企业代表在工资集体协商基础上签订的有关职工工资二次分配等事项的书面协议。协议约定的工资二次分配方案适用于所有与本企业建立劳动关系的职工（含劳务派遣工）。

国有（控股）企业职工工资二次分配集体协商，应当建立以下机制：

（1）依托职代会协商机制。企业集团、总公司、实行独立核算的国有（控股）企业应当建立健全职工民主管理制度，通过职工代表大会的形式努力形成职工收入与其岗位和贡献相挂钩、与企业效益相联系、与劳动力市场相衔接、与法人治理结构相适应、与建设和谐社会要求相协调的收入分配制度和协商机制。

(2) 依托基层民管会协商机制。国有(控股)企业内部二级核算单位、分厂(车间、工段)的绩效工资、奖金等二次分配的工资协商机制,应当通过建立基层民主管理委员会、民主管理小组等基层民主管理制度,强化基层职工民主参与、民主管理、民主监督的力度,做到分配方案、业绩考核、收入兑现等公开透明,分配结果公正合理。

(3) 收入分配激励机制。健全完善工资集体协商内容体系,重点实施"协商薪酬制度激励职工创新计划",以科学合理的企业分配制度保障职工工资权益,让劳动者按贡献参与企业收益分配。在实现多渠道、制度化增加职工工资收入,建立科学、规范的内部工资收入分配激励与约束机制,逐步完善考核机制,通过企业民主管理程序,积极推动以资本、劳动、技术、管理和劳模创新等生产要素按贡献参与二次分配的工资集体协商。

(4) 劳动关系三方协商机制。劳动关系三方应当指导、督促国有(控股)企业与工会建立工资二次分配集体协商制度,协调处理工资二次分配集体协商制度、工资集体合同等劳动关系的重要事项,检查用人单位与职工进行工资集体协商和签订、履行工资集体合同的情况。

三、协商主体

国有(控股)企业的劳动关系不同于其他企业,劳动关系双方利益的一致性是客观存在的,企业行政与工会都负有维护职工群众具体利益的义务,只不过维护的手段不同,维护的角度不同,维护的方法不同。同时,工会通过对职工进行爱岗敬业的宣传教育,配合行政推进企业经济发展,增加效益,为国家多做贡献,不断提高职工生活水平。积极开展工资集体协商是进一步维护企业利益和职工合法权益,达到"双赢"效果的一种行之有效的方式。企业行政和工会开展工资集体协商意味着双方法律地位平等,以及在此基础上的相互理解、相互尊重、相互合作,是工资二次分配集体协商平等的两个主体。

（1）国有（控股）企业在开展工资集体协商工作中，企业工会组织作为职工方代表，工会主席是企业工资集体协商的首席代表。企业工会组织应积极主动加强与企业行政沟通协调，推动企业工资集体协商工作。同时，企业工会组织要重视职代会代表和职工方协商代表的培训工作，提高职工民主参与管理的能力，不断提高工资集体协商谈判的能力，促进协商质量不断提高。

作为管理经营国有资产的企业方代表，在维护国有资产保值增值的基础上，应积极支持企业建立工资集体协商制度，为工会提供与工资集体协商有关的情况和资料，共同促进企业建立工资协商机制。企业方首席代表是企业法定代表人或其委托人。

（2）国有（控股）企业中专项承包的项目部、二级承包人等企业基层单位的行政管理者，应当作为企业代表与其相应的工会组织开展工资二次分配的工资协商工作。

国有（控股）企业基层单位建立基层民主管理组织，与基层单位行政开展工资二次分配集体协商。企业基层民管会（小组）由基层工会主席担任主任，其他成员由基层职工代表大会或职工大会选举产生，班组长、职工代表、生产骨干等成员占成员总数的一半以上。通过基层民管会、职工代表参与工资二次分配全过程协商，变事后监督为过程监督。

（3）使用劳务派遣工的国有（控股）企业，其派遣工的工资集体协商可采用由实际用工单位及其工会、劳务派遣企业及其工会“四方”共同进行，共同签署。可采用与本企业职工的工资集体协商一并进行。劳务派遣工可作为协商代表参加用工单位工资集体协商，力争做到同工同酬。

国有（控股）企业开展工资二次分配集体协商工作，应当努力争取企业党政和社会支持，以健全完善企业职代会制度和企业民主管理体系为支撑，形成党委重视，社会关注，职工参与，各方合力推进的工作格局。

四、协商内容

由于国有企业多数采用的是“工效挂钩”的工资管理方式，工资总量由政府控制，国企没有完全自主权。因此，国有（控股）企业工资集体协商应当把工资二次分配作为工资集体协商的基本内容。主要包括：

（1）企业建立、完善职工收入增长机制，工资总量预算管理机制，经营者业绩考核机制，工资集体协商机制，收入分配监督机制和收入分配重大事项备案制度，上级主管部门确定的企业绩效考核的总体方案及实施办法等。

（2）职工绩效工资奖金二次分配制度、工资标准、工资结构、工资支付办法和调整方法等事项。

（3）国有企业及实行经营者年薪制的企业，重点协商经营者收入与一线职工收入的比例关系。

五、协商方式

（1）企业年度工资总额增长的核算方式和增长额度，以及上级主管部门确定的企业岗位工资、奖金、津贴、补贴、工资支付等分配制度以及工资增长方案、劳动定额标准和计件单价、企业绩效考核的总体方案及实施办法、中层以上领导干部与一线职工收入系数调整等，应当通过健全完善企业职代会制度和企业民主管理体系，广泛听取职工意见建议，并通过年度职工（代表）大会等民主程序，接受职工监督，提高企业工资分配中职工参与度和知情权。企业年度工资总额增长的核算方式、增长额度和分配方案须经职工代表大会讨论通过后方可实施。

（2）企业工资二次分配的协商，包括：绩效工资和奖金的分配、工资分配系数的确定、绩效考核、技术等级晋升的标准制定等。国有（控股）企业开展工资集体协商的主要内容，既要通过企业建立工资协商制度进行协商，更要通过车间（分厂、工段）民管会或民管小组进行协商和监督，把企业工资二次分配权交给基层职工。基层单位每次工资二次分配协商时，须有民管会（小组）2/3 以上的成员参加。民管会（小组）对于工资二次分配方案有权提出协商意见和建议。对协商后形成的分配方案，须经与会协商人员签字确认，并和最终形成的工资账册一同进行公示。

六、公示监督

（1）公示公布。工资二次分配专项集体合一经协商确认后，国有企业要利用厂务公开形式，每月定期向全体职工公布生产任务完成情况、工资分配情况、奖罚情况、工资节余和使用情况、社会保险缴纳情况，防止分配不公及拖欠、挪用、克扣职工工资现象。

（2）监督检查。国有企业应当将工资二次分配协议履约情况作为一项硬性指标，纳入企业经营者的考核目标体系。成立由工会牵头、企业纪委监察各相关部门参与的综合监督检查组，每半年对工资二次分配协议的执行情况监督检查不少于一次，检查结果向职工（代表）大会或职工大会报告。企业职代会应当建立职工代表巡视制度，经常到职工中走访了解各单位分配公开情况，定期向职代会汇报。企业因故未能履行集体合同的，要向全体职工说明理由，并及时向人力资源社会保障部门和上级工会组织报告。

（3）民主评议。国有企业工会应当适时组织职工代表对企业工资集体合同履行情况进行定期民主评议，并提出意见和建议。上级劳动关系协调三方要将国有企业工资增长情况作为约束性指标纳入劳动关系和谐企业评议评价标准，将依法支付工资情况作为劳动保障诚信示范单位基本准入条件，作为评比表彰企业、企业经营者和工会负责人的重要依据。

徐州市企业工资集体协商指导手册

徐州市工资集体协商工作法

为全面加强工资集体协商工作，增强工资集体协商的实效性和可持续性，为我市企事业单位在工资协商工作过程中提供易操作、能推广和出效果的工作方法。现结合我市近年来开展工资集体协商工作实际，特制定《徐州市工资集体协商“1－2－3，4－5－3”工作法》，即：建好一支队伍；明确两个主体；把握三个环节；建立四项制度；规范五个步骤；发挥三方作用。具体内容和要求如下：

一、建好一支工资集体协商指导员、谈判员队伍

（一）建立工资集体协商指导员、谈判员队伍网络

市总工会建立徐州市工资集体协商指导员队伍。各县（市）、区总工会，各有关局（公司）工会和基层企业工会分级建立工资协商指导员、谈判员队伍。市总工会聘用30名工资协商指导员，其中首席指导员10名，兼职指导员20名；各县（市）、区工会聘用工资协商指导员各10～20名；其中首席指导员3～5名；各镇（街道）、各有关局（公司）可聘用1～2名。

（二）工资集体协商指导员、谈判员的基本条件

（1）政治可靠，热心群众工作，责任心强，办事公道，乐于为职工群众说话办事，身体健康。

（2）熟悉国家和地方劳动法律法规、政策，具有3年以上工会工作或劳动工资、人力资源管理工作经历和有较高的政策理论水平，文字及语言表达能力。

（3）了解本地区各行业的工资水平和企业生产经营管理等方面的专业知识，熟悉企业财务制度和企业工资账务处理业务。

（4）具有一定的组织协调能力和协商谈判能力。

（三）工资协商指导员、谈判员的主要任务

（1）开展协商，提供服务。指导基层工会主动要约，提出合理诉求；辅导培训基层工资协商代表，帮助基层单位拟定工资集体合同草案；为基层工会提供开展工资协商所需的法律、政策和宏观数据；协助基层单位处理在工资协商中遇到的其他问题。

（2）加强联系，密切配合。密切保持与上级工会、劳动部门的联系，积极寻求政策支撑，在协商谈判中遇到问题及时向上级有关部门反馈。

（3）接受委托，直接参与。工资协商指导员可接受基层工会书面委托，直接参与工资协商全过程，但不得担任首席协商代表；工资协商指导员要尊重企业工资分配自主权，严格保守企业商业秘密。

（4）收集资料，加强交流。工资协商指导员在基层工资协商中要注重收集典型案例和好的经验，定期交流汇报基层开展工资协商的情况。

（四）工资集体协商指导员、谈判员的管理

（1）聘用办法。工资协商指导员要选聘经市以上工资协商指导员培训，取得工资协商指导员上岗证，且与企业无劳动关系、懂法律、熟政策、会协商、信息多的人员。由市或县（市）、区工会考核合格后发给聘用证书（省总统一制发）。首席工资协商指导员以工资协商为主，长年坚持为基层工会工资协商提供指导和帮助；兼职工资协商指导员除做好本地区、系统、企业的工资协商工作外，随时接受市总民管部的调度，完成相关工资协商任务。

（2）建档管理。市总对聘用的专、兼职工资协商指导员进行建档造册管理。县（市、区）、企业两级工会聘用的工资协商指导员参照市总建档标准对其管理。市总每年对专、兼职工资协商指导员工作进行考核，经考核工作不称职或因工作关系调离岗位，无法履职的工资协商指导员均要予以解聘。

（3）业务培训。专、兼职工资协商指导员每年应参加由市总组织的工资协商专业培训。

（4）岗位补贴。为保证工资协商指导员队伍稳定，进一步调动其积极性，更好地指导和推进基层企业开展工资集体协商工作，在全市实行工资协商指导员岗位补贴制度。凡被县(市、区)以上工会聘为首席工资协商指导员的，按月给予岗位补贴；兼职工资协商指导员按一事一结的方法给予适当补助，经费从本级工会经费中支出。县级以下聘用的工资协商指导员可参照此标准执行。

(5) 协商目标。各级工会组织聘用的工资协商指导员，当年度对当地开展工资协商企业的指导面不低于80%；通过工资协商后，企业职工年工资增幅不低于当地职工年工资平均增长水平。

(6) 奖励措施。各级工会组织要建立工资协商指导员奖励机制，对工作中有突出表现，为基层单位开展工资协商做出突出贡献以及全年指导基层数量较多的指导员，应给予表彰和一定的物质奖励。

二、明确工资集体协商的两个主体

工资集体协商是指职工代表与用人单位代表依法就企业内部工资分配制度、工资分配形式、工资支付办法、工资标准等事项进行平等协商，在协商一致的基础上签订工资协议的行为。工资集体协商的两个主体是用人单位和本单位职工。规模较小、行业相同或者相近、生产经营特点相同或者相似的企业，职工方可以通过基层工会联合会或者行业工会，与区域、行业的企业代表组织或者区域、行业内各企业民主推举的代表开展区域、行业工资集体协商。参加多个企业代表组织的企业只能参加一个企业代表组织开展区域、行业工资集体协商。工资集体协商执行的质量取决于双方代表的素质，选好代表，明确责任至关重要。协商代表的产生要依照法律程序进行。职工方由工会代表职工，没有建立工会的企业，由职工民主推举代表；企业方为企业法定代表人和其指派的代表。工资集体协商双方的代表人数应当相同，每方为3～10名，并各确定1名首席代表。

(一) 工资集体协商代表的确定

(1) 工资集体协商的职工方代表由本企业工会选派，并经职工代表大会或者职工大会审议通过，或者由本企业工会组织职工民主推举并经公示后产生。未建立工会的企业，在企业所在地的地方工会或者产业工会的指导下，由职工民主推举职工方代表，并经全体职工半数以上同意。职工方首席代表由本企业工会主席担任。工会主席空缺的，首席代表由工会主要负责人担任。未建立工会的，首席代表从代表中民主推举产生。

(2) 开展区域、行业工资集体协商的职工方代表由基层工会联合会或者行业工会选派，并经区域、行业职工代表大会审议通过；未建立区域、行业职工代表大会的，职工方代表由基层工会联合会或者行业工会选派并经公示后产生。职工方首席代表由基层工会联合会或者行业工会的负责人担任，未建立工会的，首席代表从代表中民主推举产生。

(3) 工资集体协商的企业方代表由企业法定代表人和其指定的人员担任，首席代表由企业法定代表人或者其书面委托的其他代表担任。职工方与区域、行业的企业代表组织开展区域、行业工资集体协商的，企业方代表由企业代表组织选派并经公示后产生，或者由企业代表组织的成员企业民主推举并经公示后产生，首席代表由企业代表组织的负责人担任或者从代表中民主推举产生。职工方与区域、行业内各企业民主推举的代表开展区域、行业工资集体协商的，企业方首席代表从代表中民主推举产生。

(4) 工资集体协商双方的首席代表可以书面委托工资集体协商指导员或者其他具有专业知识的人员担任本方的代理人，参加工资集体协商。工资集体协商一方的代理人不得同时担任另一方的代理人，代理人数不得超过本方代表的三分之一。

(二) 工资集体协商代表应当履行下列职责

(1) 参加职工工资集体协商。

(2) 及时向本方人员公布协商情况并征求意见，解答本方人员的询问。

(3) 提供与职工工资集体协商有关的真实情况和资料。

(4) 代表本方参加职工工资集体协商争议的处理。

(5) 监督工资协议的履行。

(6) 法律、法规和规章规定的其他职责。

(三) 工资集体协商代表的权益

(1) 企业应当保证职工协商代表履行代表职责必要的工作时间。职工协商代表因履行代表职责占用劳动时间的，其享受的工资、奖金、津贴、补贴、社会保险、福利等待遇不变。

（2）职工协商代表履行代表职责期间，企业无正当理由不得调整其工作岗位，不得与职工协商代表解除劳动合同。

（3）职工工资集体协商代表在职工工资集体协商中，应当维护企业的正常生产、工作秩序，保守知悉的企业商业秘密；协商代表任何一方不得采取威胁、收买、欺骗等行为。

（4）协商过程中，协商双方可以按照协商代表产生办法更换协商代表。

三、把握好工资集体协商的三个环节

（一）要把握好工资集体协商的内容

工资集体协商应当包括以下主要内容：

（1）职工年度平均工资水平及其调整幅度。

（2）一线职工年度平均工资水平及其调整幅度。

（3）职工工资最低水平。

（4）奖金、津贴、补贴等的分配办法。

（5）工资支付办法。

（6）双方认为应当协商的其他有关事项。

（7）实行计件工资制的企业，应当协商劳动定额。协商确定的劳动定额标准，应当使本企业同岗位百分之九十以上的职工在法定工作时间内能够完成。

开展工资集体协商时还应当综合参考下列因素：

（1）地区、行业、企业的人工成本水平。

（2）地区、行业的职工平均工资水平。

（3）工资指导线、劳动力市场工资指导价位。

（4）企业劳动生产率和经济效益。

（5）上年度本企业职工工资总额和职工平均工资水平。

（6）本企业一线职工平均工资水平与企业平均工资水平的比例。

（7）其他有关情况。

（二）要把握好工资集体协商目标的前期准备工作

工资集体协商前期准备工作包括：有关工资法律、法规政策知识准备；业务知识准备；有关资料准备；召开有关职工座谈会，征求职工意见，要让职工明白工会在为争取他们得到更多的利益而努力工作；协商方案准备，尤其是合理拟订最高目标、争取目标、最低目标；人员分工准备，对谈判人员进行角色分工。协商双方应在协商前，进行认真的研究和准备。双方均有义务按照对方要求，在协商前，为对方提供与工资集体协商有关的真实情况和资料数据。企业应为工会在研究和制定工资方案中，应充分了解和掌握企业经营情况，反复测算、论证，并广泛征求各方面职工的意见。

（三）要把握好工资集体协商的全过程

工资集体协商过程包括进行非正式沟通和正式协商。在正式谈判前，主要是通过与企业方小范围进行非正式协商，沟通双方的感情，探听对方的思路，进行一些务虚的准备。但涉及己方谈判方案中实质性的问题，不能透露给对方。在开展正式集体协商过程中，要按照工资集体协商会议的主要程序进行。协商会议由双方首席代表轮流主持，正式协商的参加代表双方要对等。双方应本着先易后难、求同存异的原则展开协商。协商会议的主要程序有：宣布议程和会议纪律；一方首席代表提出协商的具体内容和要求，另一方首席代表就对方的要求做出回应；协商双方就商谈事项发表各自意见，开展充分讨论；双方首席代表归纳意见。达成一致的，应当形成工资集体协议草案或工资专项集体合同草案，由双方首席代表签字。工资协议草案或工资专项集体合同草案必须提交职工代表大会或职工大会讨论通过。职工代表大会或职工大会应当有三分之二以上的职工代表或职工出席，且须经全体职工代表或全体职工半数以上同意，工资协议草案或工资专项集体合同草案方获通过。企业方在工资协议草案签订后十日内应当将其及相关资料报送当地人力资源和社会保障行政部门审查。人力资源和社会保障行政部门自收到工资协议文本之日起十五日内未提出异议的，工资协议即行生效，企业方还应当自工资协议生效之日十日内，将工资协议向全体职工公布。

四、建立四项工资集体协商基本制度

（一）建立工资集体协商的定期协商、即时协商制度

企业职工方和企业行政方在每个自然年度应当就职工年度工资水平、年度工资调整办法和年度工资总收入及计件、计时工资等至少开展一次定期工资集体协商。也可以就部分内容即时开展集体协商，并签订专项工资协议。订立的专项工资协议为年度工资集体协商合同的附件，具有同等法律效力。凡出现用人单位当年利润增长，劳动生产率提高，政府发布的工资指导线提高，城镇居民消费价格指数增长等情形之一的，企业应与职工就提高职工收入进行即时集体协商。

健全完善工资集体协商要约机制，充分发挥工会组织在主动表达职工工资利益诉求，主动推动工资集体协商中的独特作用。通过开展“春季要约”、“秋季要约”、“冬季要约”、“百日要约”、“百日攻坚要约”等定期要约制度，进一步形成定期协商的声势。同时，还要指导企业和行业、区域工会组织把握工资分配过程中一些瞬间发生或可能发生的问题，实施即时要约、动态要约、专项要约，实现即时协商的氛围和达到劳资双方双赢的目的。

（二）建立职代会审议通过工资专项集体合同草案和听取履行情况报告制度

工资专项集体合同草案必须提交职工代表大会或职工大会讨论和审议，通过后才能签订正式的工资协议，并由集体协商双方首席代表签字盖章。开展行业性、区域性工资集体协商达成的工资协议草案，应当提交行业、区域职工代表大会讨论通过。尚未建立行业、区域职工代表大会的工资协议草案应当得到行业、区域适应范围内半数以上职工的同意。

（三）建立工资专项集体协商合同经工资集体协商指导员签字制度

工资集体协商指导员重点指导和帮助基层工会签订工资专项集体合同，促进建立企业职工工资正常增长机制和支付保障机制。对经工资集体协商指导员参与指导和签订的工资专项集体协商合同，实行工资集体协商指导员签字和监督制度。工资专项集体合同草案提交职工代表大会或职工大会审议通过后，

工资协商指导员应当在签订的正式工资专项集体合同文本上签字。

（四）建立工资集体协议监督检查制度

为保证工资集体协议的全面履行，在工资集体协议生效后7日内，由双方成立监督检查小组或监督检查委员会，负责对本单位工资集体协议的履行情况进行监督检查。工资集体协议监督检查小组由企业行政、工会和职工各派等额代表组成。监督、检查小组成员一经确定，无特殊情况，必须履行其义务。工资集体协议监督检查小组定期将合同执行情况向职代会、职工代表或职工群众报告，及时发现问题，及时解决问题。工资集体协议文本签字后，在报送劳动行政部门审查的同时，企业应将工资集体协议文本报上一级工会。上级工会在工资集体协议履行期间，要加强对企业工会的指导，并对工资集体协议的履行情况进行监督检查。对已生效的工资集体协议，政府劳动行政部门、企业、企业工会、职工群众以及上级工会等有关方面应当进行监督检查，督促其全面履行。

五、规范工资集体协商的五个主要步骤

基层企事业单位开展工资集体协商主要有以下五个步骤：

第一步，产生代表：产生协商代表；确定首席代表；聘请代表；培训协商代表。

第二步，启动要约：在广泛、深入了解职工和企业相关情况的基础上提出协商要约；要约答复；向上级工会报告。

第三步，协商准备：搜集各方面意见；准备协商材料：确定协商重点；进行协商沟通。

第四步，正式协商：履行集体协商程序；发生分歧不能解决时申请协调，以利早日达成共识。

第五步，审议审查：职工（代表）大会审议通过工资专项集体合同草案：双方首席代表签字；（10日内由用人单位一方将合同文本一式三份）报送劳动部门审查；（劳动部门收到文本15日内未提出异议的）工资集体合同（协议）生效执行，协商双方代表应于5日内将生效的工资集体合同及时向本方全体人员公布。

六、发挥三方联动机制的积极作用

各级人保行政部门、工会、企业联合会/企业家协会、工商业联合会等三方要按照各自职能，指导和推动企业开展工资集体协商工作，经常沟通情况，开展联合行动，强化督促检查，努力构建工作目标趋同、政策指导到位、紧密协调合作的工作格局。

(1)工会组织作为职工利益的代表者、维护者，在推进工资集体协商工作中要加强对职工和协商代表的法律、法规宣传、教育和培训，尊重和保障职工的主体地位，代表职工行使好要约权、协商权、签约权，推动工资集体协商工作的开展。工资集体合同签订后，工会组织要广泛发动基层工会分解目标，通过组织劳动竞赛、提合理化建议、开展降本增效等活动，努力提高企业效益，落实合同内容，使工资集体协商成为实现职工与企业“双赢”的制度。

(2) 各级人保行政部门要通过正常引导和行政手段，督促企业建立工资分配的共决机制。及时发布企业工资增长指导线、劳动力市场指导价位、企业人工成本、职工平均工资和最低工资标准等信息，为企业正常开展工资集体协商提供参考依据。要加大对企业开展工资集体协商的监察力度，落实人员，明确责任，依法督促和保障企业工资集体协商的开展。将企业工资集体协商开展和执行情况，列入企业劳动合同审查登记和企业劳动保障诚信体系建设的重要内容。对无正当理由不响应工资集体协商要约、不开展工资集体协商、不履行工资集体合同等违法行为，要依法追究其法律责任。

(3) 各国有资产管理部门和企业代表组织、各级工商联及各类企业联合会/企业家协会，要切实做好指导、协调和服务工作，积极支持企业开展工资集体协商。要把依法推动企业工资集体协商工作，作为企业应当履行的社会责任。把开展工资集体协商工作和职工收入增长情况，纳入对企业综合考核的重要内容，积极引导和督促各类企业建立正常的工资集体协商制度，从机制上把工资集体协商工作落到实处。对应建立工资集体协商制度而未建立的用人单位，原则上不能参加各类评先评优。

工资集体协商流程图

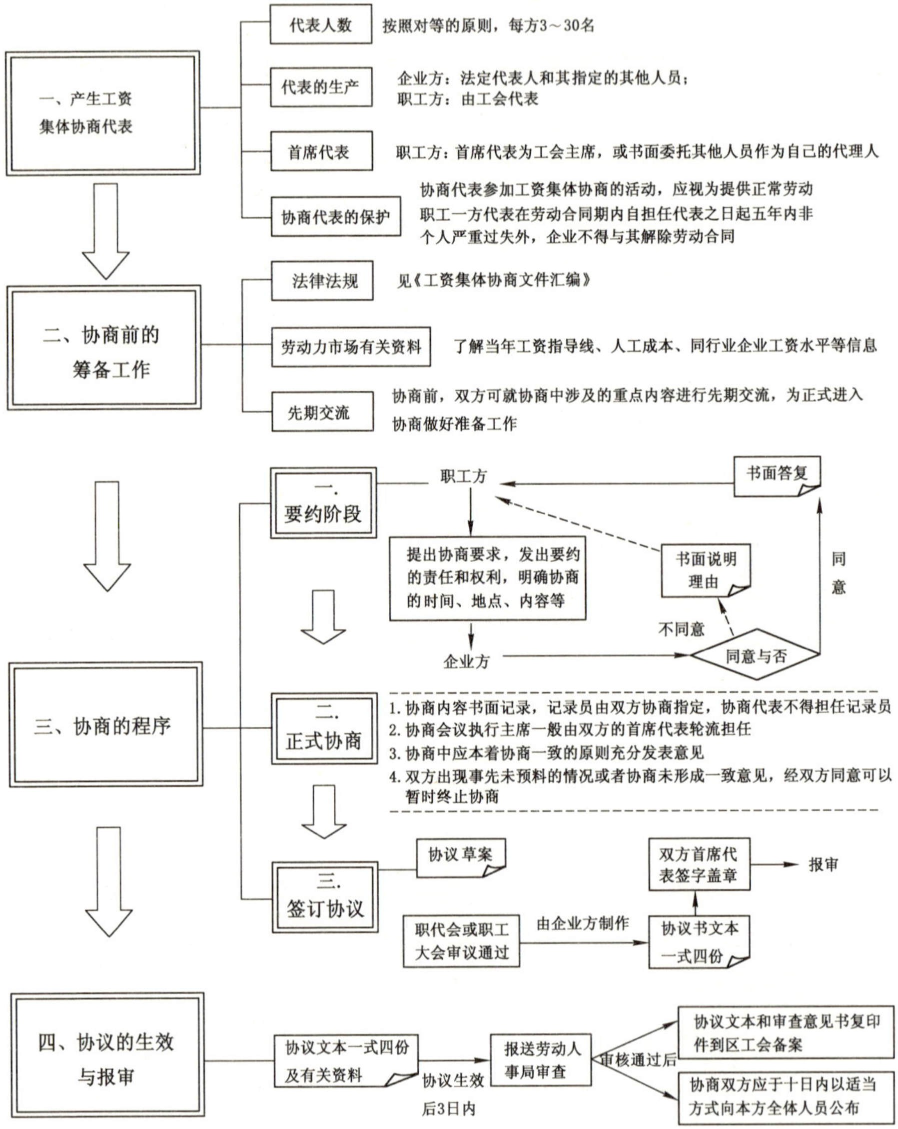
一、产生工资集体协商代表
代表人数
按照对等的原则，每方3～30名
代表的生产
企业方：法定代表人和其指定的其他人员；
职工方：由工会代表
首席代表
职工方：首席代表为工会主席，或书面委托其他人员作为自己的代理人
协商代表的保护
协商代表参加工资集体协商的活动，应视为提供正常劳动
职工一方代表在劳动合同期内自担任代表之日起五年内非
个人严重过失外，企业不得与其解除劳动合同
二、协商前的筹备工作
法律法规
见《工资集体协商文件汇编》
劳动力市场有关资料
了解当年工资指导线、人工成本、同行业企业工资水平等信息
先期交流
协商前，双方可就协商中涉及的重点内容进行先期交流，为正式进入
协商做好准备工作
三、协商的程序
一.要约阶段
职工方
提出协商要求，发出要约的责任和权利，明确协商的时间、地点、内容等
企业方
同意与否
不同意
书面说明理由
同意
书面答复
二.正式协商
1.协商内容书面记录，记录员由双方协商指定，协商代表不得担任记录员
2.协商会议执行主席一般由双方的首席代表轮流担任
3.协商中应本着协商一致的原则充分发表意见
4.双方出现事先未预料的情况或者协商未形成一致意见，经双方同意可以
暂时终止协商
三.签订协议
协议草案
职代会或职工大会审议通过
由企业方制作
协议书文本一式四份
双方首席代表签字盖章
报审
四、协议的生效与报审
协议文本一式四份及有关资料
协议生效后3日内
报送劳动人事局审查
审核通过后
协议文本和审查意见书复印件到区工会备案
协商双方应于十日内以适当方式向本方全体人员公布

集体协商签订集体合同（工资协议）工作流程图

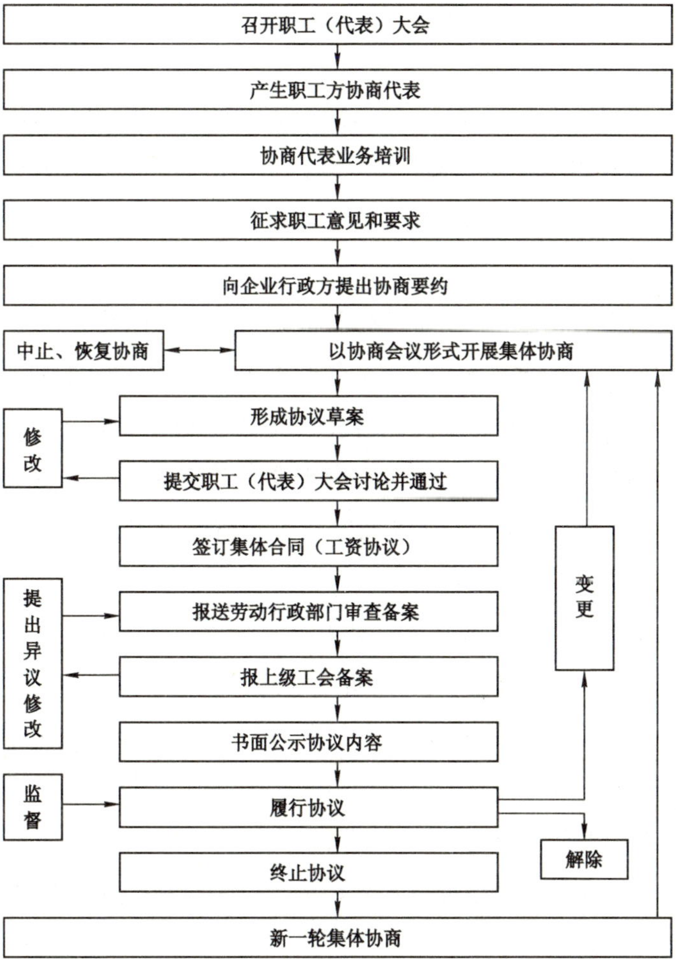

工资集体协商程序参考指引

为规范工资集体协商程序，提高工资协商质量，保证工资集体协商实效，根据有关法律法规、结合基层实际，特编写本指引，供基层参考。

一、协商准备

（1）召开会议。企业行政、工会初步沟通，列入各自工作计划。企业召集行政会议研究安排开展工资协商工作，制定有关计划，落实相关人员；工会召开全体委员会会议，对开展工资协商工作进行研究部署，制订当年工资协商工作计划和协商方案。

（2）宣传造势。行政、工会通过有关会议、宣传媒介、公开栏等多种方法、途径，向职工宣传工资协商有关法律法规和开展工资协商的要求，营造开展工资协商氛围，引导职工通过正常渠道，合理表述对工资方面的意见。

（3）搜集信息。双方搜集、交换政府年度发布企业工资指导线、当地最低工资标准、劳动力市场价位、本地区城镇居民消费价格指数、同类企业职工工资、本企业生产经营和劳动生产率等情况。

（4）征集意见。通过发放征求意见表、个别走访、集体座谈等方式，广泛征求职工对工资收入和工资协商工作的诉求和建议。

（5）制定草案。行政通过对生产经营、发展分析，确定工资协商相关指标数据；工会梳理职工对工资收入的诉求和建议，结合有关信息资料，制定工资协商草案，确定本次工资协商要解决的问题和达到的要求。

工会提示：工资集体协商是工会维护职工合法权益的重要任务，要经企业工会委员会会议认真讨论，充分发挥工会委员会的集体作用；重点加强与企业行政的沟通交流；制定的草案要体现多数职工意愿、兼顾少数职工特殊诉求、符合企业实际。

二、产生代表

（1）推选代表。企业方由法定代表人或管理者根据工资协商要求指定协商代表。首席代表由法定代表人或者主要负责人担任，或书面委托本单位其他负责人担任。职工方由工会制订协商代表的推选办法、推选条件。而后工会根据条件推荐职工方协商代表候选人，或由基层工会推荐上报代表候选人。职工方首席代表由工会主席担任，工会主席可以书面委托其他人员作为自己的代理人。未成立工会的，职工方协商代表和首席协商代表也可以由地方工会或者行业工会指导职工民主推荐。

（2）明确人数。工会与企业应遵循双方协商主体平等、代表人数对等的原则，根据企业规模、职工人数确定代表人数，其中任何一方代表人数不宜少于三名。

（3）代表当选。职工方工资协商代表候选人产生后，应经职代会（职工大会）表决确认后，方可当选并享受相应的待遇和有关法律法规明确的保护规定。

（4）外聘代表。根据需要，企业、工会均可聘请本企业以外的专业人士，如法律顾问、工资协商指导员等担任己方协商代表，但外聘代表不得超过本方协商代表总数的三分之一。

（5）代表保护。职工方协商代表任期由工会确定，一般不短于一年。由企业内部产生的协商代表参加工资集体协商的活动应视为提供正常劳动，享受的有关待遇不变。其中，职工协商代表的合法权益受法律保护。企业不得对职工协商代表采取歧视性行为，不得违法解除或变更其劳动合同。

（6）培训代表。工会对职工方协商代表有责任进行有关法律法规和协商方法、策略、技巧等培训，并如实告知本次协商的主题、重点及相关信息。做好代表责任分工。

（7）候补代表。双方可以各自确定候补协商代表一至两名。其产生的程序、任期与协商代表相同。协商代表出缺时，由候补协商代表递补。

工会提示：双方代表身份不得互兼。职工方协商代表中要注意吸收不同类别代表；女职工人数多的企业要有女职工代表；在代表结构上要做到知识能力上的互补、岗位类别上的互补、性格类型上的互补、年龄性别上的互补；要着力提高代表的素质和能力。

三、协商要约

(1) 要约形式。工资集体协商要约指协商主体一方向另一方发出协商约定。要约一般是以书面形式发出，也可以通过会议、协商等口头约定。

(2) 要约主体。职工方和企业方都有向对方发出要约的责任和权利。

(3) 要约内容。要约内容包括：协商的时间、地点、内容、代表人数和名单、需要对方提供的有关资料，

(4) 要约时限。要约发出后，对方必须在法律法规规定或双方约定的期限内答复，不得拒绝或拖延。企业方应在正式协商会议开始的5个工作日前，根据需求向职工方提供企业涉及工资协商有关的生产经营资料。

工会提示：工会在向企业方正式发出要约前，应注意先沟通再要约、有共识再要约。注意选择要约的有利时机、提出切合实际的协商要求、内容条款。上级工会有责任及时提供指导服务：协助向企业行政宣传沟通、提供协商需求的信息、推荐工资协商指导员、提供对职工方代表的培训等。

四、平等协商

(1) 协商形式。平等协商主要是以会议形式进行。

(2) 协商人数。双方人数对等、确认双方首席协商代表，首席代表应有相应的社团法人资格证书或者有关法人代表的委托证明。

(3) 会议主持。由双方首席协商代表轮流主持。经双方协商同意也可以由一方主持。

(4) 协商内容：① 工资分配制度、工资标准和工资分配形式；② 职工年度平均工资水平及其调整幅度；③ 奖金、津贴、补贴等分配办法；④ 弄资支付办法；⑤ 变更、解除工资合同的程序；⑥ 工资合同的期限；⑦ 工资合同的终止条件；⑧ 工资合同的违约责任；⑨ 双方认为应当协商约定的其他事项。根据本次要约的具体内容，逐项进行协商。

(5) 增资条件。出现以下条件之一的，企业应当为职工提高工资：① 本单

位利润增长；② 本单位劳动生产率提高；③ 当地人民政府发布的工资指导线提高；④ 本地区城镇居民消费价格指数增长。

(6) 会议记录。协商会议要形成会议记录，并由双方首席代表签字确认。

(7) 协商中止。协商中出现事先未预料的情况或者协商未形成一致意见的，经双方同意可以中止协商。中止协商的期限一般不超过三十日，双方另有约定的除外。

工会提示：平等协商是工资协商工作的关键，要精心准备、缜密运作，要依法、依理、依情、依实协商。要讲究策略、注重技巧、坚持原则、守住“底线”，促进协商成功，维护职工利益、符合企业实际。

五、合同草案

(1) 起草合同。在双方协商形成一致意见的基础上，起草工资专项集体合同草案。可以由单方起草，也可以双方共同起草。

(2) 合同内容。工资合同草案应当载明双方协商决定的内容条款，以及单位名称、地址和双方首席协商代表姓名、职务，合同起止时间、违约责任等。

(3) 合同期限。工资专项集体合同一般一年签订一次。

工会提示：合同草案是协商结果的反映，在形成合同草案时，要体现协商意见的真实性、协商内容的具体性和合同落实的操作性。

六、审议通过

(1) 材料发放。企业召开职代会(职工大会)审议工资专项集体合同前，应将合同草案提前5个工作日发给职工代表。

(2) 收集反映。工会应收集职工代表对合同草案的意见和建议。如职工对合同草案有较大异议的，由协商双方进一步协商修改后才能提交职代会(职工大会)审议。

(3) 大会审议。职代会(职工大会)审议工资协议草案时：① 必须有三分之二以上应到会职工代表(职工)出席方可开会；② 向职工代表(职工)汇报工资专项集体合同(草案)内容及有关工资协商工作情况，听取意见；③ 采用票决方式对草案进行表决；④ 草案经应到会职工代表(职工)过半数同意，即获通过；

⑤ 未获通过的草案，由职代会（职工大会）责成双方重新协商再次提交审议。

（4）双方签字。企业方和职工方首席代表当场在通过的工资专项集体合同文本上签字。

工会提示：职代会审议通过工资专项集体合同是工资协商的重要环节，通过职代会审议把关，进一步扩大工资协商影响，维护职工合法权益、促进企业的和谐发展。

七、报送审查

（1）报送时间。经职代会审议通过工资专项集体合同必须报送当地人力资源和社会保障部门审查通过后，才能具有法律约束力。工资合同签订后，企业要在10日内报当地人力资源和社会保障部门审查。

（2）审查材料。企业在报送审查时需提供以下材料：① 工资专项集体合同文本一式三份；② 企业法人营业执照复印件；③ 工会社团法人或工会主席合法资格证明材料；④ 双方首席代表或委托人的身份证复印件、授权委托书；⑤ 双方参加协商代表名单；⑥ 职代会（职工大会）通过的《决议》；⑦ 协商记录。

（3）审查内容。人社行政部门对工资合同下列事项进行审查：一是集体协商双方的主体资格是否符合法律、法规规定；二是集体协商程序是否违反法律、法规规定；三是集体合同或专项集体合同内容是否与国家规定相抵触。

（4）审查时限。当地人力资源和社会保障部门对工资专项集体合同进行合法性审查，并自收到文本后十五日内将审查意见告知报送单位或组织，并发出《集体合同审查意见书》，未提出异议的即行生效；提出异议的，企业双方协商代表进行协商修改后，重新报送。

工会提示：经人力资源和社会保障部门审查同意，是工资合同具有法律约束力的重要程序。要敦促企业按时、按要求报送、加强与人力资源和劳动保障部门的审查进度联系。

八、企业公布

（1）时间要求。审查生效后十日内，企业要将合同全文向全体职工公布。

（2）公布方式。按照厂务公开的要求，通过厂务公开栏、网络平台、内部报刊等形式公布。

工会提示：工会要督促协助行政在规定的时间内，通过多种途径及时公布工资专项集体合同的全文，使全体职工知晓。

九、合同履约

(1) 行政负责将合同内容(条款)分解到劳动工资等有关部门执行。

(2) 合同履行情况应列入对有关责任部门的考核指标。

工会提示：合同条款必须及时转化成具有执行力的目标任务，列入对责任部门的考核。职工个人与企业签订劳动合同的劳动标准中，工资分配标准应按照不低于工资集体合同规定执行。

十、监督检查

(1) 人员组成。对工资合同履行情况的监督检查，由企业方和职工方分别派员参加。

(2) 检查时间。双方人员每半年对工资合同履行情况检查一次；必要时可临时组织抽查。

(3) 问题处理。对检查中发现的问题，检查人员以书面形式提交双方首席代表共同研究，协商处理。

(4) 公布情况。企业每半年向职工公布一次工资合同履行情况。

(5) 大会报告。企业每年至少一次向职代会(职工大会)报告工资合同履行情况。

(6) 民主评议。可以适时组织职工代表(职工)对企业工资合同履行进行民主评议，提出意见和建议。

工会提示：要形成工资合同履行监督检查的长效机制，建立相关的制度，充分发挥好职代会(职工大会)推动企业建立科学合理的分配机制、职工工资增长机制的作用。

十一、变更解除

(1) 条件：① 订立合同所依据的法律法规、规章或政策已经修改或者废止；② 因不可热力致使合同部分或者全部手法履行的；③ 合同约定的变更或者解除条件出现;④ 法律、法规规定的其他情形。在协议有效期内,出现上述情形之一,双方可以协商,解除或变更工资合同。

(2) 提出方式。提议的一方,以书面形式说明理由,并提供相关证据。

(3) 解决途径。按照工资协商的程序进行。

工会提示:合同的履行要根据情况的变化,经协商一致后,及时变更修订有关条款,使工资合同符合实际,保证实效。工资合同的主要条款修订和变更重要内容,应通过集体协商,结果报职代会(职工大会)审议。

工资集体协商内容参考指引

工资集体协商专项集体合同的内容包括:工资合同的期限、工资分配制度、工资标准和工资分配形式、职工年度平均工资水平及其调整幅度、奖金、津贴、补贴等分配办法、工资支付办法、变更、解除工资合同的程序、工资合同的终止条件、工资合同的违约责任以及双方认为应当协商约定的其他事项。

一、工资分配制度

用人单位工资分配制度没有统一模式,分类千差万别,按照不同的分类标准形成不同的分配制度。按工资构成方式可分为:

(1) 工资等级制度(技术等级工资制、职务等级工资制、岗位等级工资制)。工资等级制度是整个工资制度的核心,它确定了各类人员的工资标准,具有组织工资分配的作用,工资等级制所确定的工资标准是计算职工工资的基础。工资等级制度按照各类工作的劳动质量、劳动特点分别规定工资标准,因此有利于合理安排各类职工的工资关系以及促进职工勤奋学习,提高技术(业务)水平,也利于合理使用和调配劳动力。

(2) 岗位工资制。岗位工资制是按照职工在生产工作中的不同岗位确定工资,并根据职工完成规定的岗位职责情况支付劳动报酬的工资制度。岗位工资标准是根据各岗位的技术高低、责任大小、劳动强度和劳动条件等因素确定的。它是将劳动组织和工资制度密切结合的一种分配形式,一般是一个岗位一个工资标准,有技术业务熟练程度差别的岗位,则采用两个或两个以上的工资标准。

(3) 岗位技能工资制。岗位技能工资制是一种把劳动者的收入与企业经济效益挂钩的企业内部分配制度。岗位技能工资制是以按劳分配为原则,以劳动技能、劳动责任、劳动强度和劳动条件等基本劳动要素评价为基础,以岗位、技能工资为主要内容,按职工实际劳动贡献(劳动质量和数量)确定劳动报酬的企业基本工资制度，是企业内部分配制度的主体和基础。

(4) 结构工资制。企业结构工资制是企业职工工资体系，其内容和构成一般包括六个部分：基础工资、岗位工资、技能工资、效益工资、浮动工资和年功工资。

(5) 绩效工资制。简单地说就是业绩和效益挂钩的工资分配制度。绩效工资制度(Merit Pay System)的前身是计件工资，但它不是简单意义上的工资与产品数量挂钩的工资形式，而是建立在科学工资标准和管理程序基础上的工资体系。

用人单位应当根据按劳分配、同工同酬等原则，正确处理劳动要素与技术、管理、资本等生产要素之间的分配关系，采取各类分配制度的优点，协商建立适合自身特点的工资分配制度，实现劳资双方的共赢。

二、工资分配形式

工资是指用人单位依据国家有关规定和劳动关系双方的约定，以货币形式支付给员工的劳动报酬。工资分以下组成：计时工资、计件工资、奖金、津贴和补贴、加班加点工资、特殊情况下支付的工资等。

(1) 计时工资。主要有：① 小时工资；② 日工资；③ 月工资；④ 年薪制。

(2) 计件工资。① 直接计件工资；② 间接计件工资；③ 有限计件工资；④ 无限计件工资；⑤ 累进计件工资；⑥ 累退计件工资；⑦ 个人计件工资；⑧ 集体计件工资；⑨ 包工工资。

三、非工资的类别

① 福利费。福利一般是以非现金形式给付劳动者的待遇。福利主要分为法定性福利和自主确定性福利，法定性福利主要包括各类社会保险、住房公积金等，自主确定性福利主要包括一般性福利和特殊性福利。一般性福利主要指全体劳动者享有的补充养老保险和医疗保险、商业保险、家庭性福利、旅游度假等，特殊性福利主要指部分劳动者享有的住房、汽车等特别保障。② 劳动保护费。③ 依法缴纳的社会保险费。④ 经济补偿金。⑤ 计划生育费用。⑥ 劳务费用。

四、加班加点工资

(1) 支付规定。《江苏省工资支付条例》第二十条规定：用人单位安排劳动者加班加点，应当按照下列标准支付劳动者加班加点的工资。① 工作日延长劳动时间的，按照不低于本人工资的 150%支付加点工资；② 在休息日劳动又不能在六个月之内安排同等时间补休的，按照不低于本人工资的 200%支付加班工资；③ 在法定休假日劳动的，按照不低于本人工资的 300%支付加班工资。

(2) 制度工作时间的计算。

年工作日：365 天－104 天(休息日)－11 天(法定节假日)＝250 天

季工作日：250 天＝4 季＝62.5 天/季

月工作日：250 天×12 月＝20.83 天/月

工作小时数的计算：以月、季、年的工作日乘以每日的 8 小时。

(3) 日工资、小时工资的折算。

按照《劳动法》第五十一条的规定，法定节假日用人单位应当依法支付工资，即折算日工资、小时工资时不剔除国家规定的 11 天法定节假日。据此，日工资、小时工资的折算为：

日工资＝月工资收入÷月计薪天数

小时工资＝月工资收入÷(月计薪天数×8 小时)

月计薪天数＝(365 天－104 天)÷12 月－21.75 天

五、劳动定额的确定

《江苏省工资支付条例》第十一条规定："实行计件工资制的，用人单位确定、调整劳动定额或者计件报酬标准应当遵循科学合理的原则；确定、调整的劳动定额应当使本单位同岗百分之九十以上劳动者在法定工作时间内能够完成。"

六、最低工资标准

(1) 定义。最低工资标准是指劳动者在法定工作时间或依法签订的劳动合同约定的工作时间内提供了正常劳动的前提下，用人单位依法应支付的最低劳动报酬。最低工资标准一般采取月最低工资标准和小时最低工资标准两种形式，月最低工资标准适用于全日制就业劳动者，小时最低工资标准适用于非全日制就业劳动者。

（2）标准。最低工资标准由省、市人民政府按年度公布。从 2011 年 2 月起，江苏省一类、二类、三类地区分别为 1140 元、930 元、800 元，小时最低工资标准一类、二类、三类地区分别为 9.2 元、7.5 元、6.5 元。

（3）限定。最低工资不包括加班加点工资，中班、夜班、高温、低温、井下、有毒有害等特殊工作环境、条件下的津贴，法律、法规和国家规定的福利待遇等。

七、奖金、津贴、补贴

（1）奖金。奖金是职工超额劳动或增收节支的一种报酬形式。奖金需要协商的内容：① 奖励指标；② 奖励条件；③ 奖励范围；④ 奖励周期；⑤ 奖金标准；⑥ 奖励基金的提取与分配。

（2）津贴、补贴。津贴是对劳动者在特殊条件下的额外劳动消耗或额外生活费用支出给予补偿的一种工资形式（一般把生产性质的叫津贴，把生活性质的叫补贴）。

① 主要形式：地区津贴、野外作业津贴、井下津贴、夜班津贴、流动施工津贴、高温津贴、职务津贴；冬季取暖补贴；粮、煤、副食品补贴；等等。

② 协商内容：津贴补贴项目；津贴补贴实施范围；津贴补贴实施条件；津贴补贴标准；津贴补贴支付形式。

八、支付工资应遵循的原则

（1）货币支付原则。工资应当以法定货币支付，不得以实物及有价证券替代货币支付。

（2）直接支付原则。应将工资支付给劳动者本人，劳动者本人因故不能领取工资时，可由其亲属或委托他人代领。（用人单位可委托银行代发工资）

（3）全额支付原则。不得克扣劳动者工资。因劳动者本人原因给用人单位造成经济损失的，用人单位可按照劳动合同的约定要求其赔偿经济损失。经济损失的赔偿，可从劳动者本人的工资中扣除。但每月扣除的部分不得超过劳动者当月工资的20%。若扣除后的剩余工资部分低于当地月最低工资标准，则按最低工资标准支付。

(4) 定期支付原则。必须在用人单位与劳动者约定的日期支付。如遇节假日或休息日，则应提前在最近的工作日支付；工资至少每月支付一次，不得无故拖欠劳动者工资。

依法解除或终止劳动合同时，用人单位应在解除或终止劳动合同时一次付清劳动者工资。

(5) 定地支付原则。应以营业场所为工资支付地(另有约定除外)。

(6) 优先支付原则。企业破产或依法清算时，工资作为优先受偿的债权。

九、特殊情况下工资支付

(1) 依法参加社会活动。劳动者因依法参加下列社会活动占用工作时间的，用人单位应视同劳动者提供正常劳动并支付其工资：① 行使选举权或者被选举权；② 人大代表、政协委员依法履行职责；③ 当选代表，出席政府、党派以及工会、青年团、妇联等召开的会议；④ 出任人民法院陪审员；⑤ 出席劳动模范、先进工作者大会；⑥ 基层工会非专职工作人员履行职责；⑦ 担任集体协商代表期间，参加集体协商、签订集体合同；⑧ 参加兵役登记等应征事宜和预备役人员参加军事训练；⑨ 法律、法规规定的其他社会活动。

(2) 法定休假日。主要是指国家规定的假日天数付给职工工资。

(3) 法定婚丧假。主要依据国家法规和企业的规章制度以职工个体的情况给付职工工资。

(4) 病假工资等。

后　记

为系统总结和不断推进徐州市集体协商工作，我们组织编写了《协商共享在徐州——徐州市工资集体协商创新创优纪实》一书。本书从创新创优、经验成果和经典案例等角度，全面反映了徐州市近十年来把集体协商工作摆在工会工作突出位置，积极推进，不断创新，集体协商工作取得长足进展，结出丰硕成果。同时，本书还收录了徐州市开展工资集体协商工作部分文件资料、工作范本和相关法律规定，供基层在今后的工作中借鉴和运用。本书与《和谐幸福在徐州——徐州市创建和谐劳动关系幸福企业纪实》一书形成姊妹篇，成为我市开展集体协商、全面构建和谐劳动关系的里程碑。

在编写过程中，我们得到了全国总工会权益保障部和原集体合同部、江苏省总工会权益保障部及原民主管理部领导的热心支持、鼓励和精心指导，全国总工会权益保障部为本书作序。在此，我们一并表示诚挚的感谢。

编　者

2017 年 12 月